新时代高职院校思想政治理论课教学实效性应用研究

刘丽华　王雪婷　张　瞳◎著

线装书局

图书在版编目（CIP）数据

新时代高职院校思想政治理论课教学实效性应用研究/刘丽华，王雪婷，张瞳著. -- 北京：线装书局，2024.4
ISBN 978-7-5120-6069-2

Ⅰ. ①新… Ⅱ. ①刘… ②王… ③张… Ⅲ. ①高等职业教育－思想政治教育－教学研究－中国 Ⅳ. ①G711

中国国家版本馆CIP数据核字(2024)第077515号

新时代高职院校思想政治理论课教学实效性应用研究
XINSHIDAI GAOZHI YUANXIAO SIXIANG ZHENGZHI LILUNKE JIAOXUE SHIXIAOXING YINGYONG YANJIU

作　　者：	刘丽华　王雪婷　张　瞳
责任编辑：	白　晨
出版发行：	线装書局
地　　址：	北京市丰台区方庄日月天地大厦 B 座 17 层（100078）
电　　话：	010-58077126（发行部）010-58076938（总编室）
网　　址：	www.zgxzsj.com
经　　销：	新华书店
印　　制：	三河市腾飞印务有限公司
开　　本：	787mm×1092mm　　1/16
印　　张：	12.75
字　　数：	290 千字
印　　次：	2025 年 1 月第 1 版第 1 次印刷
定　　价：	78.00 元

前　言

　　习近平总书记指出，思想政治理论课是立德树人的关键课程，作用不可替代。思想政治理论课要坚持在改进中加强，要充分发挥思想政治理论课的主渠道作用，不断增强教学的吸引力、说服力、感染力。

　　思想政治理论课承担着对大学生进行系统的马克思主义理论教育的任务，是巩固马克思主义在高职院校意识形态领域指导地位、坚持社会主义办学方向的重要阵地，是全面贯彻党的教育方针、落实立德树人根本任务的主干渠道和核心课程，因此，增强思想政治理论课的针对性和实效性就成为高职院校思想政治理论课教学改革中的重中之重，难中之难，成为加强和改进高职院校思想政治教育的当务之急。

　　大力推进思想政治理论课教学改革，提高新时代高职院校思想政治理论课教学实效性，是习近平总书记关于思政课建设的重要论述的应然要求，是助推思想政治理论课教学质量、增强教师存在感的重要举措，是助力学生成长与成才、增强学生获得感的关键抓手。高职思政课立体化教学改革实践更是一项系统工程，涉及学校、教师、思想政治教育工作者、学生等各类主体，也受到现代信息技术、课程建设等方面的制约。这就需要突破传统的"单兵突进"方式，综合文献研究、比较研究、行动研究等多种方法，从理念、目标、内容、方法、模式等各个方面进行优化创新，建构立体化教学实践体系。

　　那么，如何理解教育的"实效性"呢？"实效性"是指教育对学生的有用性。客观地说，在高职院校，教好思想政治理论课确实是一件很不容易的事情。首先，社会大环境与校园小环境之间有一定的反差，理论与现实之间也存在一定的背离。而鲜活的社会现实对学生的耳需目染胜过教师在课堂上千言万语的理论说教。其次，学生在中学甚至小学阶段也或多或少地学习过思想政治理论课的教学内容。如果高职院校的思想政治理论课教学没有新的角度、新的高度、新的层次和新的水平，学生就不会重视，更不会喜欢。再次，思想政治理论课与其他课程有着明显的不同，其他课程所要解决的是"知不知""懂不懂"的问题；而思想政治理论课除了要解决与其他课程相同的问题以外，还要解决"信不信""行不行"的问题，它是知、信、行的统一，根本上是要解决"理想信念""精神思想"的问题。最后，思想政治理论课既与专业课一样，要求教学内容的科学性和理论的深刻性，又不同于专业课，因为它在传授知识的同时，还承担着学生思想政治教育的神圣任务。教师不仅要讲授基本理论，而且要面对实际问题，特别要针对学生思想中的疑点、难点和社会焦点问题做出有理有据的解释。这就意味着，思想政治理论课教学始终面临着十分严峻的挑战。

近年来，专著撰写团队以习近平新时代中国特色社会主义思想为指导，全面落实习近平总书记关于思政课建设的重要论述要求，立足高职院校实际，面向高职院校思想政治理论课建设的需要，从坚持社会主义办学方向、坚持立德树人等基础理论入手，以高职院校思想政治理论课建设的根本要求和现实状况为遵循，系统构建了高职思想政治理论课立体化教学改革的原则、方法、举措等内容，并提出了未来的展望。

我们有理由相信，在党和国家的高度重视下，有高职高专院校领导的关怀与支持，有思想政治理论课同人的探索实践，高职高专思想政治理论课教学水平将得到大幅提升，其课程的作用将得到更大发挥，我们的研究和实践必将取得更丰硕的成果。

在编写过程中，我们既对前辈学者的研究成果有所参考和借鉴，也注重将自身的研究成果充实于其中。尽管如此，囿于编者学识眼界，本书瑕疵之处难以避免，切望同行专家及读者斧正。

编委会

罗艳群　马文文　史　洁
法欣汝　周安勇　张守敬

目录

第一章 新时代思想政治理论课教学实效性概述　1

 第一节 思想政治理论课教学实效性相关概念 1

 第二节 研究依据 4

 第三节 高职院校思想政治理论课研究理论支撑 6

第二章 高职院校思想政治理论课教学现状　8

 第一节 当前高校思想政治理论课教学实效性现状调查 8

 第二节 当前高校思想政治理论课现状分析 12

第三章 高校思想政治理论课教学实效性的优化策略　23

 第一节 以学习内容为导向，提升课堂教学实效性 23

 第二节 以优化教资为手段，增强高校思想政治理论实效性 28

 第三节 以目的与效果为教育依据，创新课程教学方法 34

第四章 高职院校思想政治理论课教学实效性的整体规划　43

 第一节 高职院校思想政治理论课教学实效性的教学理念 43

 第二节 高职院校思想政治理论课教学实效性的教学原则 54

 第三节 高职院校思想政治理论课教学实效性的教学目标 62

第五章 高职院校思想政治理论课教学实效性的师资队伍建设　65

 第一节 高职院校思想政治理论课教学实效性中教师的地位与作用 65

 第二节 高职院校思想政治理论课教学实效性中教师的综合素质目标 74

 第三节 高职院校思想政治理论课教学实效性中教师的科研能力目标 78

第六章 高职院校思想政治理论课教学实效性的网络资源建设　82

 第一节 高职院校思想政治理论课教学实效性网络教育的重要性 82

 第二节 高职院校思想政治理论课教学实效性网络课堂的建设经验 86

第三节　基于翻转课堂的高职院校思想政治理论课教学实效性拓展研究......91
　　第四节　基于微信的高职院校思想政治理论课教学实效性拓展研究...............96
　　第五节　基于"慕课"的高职院校思想政治理论课教学实效性拓展研究.........100

第七章　高职院校思想政治理论课教学实效性教学方法的创新　110
　　第一节　高职院校思想政治理论课教学方法科学创新的原则.........................110
　　第二节　高职院校思想政治理论课教学方法科学创新的方式.........................112
　　第三节　高职院校思想政治理论课教学方法科学创新的基本保证.................115

第八章　高职院校思想政治理论课教学实效性之"三维课堂"建设探索　117
　　第一节　基于职业特征的高职院校思想政治教育探析.....................................117
　　第二节　高职院校思想政治教育的有效途径...121
　　第三节　工学结合模式下高职院校思想政治理论课教学探析.........................125
　　第四节　高职院校思想政治理论课实践教学定位的理性思考.........................131
　　第五节　教育信息化条件下高职院校思想政治教育的创新.............................135

第九章　高职院校思想政治理论课教学实效性的管理与保障　139
　　第一节　高职院校思想政治理论课教学实效性的教学环境建设.....................139
　　第二节　高职院校思想政治理论课教学实效性的组织与管理.........................148
　　第三节　高职院校思想政治理论课教学实效性的教学保障体系.....................156
　　第四节　高职院校思想政治理论课教学实效性的考核与评价.........................172

第十章　高职院校思想政治理论课教学实效性的提升途径　181
　　第一节　构建"全员育人"的思想政治理论课教育环境.................................181
　　第二节　提升思想政治理论课师资队伍胜任力建设的新格局.........................188
　　第三节　加强思想政治理论课教学实效性的教学改革力度.............................189
　　第四节　强化思想政治理论课教学实效性的教学质量督导.............................191

参考文献　195

第一章 新时代思想政治理论课教学实效性概述

第一节 思想政治理论课教学实效性相关概念

一、高校思想政治理论课教学实效性内涵

（一）高校思想政治理论课涵义

我国的社会主义性质决定了我国所有高校都必须开设思想政治理论课，目的是让党的方针政策、执政理念和指导思想在高校人才培养中得到坚持和贯彻，实现为国家培养合格的社会主义建设伟大事业接班人的根本目标。当前我国高校思想政治理论课一共开设有五门课程，分别是《马克思主义基本原理概论》、《毛泽东思想和中国特色社会主义理论体系概论》、《中国近现代史纲要》、《思想道德修养与法律基础》及《形势与政策》，是高校学生学习思想政治理论的必修基础课。

五门课程开设的主旨是对学生进行思想政治和道德方面的教育，全面培养提升高校学生的科学文化素质和政治素养，采用方式主要为课堂教学。思想政治理论课在教授科学文化知识的同时，更注重的是教授学生理性运用马克思主义理论开展社会实践活动，实现理论和实践的有效辩证统一。总之，坚持思想政治理论课教学效果就应该注重学生的主体需求，以马克思主义基本理论为载体，从思想方面和行为方面促进高校学生的全面发展。

思想政治理论课是我们当前所有高校学生的公共必修课程，高校的思想政治理论课教学过程是高校立德树人工作的主要环节，是对高校学生开展思想政治理论教育工作最主要的渠道，是高校学生系统全面的学习马克思主义理论知识的最主要的方面，更是准确把握和深刻理解我们社会当各种思潮争论的基础平台，也是我们深刻领会当前有中国特色的社会主义理论和实践的思想阵地，是当下所有高校青年学子深受正向

鼓舞和厘清大是大非正义的重要思想平台，是帮助我们高校学子正确树立世界观、人生观及价值观的关键核心课程。我们的高校是培养青年一代进行社会主义核心价值观教育，培养有理想、有道德、有文化、有纪律的社会主义现代化建设人才的主阵地，而这个主阵地的核心武器就是我们当前的高校思想政治理论课。总之，高校思想政治理论课程是高校培养德智体全面发展人才的根本阵地，上好思想政治理论课是高校教育的重中之重，是社会主义人才健康培养的正道。

（二）高校思想政治理论课教学实效性概述

1. 实效性含义

"实效"，一般认为是人们的实践活动所取得的实际效果。《现代汉语词典》对它的解释是"实际的效果"，多指好的方面的结果。"实效性"指实践活动所取得结果的有效程度。蔡青认为"实效性"是指事物或活动指向的明确性与结果的明显性。孙传通认为"实效"即效益和效果。实效性，是指实践活动结果对于目的的是否实现及其实现程度，即实际效果问题。

实效性是我们做任何事情的出发点和落脚点，一般是指实践主体有目的、有计划地对客体进行实践活动，并对实践客体产生一定的影响效果，使实践客体实现一定的变化发展，这个变化发展就是实效性，一般都是指好的方面。现实生活中的"实效"要随着时代和条件的变化发展而不断改变，是目的、过程与效果方面的有机统一，具有自己的特征。简单来说，就是所做的事具有可行性和可操作性，实施的方法必须具有显著的效果。不是纸上谈兵，使得最终一个结果就没有，浪费人力物力的同时也浪费了时间，超出工作计划安排，又谈何效率。总而言之，就是一种工作方法在宏观上切合实际的同时还具有不错的效率和效果，这也是我们通常所说的"实效性"。对实效性的研究是我们发现和解决本文实效问题科学对策的理论依据。

2. 教学实效性

教学实效性是指"在教学过程中，发挥各教育因素的作用，通过优化的教学内容和科学的教学方法，真正达到最佳的教学效果和教书育人的目的。"一般来说教学实效性包含教育者的道德教化活动和受教育者的道德接受活动。柳礼泉、邓演平认为"两课"教育教学实效性指的是"在教育过程中尤其是教学的各个环节上，所达到的实际效果的状态与程度。"余文森说："课堂教学的有效性是指通过课堂教学活动，学生在学业上有收获，有提高，有进步。"思想政治教育的实效性"既表现为显性效果，又表现为隐性效果；既表现为直接效果，又表现为间接效果；既表现为近期效果，又表现为远期效果。"教学实效性的评价指标应该是学生学到了多少东西，学得好不好。具有实效性的教学，应该能使教师和学生都获得发展，得到进步。

3. 高校思想政治理论课教学实效性涵义

我们要去探索高校思想政治理论课教学的实效性对策，首要应该搞明白思想政治理论课教学实效性的内涵。这里所指的教学实效性是指我们的高校思政理论课教学的效果有没有达到我们对其所设定教育成效的要求，能不能实际有效地去影响学生的思想观念养成并产生正向持久深刻的思想能量发展轨迹，引导学生保持一个积极向上的学习和生活方式。这种实际效果主要表现在课堂教学方面，学生学习有热情，按时出勤并有积极认真的课堂参与，课后能真正理解教师讲授知识的重难点。因此，高校思想政治理论课教学期望目标的实现程度与学生理论知识的掌握与应用之间的关系如何就是我们希望找到的课程教学实效性。

一般来讲，当前高校思想政治理论课讲授所采取的形式还是以课堂教学为主，目的是对高校学生进行系统的马克思主义理论学习和思想品德教育。在对学生进行系统的理论知识体系教学外，更侧重的是对学生开展思想性意识性的培养，让他们对国家主流思想的认知、理解和接受，这就决定了其课程体系与内容必须要涵盖正确的政治性、思想性以及阶级性，符合我国的社会主义发展方向，符合我们党和国家的意志。高校思想政治理论课教学实效性的真正体现就是要帮助高校学生树立正确的"三观"，具备合理科学的理想信念，正确认清自己，以正确的方式为国家的伟大发展贡献自己有效的力量。

综上所述，高校学生思想政治理论素养培养教学效果的有效提升，有效培育出符合社会主义事业发展的优秀人才，既是当前高校思想政治理论课教学的出发点，也是终极目标。

二、高校思想政治理论课教学实效性提升的意义

（一）对高校大学生的意义

思想政治理论课对于大学生个体价值发展是极为重要的。通过学习高校思想政治理论课，大学生可以提高专业文化素质、道德素养和思想政治水平，形成全面发展的效果，从而在生活和学习工作中始终如一地坚定社会主义信念，坚守我们的国家利益。这样才能经受住国内外各种纷繁复杂局面的考验，形成友爱诚信、坚强独立、忠诚担当的优秀思想道德品质。高校思想政治理论课的品德培育功能是增强大学生整体素质并推动大学生的全面发展要求的基础，让他们从思想品德和行为实践中都得到优质的提升，从而引导他们树立正确的世界观、人生观和价值观，成为新时期社会主义现代化建设伟大工程的根本保证和力量源泉，成为我们伟大复兴中国梦的中坚力量，也就实现了他们美好的人生价值。

（二）对高校本身发展的意义

思想政治理论课是高校学生思想教育和政治教育的主要阵地，直接关系到学生思想道德素养和行为方式的养成，关系到学校办学方向及国家未来人才培养的成败，对高校的发展非常重要，可以说起到关键性的决定作用。依据摸排调查发现的高校思想政治理论课教学实效性问题的成因，通过对发现问题的有效解决和管理，建立科学有效的教学新模式，以学生为中心，理解他们的需求，进而改善师生在教学中的互动模式，激发学生学习的兴趣，让思想政治理论教学作为思想教育和政治教育主阵地的性质得到充分的发挥。

同时，作为"课程思政"的中坚力量，高校思想政治理论课教师用自己特有的专业激情在从事思政教学育人行动。在思政教师工作热情的带动下，能有效激发其他学科教师育人的工作热情及责任感，从而最大限度地发挥"课程思政"的效用，全方位多角度去提升学生的思想政治素质，形成高校德育培养的合力。思想政治理论课是高校学生公共必修课程，是对大学生进行马克思理论教育和思想道德教育的主要形式，在高校思想政治工作中占有非常重要的地位，它担负着引领政治方向，规范思想行为，塑造健全人格，激发精神动力等主要工作责任，确保我们的高校有一个正确的发展方向。

（三）对国家发展的意义

高校毕业生是国家伟大复兴的关键人才资源，是未来中国特色社会主义事业的重要发展力量，他们的思想政治素养如何直接关系到我们社会主义事业的发展成败。7因此，作为思想政治素养培养的主阵地，加强高校思想政治理论课教学实效性就对国家发展具有了重要的现实意义。

随着改革开放的不断深入，社会问题越来越复杂，对当前高校学生提出了更高的要求。因此，提高思想政治理论课教学实效性，培养优秀的"四有"青年，增强学生整体思想政治素质，是社会主义事业良性发展的需要。同时，提高思想政治理论课教学实效性，能有效确保国家的未来人才政治思想坚定，行为方式充满着正能量，必将成为我国当前和谐社会的构建及中国特色社会主义市场经济稳步健康发展的根本保障。

第二节 研究依据

一、理论依据

2004 年，中发 [2004]16 号指出"加强和改进大学生思想政治教育，具有重大而深远的战略意义"。加强和改进大学生教育，要"努力提高思想政治教育的针对性、实效性和吸引力、感染力"。

2005年1月，胡锦涛"强调进一步加强和改进大学生思想政治教育工作，大力培养造就社会主义事业建设者和接班人"。

2005年2月，教社政（2005）5号明确提到："提高高等学校思想政治理论课教育教学质量和水平，关键在教师。高等学校思想政治理论课教师要做大学生健康成长的指导者和引路人。"

2008年7月8日，刘延东强调，要把加强和改进高校思想政治理论课摆在更加重要的位置，努力形成整体合力和良好氛围，为加强和改进高校思想政治理论课提供坚强保障。

2007年，党的十七大提出"优先发展教育，建设人力资源强国"的战略部署。十七大报告强调"提高思想政治理论课教学实效性，加强大学生践行社会主义核心价值体系是高校思想政治教育的迫切需要"。

2011年，教职成〔2011〕12号指出："高等职业教育必须准确把握定位和发展方向，培养数量充足、结构合理的高端技能型专门人才"，强调教学要与实践相结合。

2012年，党的十八大报告提出"坚持教育优先发展，把立德树人作为教育的根本任务，培养德智体美全面发展的社会主义建设者和接班人。"

中共中央和国务院出台的一系列文件和政策；学术界一直在研究思想政治理论课的教学教改，这为本研究提供了坚实的理论依据。

二、现实依据

（一）高职思想政治理论课教学实效性要求与时俱进，注重培养学生的运用能力，根据形势变化有针对性地完善学生的思想品德结构

在传统的知识观视域下，教师的活动就是将具有真理性的知识灌输给学生，教育的价值以学生对知识的掌握程度来衡量，在实际教学中以分数的多少表明价值的大小。在新形势下，促进教育活动的良性互动，教师必须要提升自己各方面的能力，要关注学生掌握的教材知识，也要关注学生个体的发展和人格的完善。

（二）高职思想政治理论课教学实效性的实现需要理论与实践相结合，在实践中加强高职学生的思想政治教育，提倡学生在"做"中"学"

在"校企合作，工学结合"模式下，学生学习理论知识，参与企业生产生活实践，积累经验教训，学会承担责任，学会做事与做人。叶圣陶指出："受教育的意义和目的是做人，做社会的够格的成员，做国家的够格的公民"。通过实践活动，学生切身体验，感悟更深，更容易将之内化为自身素质，提升职业核心竞争力。

第三节　高职院校思想政治理论课研究理论支撑

一、马克思主义理论

马克思主义认为"人的本质不是单个人所固有的抽象物，在其现实性上，它是一切社会关系的总和"。人具有自然属性和社会属性，人的本质属性是社会属性。当前思想政治理论教育教学工作必须坚持以马克思主义为指导，树立以人为本的基本价值观。坚持一切从实际出发，贴近学生、贴近生活、贴近实际，实事求是地分析问题和解决问题。

二、教育学理论

教育学倡导"学生主体，教师主导"的双主体地位，要求尊重学生。在我国传统的思想理论课教育教学中，重视教师的主动地位但忽视学生的主体作用，忽视理论教育对学生产生的实际效果。建构主义学习理论要求构建以学生为中心的教学环境，充分尊重教育教学规律，探索行之有效的教学方式方法，推动思想政治理论课教育教学的发展。胡锦涛提出要"切实改革教学内容、改进教学方法、改善教学手段，努力增强思想政治理论课的吸引力和感染力。"

三、社会学理论

社会互动是社会学的概念，指个人与个人，个人与团体，团体与团体之间通过传播信息和社会交往形成的相互依存关系。思想政治理论课作为培养人的活动，是教师与学生、学生与学生在心理、行为上相互影响，相互作用的动态过程。在教学过程中，师生之间相互传播信息、交流感情，进行互动。脱离了这样环境，互动就无法进行，比如印度发现的狼孩，七八岁了还只会狼的习性，无法融入人类社会。

四、传播学理论

经济全球化使世界各国在经济上的联系日益紧密，同时影响到世界各国的政治和文化。正如一位美国学者所说："过去我们手里挥舞着原子弹使人害怕，现在我们手里控制着互联网使人们喜欢，这就为传播西方价值观开辟了新的有效途径"。大学生喜欢上网，自身辨别能力不是很强，容易受到西方价值观的毒害，思想政治理论课要适应环境，改善传播方式，用马克思主义科学理论武装青年大学生，帮助他们树立正确的价值观。

第二章 高职院校思想政治理论课教学现状

第一节 当前高校思想政治理论课教学实效性现状调查

一、调查基本情况介绍

1. 调查对象

没有调查，就没有发言权。为了对当前高校思想政治理论课教学现状有一个比较直观的了解，尽个人能力，对某省市内的三所普通高职在校大学生进行了一定范围的问卷调查。但因为地域所限，以及笔者所在学校，与其他高校缺乏必要的交流联系。因此，在调查范围上就显得有点力不能及，只能在相对熟悉且可能联系的三所本地高校对学生展开了一定的调查，这也是本文的不足之处。调查的三所高校分别是某幼儿师范高等专科学校（本人所任课学校）、某职业技术学院、某师范大学，两所高职院校、一所本科，学生含一年级、二年级、三年级等三个年级。本次在幼儿师范高等专科学校投入调查问卷为2021级中文专业学生四个班179人，职业技术学院为2020级医护专业二个班77人，师范大学2019级网络与新媒体专业二个班80人，调查问卷投入总计336份。

2. 调查问卷设计

本次调查的问卷设计为基本信息、高校思想政治理论课堂教学情况、学生学习态度及课堂表现、教学效果、高校思想政治教育存在的主要问题共五个部分。调查问卷投放时间范围设定在2021年11月到12月共两个月时间完成，在三所高校一共发放了336份问卷，问卷有效收回328份，总计约97.6%的问卷回收率应该还是算成功的，调查效果比较理想。

调查问卷对三所高校学生关于思想政治理论课教学现状进行自我评价，希望从中发现我们找寻的影响教学实效性问题及原因，从而最终探索出解决问题的对策和建议。

与此同时，还以思想政治理论课教师的身份深入三所学校课堂教学中，对部分思想政治理论课教师以及在校大学生展开座谈访问。通过实地调查了解，直观感受在思想政治理论教学课堂上师生双方的表现，从而为论文研究的有效进行打下了基础。

二、主要调查内容

1. 学生对思想政治理论课内容针对性的评价

在对思想政治理论课教学内容针对性方面的调查显示，认为课程内容结构枯燥难懂的比例占 51.6%，比例显示有点高；教学内容结构方式陈旧的占 31.2%；教学内容与现实相脱离的比例为 43.1%；内容无关就业比例占 23.6%；考核方式不与时俱进，单一老套，不受欢迎占 20.7%。调查结果表明当前高校学生对思想政治理论课教学内容不感兴趣比例最大，而学生学习兴趣与最终效果是直接关联的。当学生学习兴趣不高，相对应的课程学习效果自然不会很好。综合调查结果可以看到，以上所述几个方面的教学内容表现形式是影响思想政治理论课教学实效性的重要因素。

2. 学生对思想政治理论课教师教学能力的看法

通过对学生关于思想政治课教师教学能力的调查，认为思想政治理论课教师只是一味地照本宣科的有 86 人，占比为 26.2%；认为教学方式新颖，风趣幽默的有 83 人，占总人数的 25.3%；只是单纯理论灌输式的有 34 人，占总人数的 10.3%；教师主动组织开展实践教学活动的有 23 人，占总人数的 7%。从调查结果来看，还有相当多的教师教学创新表现不足，教学方式依然陈旧老套，只有部分教师的教学方式得到学生认可。

3. 思想政治理论课教学对学生吸引力的调查情况

通过调查发现，在思想政治理论课与其他专业课出勤率比较中，思想政治理论课的学生出勤率明显有低。调查中有 11.6% 说明自己有经常旷课现象，39.1 的学生承认自己经常迟到或早退，只有 16.3% 的学生说明自己从来没有迟到或早退，其他学生则承认自己都有过偶尔迟到或早退的现象。既使在课堂上，教师通过点名核的方式来试图提升学生的出勤率，现实效果却依然不理想。这样的结果表明高校思想政治理论课在学生心中的地位不是特别理想，课程对学生的吸引力表现不足，学生学习积极性不高，自然会直接影响到课程的学习效果。

4. 学生对思想政治理论课学习效果的认识

高校学生对学习思想政治理论课学习效果的看法至关重要，这会直接决定着学生学习的态度和主观能动性，要想找到好的实效性措施，必须关注学生这方面的观点。通过调查数据显示：学生认为思想政治理论课对自己专业学习重要的是 59.9%，对自己的人生重要是 61.5%，对国家与民族重要的是 74.9%。调查显示大多数学生对当前思想政治理论课学习作用还是相当认可的，这种作用效果对高校学生的成材成长是有很大帮助的，对自己的专业、人生以及国家与民族都是是重要的。

三、调查结果的统计与分析

通过对学生的问卷调查，结合与部分学生、教师座谈访问情况，根据深入思想政治理论课堂实地观察所得，以及本人作为一名在职的高校思想政治授课教师的体会。当前在党和国家以及高校层面，赋予了高校思想政治理论课很高的地位，也给予了充足的支持。然而具体到实际教学环节，却表现为相当部分的高校学生对思想政治理论课不够重视，学习主动性不积极，教学效果并不理想。所以从调查情况来看，应该说是优势与问题同在，机遇与挑战并存，下面对以上调查作一简要概述。

1. 课程内容针对性表现调查统计与分析

对高校思想政治理论课程教学内容的调查显示，整体上看，目前大部分学生满意度不高，与他们的预期的愿望是不相符的。这种不高的期望值现状严重影响了这门课的教学效果。首先，学生从纵向上发现教学内容重复度高，相当部分内容在以往中学政治历史等课程学习中已接触，甚至是多次学到。例如中国近现代史及马克思主义的一些哲学原理等内容，学生在高中时已经学习过，尽管高校教学内容在阐述上更加深刻，但对于学生的感觉上还是具有重复性。这样重复性的感觉让学生认为所学内容枯燥而没有新鲜感，让学生对所学内容失去学习兴趣，降低思想政治理论课教学的效果。

其次，教学内容依然重理论教育，创新发展不足。调查显示，43.1%的学生表示课程内容现实不足。尽管我们现在所用教材都是教育部统编，质量上有很好的保证，但任何事情的完成都是需要时间的，教材的修订也是如此，所以在很注意的情况下，还是存在一定的滞后性。如果，在具体教学过程中，教师不能根据班级状况、社会形势发展等情况，有针对性的调整教学内容，还是一如过去不作任何改变地进行照本宣科的讲授，那么这样的教学内容显然不会是学生期望得到的结果,和他们的需要不相符，学生怎么会积极有效地参与课程的学习，效果当然不会好。

其三，课程内容学习考核方式存在弊端，调查中认为考核老套的学生占比达20.7%。很多高校思政课的考核方式主要采取卷面闭卷考试，主要还是从学生的记忆力等客观知识上进行考察，没有考虑到学生其他方面，诸如思想修养、道德发展、社会实践等方面的发展能力，这样只注重卷面考试、轻实践考察的方式并不能够真正反映出学生是否真正内化于心地接受了思政课所讲授的知识。8因此，这种死板的考核方式进一步降低了学生对思政课学习的兴趣。

2. 教师教学能力调查统计与分析

根据学生对思想政治理论课教师教学能力看法的调查情况，思想政治理论课教师教学方式主要表现还是单一、陈旧，直接阻碍了课堂教学效果的实现。首先，单一说教式的教学不能够真正深入人心，课堂教学方式主要还是"老师讲课学生听课"，认为教学方式新颖，风趣幽默的有 83 人，仅占总人数的 25.3%。大多时候，我们的教师在授课时还是习惯用照本宣科的方式进行理论灌输，结果学生不愿听，或听了却不能够信服，这样的教学效果当然会很差。而一直强调的实践教学又往往无疾而终，流于形式，调查中只有 23 人，占比 7% 的学生对教师的实践教学表现认可，这表明很多思想政治理论教学依然只是停留在课堂教学的层面上，实践教学是形式大于内容，没有明确的方案与要求，更缺乏具体的细化的计划措施，在实际教学中基本上是缺位的，没有规范也没有实际上的创新。

3. 对课程内容吸引力方面的调查统计与分析

从对学生在思想政治理论课教学出勤情况调查发现，只有占比 16.3% 的同学表示从不迟到早退，说明了逃旷课现象是普遍存在的，也反映了课程内容对学生的吸引力表现不足。学生首先要在课堂里坐下来，这是学习的基本前提之一，如果课堂都不进，连最基本的参与要求都没有，所谓的学习效率就没有任何意义了。正是从这个调查结果上，我们所有的高校思想政治理论课教师必须保持紧迫感、危机感，说明了我们当前的教学存在着极为严重的问题，已到了创新变革的时候。如果我们不主动去改变，结果会更糟糕。这种现象直接影响了学生对教师所传递知识的接收程度，影响教师在课堂上的教学效果。如果我们的学生一旦对这种逃旷课现象习以为常了，他们就会形成一种普遍漠视或轻视的态度，他们甚至会将思想政治理论课划归为可上可不上的课程。学生的这种表现，以及形成的上课态度，最终会直接影响课程教学实效性的形成。

4. 对课程学习效果认识调查统计与分析

从调查表中数据可以直观发现，学生认为思想政治理论课对自己专业学习重要的是 59.9%，对自己的人生重要是 61.5%，对国家与民族重要的是 74.9%。应该说这个数据还是很不错的，说明了大多数学生对高校思想政治理论课能优化他们的政治方向、道德养成、综合素养等方面进行了肯定，也认识到了思想政治理论课的学习对于其他专业课程学习的重要意义，最终对于他们的成才成长和全面发展是一个很重要的基础。但我们从思想政治理论课教学方式、教学效果、出勤情况等方面的调查数据表现更应该看到：尽管学生认识到思想政治理论课学习的重要性，但远远未达到他们的期望值，从直观感受上，他们认为思政课没有达到所期望的教学效果。这种认识上和现实表现中的矛盾也正是本文所试图去解决的问题。

总之，高校思想政治理论课在不断发展的同时，依然面临着许多问题，通过本次调查也有所表现，主要是：教师整体素质在提高，但部分教师使命感责任感不强，知识不够丰富，观念陈旧，个人教学魅力缺乏。教材规划设计重视程度高，但教学内容依然接地气不足，温度不够，不能吸引人。教学理念普遍在提升，但在实际教学中依然存在单一说教，缺乏交流互动和参与体验的硬伤。这些问题的表现让学生从内心上不能很好地去接受思想政治理论课的教学，学习兴趣缺失，自然达不到很好的教学效果。这样的结果，即使国家和社会赋予高校思想政治理论课教学的地位很高，可是具体到实际课堂中的教学效果中，两者就表现得不相匹配，甚至相去甚远。

第二节 当前高校思想政治理论课现状分析

一、高校思想政治理论课实效性总体乐观

党的二十大以来，以习近平同志为核心的党中央领导集体准确判断国家和社会面临的新情况新问题，做出许多具有现实意义的重要讲话精神，为思想政治教育工作的高效推进提供了基本遵循。习近平总书记认为，"能否做好意识形态工作，事关党的前途命运，事关国家长治久安，事关民族凝聚力和向心力"。这一阐述，深刻地表明了对大学生进行思想政治教育工作的战略地位。当前，高校思想政治理论课实效性取得了较好的成绩，总体态势良好，值得充分肯定。

（一）育人效果显著

高校思想政治理论课是对大学生进行思想政治教育工作的主阵地，担负着育人的重要任务。从调研数据和访谈结果情况来看，大学生对以习近平同志为核心的党中央领导集体具有高度的认同感和信任感，积极响应党和国家的方针政策，努力成长为有责任、有担当的社会主义事业建设者和接班人。这一情况的变化表明，当前大学生思想政治教育状况总体呈现积极向上的态势，思想政治理论课育人效果显著。具体可以概括为以下几个方面。

1. 政治意识形态逐渐趋向稳定

现如今，大学生的政治意识形态逐渐发展稳定，对党中央方针政策密切关注，且能够保持高度的一致性。第一，大学生对政治关注度明显增强，这是与过去所不同的地方。党的十八大、十九大、中美贸易等重大事件，大学生给予了高度关注；第二，大学生的政治立场逐渐走向成熟。众多大学校园里出现了学"习"的马克思主义理论宣讲团，纷纷走基层、走高校，宣传党和国家方针政策以及理论教育，充分说明当前大学生对党和国家方针政策的高度支持；第三，大学生在政治立场上能够与党中央保持高度的一致性。例如：100%大学生对坚持走中国特色社会主义道路是认同的；面对香港、台湾等问题，93.89%大学生支持国家"一国两制"的方针政策。这些情况表明，当前大学生在政治方向上能够与党中央保持高度的一致性，充满强烈的信任感。

2. 主流文化与道德意识健康向上

党的二十大以来，以习近平同志为核心的党中央领导集体，面对社会在文化和道德方面存在的问题，提出了社会主义核心价值观，倡导中华民族优秀传统文化的辩证取舍与推陈出新，使社会的风气逐渐转向良好态势。大学生在这个过程中，受到了良好的洗礼，在文化与道德意识方面，呈现积极向上的变化趋势。通过调查，100%的大学生愿意在公交车上遇到老人和小孩让座位；96.94%的大学生认为应当弘扬中华民族传统优秀文化。这些情况表明，大学生的主流文化与道德意识呈现积极向上的健康态势。

3. 世界观、人生观、价值观总体积极正确

新时代大学生处在社会发展的特殊时期，是社会存在的特殊群体，世界观、人生观、价值观很容易受到社会的影响。然而，大学生却能够自觉地将个人理想、人生价值与社会发展、国家命运联系在一起，愿意为中国特色社会主义事业的建设与发展贡献力量。许多大学生毕业之后能够自觉投身到基层事业，担任基层干部，深入祖国大西北进行志愿者服务，众多高校大学生认为中国特色社会主义发展的前景"虽然道路曲折，但前途光明，充满信心"。由此可以看出，新时代大学生三观正确，对中国特色社会主义事业充满坚定信念。

（二）教学理念提升

在过去传统教学理念中，众多教师评价学生是否掌握知识，单纯地以书本教材为基础的理论考试，通过学习成绩是否达标来判断学生的掌握程度。为了完成教学任务，很多教师的教学理念只是一味"说教式"的书本内容教学，无法真正地判断学生的掌握程度，甚至最后会引起学生对思想政治理论课的反感心理。另外，过去的一段时间内，我国高校对思想政治理论课程的重视度并不是很高，再加上只是为了应付课程考试和教学任务的完成，导致思想政治教育工作的高效推进受到了严重阻碍。在没有树立正确的教学理念条件下，简单的"粉笔+黑板"的教学模式干扰了教学内容的正确传授。以期末卷面成绩来判断学生掌握课程内容程度的简单粗暴式考核，没有体现出高校思想政治理论课的真正价值和意义。现如今，高校教师的教学理念明显提升很多，不再单一以"成绩"判断学生的掌握情况，能够将理论知识与实践内容相结合，充分判断学生掌握知识的学习情况。众多教师在教学环节过程中，会穿插一些讨论活动，不再从自我中心出发，侧重于总结和鉴定，强调思想政治理论课教学中的过程和诊断。此外，当前思想政治理论课的考核方式会采取闭卷或者开卷形式，也会采取让学生实地调研以报告形式进行总结，这一系列情况的变化使大学生的思维进一步扩展，能够获得对思想政治理论课的真实体验，以思想武装头脑，具备深厚的思想政治理论水平，从而，对大学生的思想政治教育工作的高效展开起到了重要的推动作用。综上所述，相比较于过去，众多教师的教学理念有了很大的提升，推动了思想政治理论课实效性的提升。

二、当前高校思想政治理论课教学实效性不足的表现

（一）思想政治理论课教材缺乏吸引力

1. 教材内容生动性不够

现有开设的五门思想政治理论基础课教材是我们当前高校开展思想政治教育的关键依据，是教学的前提和基础。然而，面对当前社会意识形态领域复杂局势和社会经济飞速发展的差异变化，思想政治理论课教材内容不能完全与时俱进，对当前社会复杂的局势及各种错误的观点直面应对不够，依然关注于从理论上一味的灌输，缺乏贴切事例的支撑，忽视学生实际上课的感受。同时，教材内容表述生动性不够，缺乏鲜活具体的案例分析，教材编排不关注学生接受能力，政治术语较多，语言文字比较生硬和刻板，大段式的理论堆砌，理解比较困难，学生容易产生厌倦感，很难引起学生有兴趣去轻松阅读。这种情况放在对教材内容学习的考核上同样出了问题，试卷设置生硬，与发展着的社会实际相脱离。这种结果导致思想政治理论课的教学与考核在一定程度上相互冲突，甚至毫无关联性。这些情况综合起来，就使得学生对平时课堂学习的态度就变得无所谓了。

2. 学生关切内容不足

思想政治理论课教材是高校思想政治教师进行课程教学的前提和基础，教材在内容建设上首要明确我们的根本任务是什么，坚持立德树人的中心不能变，适应当前社会的飞速发展和复杂变化的大环境要求，紧随时代发展步伐，开拓新思路，回答新问题，建立具有我们特色又符合时代需要的高校思想政治理论课教材体系。在今天，我们社会中的意识形态斗争依然激烈，一些不怀好意的国内外各种势力通过尽可能的方式对我们进行意识形态方面的各种渗透。面对一些错误思潮和观点的渗透，让一部分青年学子在思想上有波动，甚至发生根本思想的偏离，在世界观、人生观、价值观等价值形成上有了变化。对于这种情况，我们的教材内容改革设置上却没有很好的发展规划，不能与时俱进，对当前社会复杂的局势及各种错误的观点直面应对不足，还是更多地关注于从理论上一味的灌输，缺乏合理的事例支撑去对面对当前学生关心的各种热点和敏感点问题，忽视学生的实际关切和社会的客观现实。学生关注的社会实际问题没有直面应对和解决，没有合理事例的支撑，课程内容更新不及时，学生在书本上看到学到的内容与社会快速变化发展的现实情况不能吻合，长此以往，就会出现学生对教材内容信任度不高的尴尬局面。

（二）教师上课能动性不足导致学生满意度不高

1. 上课兴趣不高

相当一部分教师依然只是采用传统的教学方式，在课堂上只会罗列知识点，一味

的单纯说教，毫无新意。不主动或无意识去通过合适的教学思考引导学生主动发现和分析解决问题，阻碍了学生创新思考能力的发展，让学生的学习知行脱离，没有触及学生政治思想学习的根本，达不到培育学生优良品德素质的目的。个别高校甚至在教室里还没有配备必要的信息化教学设备，不能实现现代网络多媒体教学，这样的教学形式显得单调乏味，也不具备科学时代性，最终的结果就是学生因为课程单调老套从而降低对高校思想政治理论课学习的兴趣，直接影响课堂教学实效性的实现，课程设定的基本教学目标自然就不能够达到。

2. 学生课堂回应差

面对每一堂具体的教学活动，教师应该积极主动去思考本堂教学课的指向性和目的性，适当做到因专业班级不同而改变。首先，当前我们高校思想政治理论课内容针对性不到位，不能很好地适应当前高校学生思想发展的需要，结果就导致课程内容对学生缺乏吸引力，不能形成高校公共基础课核心课程应该有的效果。同时，当前高校思想政治理论课教师中有相当一部分经常无视学生的现实需要和思想特点，不想也不愿意去对学生实际展开深入了解，也不去调查发现和研究了解社会现状，课堂上盲目追求效果一致化，不及时解决学生面临的各种思想困惑，只知道单一死板从事相关课程的教学任务，没有或不能去适当变通，不能发现或无能力完成学生想要选择的内容和教学方式，课堂教学效果当然好不了。结果，课堂教学中必定会出现老师讲的学生不愿去听，学生想听的老师不会去讲的现象，思想政治理论课教学最终就陷入教学分离的局面，变成"你说你的，我做我的"，两不相干，毫无意义。

3. 学生参与意愿低

通过调查发现，不少同学表示很少参与对高校思想政治理论课的互动，首先是教师本身缺乏设计教学互动的意愿，即使有一些互动，也往往是枯燥无味，或者是脱离学生实际，学生不愿意去参加。教学中合理互动可以提升课堂学习氛围，激发学生兴趣，拉近师生之间的感情关系。但是，如果课程内容过于理论化，没有针对性，与学生需要相距较远，回应不了学生需要解决的困惑和问题，学生参与兴趣度自然不会高。而这又是一个互为增减的问题，如果不去改变，长此以往，问题就会变得越来越坏，最后的教学效果也会越来越差。这样的结果会让相当部分的学生在课堂上从事与教学无关的事情，包括看视频、玩游戏等。同时，学生平时愿意主动积极参与的实践教学又经常被教师以各种原因直接放弃了。这些原因主要有以下情况，如组织学生实践教学不易集中、远程转移安全难保障、资金支出程序繁杂等因素，结果很多高校管理者或教师本人在实际教学中基本就直接放弃了实践环节，或是两者相分离，将课堂教学与实践教分开实施，或是流于形式，结果就是学生对参与实践教学活动变得无所谓，只剩下老师在那里自己一个人表演，自娱自乐，对教学全无任何有益的帮助。

（三）教学方法不灵活致使学生兴趣不足

1. 上课方式老旧

很多高校思想政治理论课教师年龄偏大，青年教师比例相对较低，上课时还是习惯用过去传统的老一套方式方法：一支粉笔一本书，单一理论满堂灌。这样教学的结果就是让学生昏昏欲睡，你讲你的，我做我的，师生之间互不相关，学生对课程讲授内容反映平淡。

2. 不了解学生需要

在思想政治理论课教学过程中，教师只是从自己的角度去设计教学开展教学，不关心学生的需求，不关注师生之间的互动，只是在课堂上一个人表演，不领会学生的感受，甚至只是抱着完成任务就行的心理。因此学生也就无所谓上课内容，对课程教学过程甚至毫不关心，这样的局面当然不会有好的教学实效性结果。

3. 现代教学技术利用不足

当前高校课堂网络技术硬件基础建设投入发展很快，课堂教学技术基础条件也变得更加完善。可是在现实中，很多高校思想治理论课教师在教学中却利用不足。许多教师是在教学中使用 PPT 课件，但只是把陈旧的教学内容放到 PPT 上，没有任何适当的创新。即使利用微电影、微视频、微信微博等方式进行教学，但也就是播放一部电影满堂给学生看。既不管与课程内容结合度如何，也不在后面进行相应的互动讨论，效果当然不好甚至适得其反。

（四）考核方式单一死板降低学生学习的能动性

高校思想政治理论课教学实效性不高的原因很多，除了教材内容设置上的滞后，教师教学观念的落后，课堂教学方式手段的单一不灵活外，还有一个重要的因素就是传统思想政治理论课程的考核非常呆板老套，只是要求学生对理论知识的死记硬背，不懂得灵活多样地去适应发展。考核评价的形式重记忆轻创新，制约了学生综合能力的锻炼和提高。考核评价基本上以笔试为主，基本上期末考试一锤定音，平时成绩只占较少分值，评价方式一般比较单一化、形式化，譬如平时成绩只占总评分的20%—30%，而且往往还只是通过平时上课出勤给分。即使是按上课出勤打平时分，往往也因为高校思想政治理论课的大课模式，学生人数多记不住而时间又紧，结果很多时候也完成不了而流于形式，随意打个平时分就算了。总体说当前的考核方式还是关注知识点的记忆，考试时更多还是让学业生进行死记硬背，对于学生综合素质的发展却没有给予正常的关心，学生思想政治素养和道德情操有没有合适的提升也并不清楚。但可以肯定的是，这样的考核方式让学生对思想政治理论课的学习兴趣肯定是不会高的，甚至还会朝反方向发展，引发学习政治理论课的逆反心理，从而降低学生学习的兴趣。

三、当前高校思想政治理论课教学实效性不足的原因分析

（一）教材内容建设针对性不强降低学生学习的兴趣

1. 教材内容理论化太重

高校思想政治理论课教材在编写、审阅及使用上要求很高，国家层面基本上每年都要对思想政治教材内容进行修订增减及完善，对国家发展的新理念新思想保持与时俱进的态势。但是，通过教学实践，很多教师觉得当前教材编写理论化还是太重，在可读性和生动性上不仅没有什么太大的创新变化，甚至好像还有所退步。比如以我所任教的《思想道德修养与法律基础》这本教材，个人觉得理论化相比过去更强，内容结构没有以前的教材接地气，让教师在讲授时要更加费力一些，学生对教材内容的理解接受也要难一点。同时，不同思政教材之间内容重复比较多，也让教学内容的新鲜度变差。

现有高校思想政治理论课教材注重宣传功能，内容设置上主要还是概念多实例少，在主要章节篇幅上都是在述写马克思主义基本原理、党的理论和方针政策、法律道德规范理论概要等等，政治理论性宣传性突出明显，内容单一固化，并且总是以说教的方式进行理论概念地灌输，缺乏说理性，教材内容主动参与吸引力不够。9不是说以上内容不重要，相反是很重要，这是保证我们政治思想正确性的根本，主要是与实践结合不足。这样的结果让学生在学习时感觉不到教材内容的生动性和可读性，学生的主动学习兴趣也就不高，教学效果自然就不足了。

2. 教材内容联系学生需要不足

当前高校思想政治理论课教材的设计、编写及审阅在国家层面得到了极大地重视，并要求所有高校不得随意使用来路不明的思想政治理论课教材，必须是在国家要求的范围之内。因此，我们所有高校使用的思想政治理论课教材基本上是统一的。然而通过实践调查了解，有相当部分高校思想政治理论课教师及学生对教材的内容设置上还是有一些意见的，认为现有教材在保持内容的常备常新上做的还不到位。尽管在教材内容建设上关于我们国家根本任务、立德树人的中心理论等要求上没有问题，但却不能完全适应当前社会的飞速发展和复杂变化的大环境要求，不能紧随时代发展步伐，对当前社会复杂的局势及各种错误的观点直面应对不足，对当前各种学生关心的热点和敏感点没有进行充分的解释说明，不能直面应对学生的关切和社会的客观现实，尤其在突出实践教学方面表现缺失。

现在的学生基本上都是"00"后了，他们的思维与成长背景都已经发生了重大改变，内容与举例上不能再一味的用之前"苦"的那一套，应该讲但要注意方式策略，否则学生没有兴趣，讲了也不听。内容上不仅要与当前发展的形势紧密相联，也要从细节

上去关注学生生活及对未来的向往,做好理论与实践之间的衔接规划,这样才会接近与学生的距离。这样,学生的兴趣点才会被充分发掘,课程吸引力自然会提升。

(二)教师个人能力不足直接影响课堂实效性

1. 教师队伍专业素质参差不齐

在教学活动中,教师是提升思想政治理论课教学实效性的关键,教师必须具备较高的专业素质和能力水平,才会有好的教学效果。只有对专业知识的深刻理解,才可以将知识点准确地传授给学生。现实中却存在一些教师,他们自身专业水平不高,教学态度也不端正,教学能力不足,教学方式固化单一,自然不能教好学生上好课,更谈不上传授给学生精髓知识了,自然会降低课堂教学的实际效果。

通过平时的教学实践以及对学生学习的调查情况来看,大多数高校思想政治理论课教师的专业水平和教学能力是得到学生认可的。然而,由于思政教学方面师资力量不足的普遍存因素,一些高校在思想政治理论课教师的配备上就有些随意,让一些非专业的教师加入到思想政治理论课的教学中。这些人中有的自身政治素质就不高,对高校思想政治理论课的教学要求也不清楚,上课时甚至出现胡言乱语的情况,怎么能上好课?因此,上好思政课,必须重视教师的专业素质,不合格的教师坚决清出思政教学队伍。

2. 教师个人魅力表现较差

所谓教师的个人魅力,简单说就是在教学过程中让学生喜欢听你上课而不是排斥你。这是一个综合性的东西,包括教师的专业能力、个人道德素养、亲和力等各个方面。现实教学中,由于师资力量的不足,或是一些高校领导错误的认识,使得当前高校思想政治理论课教学中还存在一些专业能力不足、综合素质较差的人员。对于他们而言,只是将上课当做自己不得已完成的工作任务,不关注作为思想政治理论课教师在教学活动中对学生进行言传身教的影响,缺乏利用教师个人学识魅力和人格魅力去引导学生正向发展的基本意识,使得学生对这些教师的认同感和认可度都极低,学生自然也不会认同这样教师的教学内容,这些教师的教学实际效果自然就不会好。

更可怕的是,当前高校里存在个别教师道德缺失,为人师表意识淡薄,在课内课外不能严格要求自己,上课不认真,甚至做出有损师德的事例,比如课堂上不尊重学生或是随意辱骂诋毁学生,引起学生的厌恶转而对所学课程的质疑,学生就会变得不想上课或是不愿意听课。尤其当前有个别思政教师在课堂发表不当言论,影响极坏。

3. 思想政治理论课师资力量建设不足

高校教师是一个知识层次高的群体,作为思想引领工作的高校思想政治理论课教师更应该有一个更高的要求。高校思想政治教师必须要具有坚强的共产主义信念,有专业的马克思主义理论修养和较高的政治责任感,必须具有高尚的道德情操和良好的思想作风，有丰富的科学文化知识。

当今社会整体发展变化太快，新思想新理论更新迅速，好的思想政治理论课教师要具有丰富的知识水平，这样才能有一个好的思想政治理论课教学实效性结果。好的思想政治理论课老师应该是一个知识丰富的人，他所具备综合素质的高低直接影响到在课堂教学时的效果。然而，全国所有高校基本都在扩招，使得学生人数不断增长，高校思想政治理论课整体师生比例严重不足，按照师生比1:350的要求，以我工作所在的地区三所高校为例，师生比例均不足，某职业技术学院是1:455，某师范大学是1:439，某幼儿师范高等专科学校则是1:410。而且通过各种方式联系了解，各地高校基本上都存在或多或少这种师生比不足的情况，甚至更严重。这种情况下，为补充思想政治课教师的不足，学校会让一些非专业的教师去从事思想政治课的教学，这些教师是半路出家，缺乏基本的马克思主义理论修养。而授课任务加大，使得教师往往是疲于应付。面对新情况，教师没有太多的时间和精力去充实自己，学习调研及教科研的时间严重不足，在个人学习上不能做到与时俱进。

（三）教学方式刻板陈旧影响思想政治理论课教学气氛

1. 课堂教学方法僵化陈旧

部分高校教师还是采用传统的培养教育观，只知道在确定的教育目标下按传统统一的目标进行培养。他们不关注学生的个体发展情况，只会一味的填鸭式教学，忽视了学生分析问题解决问题的能力培养，学生的学习能动性受到很大的影响，对课程内容的学习兴趣当然不会太高，学习只是为了应付考试。这些教师没有认识到思想政治理论课的教学是一个引导学生形成正确的世界观与方法论的动态过程，只知道采用传统的理论"灌输式"教学，不会合理利用新技术新理念，忽视师生互动，学生只是被动接受，很难有积极性和创造性，难以达到应有的教学效果。

现在高校思想政治理论课基本上都是合班上课，上课地点基本都是在阶梯教室里完成。这样的学习环境空旷且人数又多，课程教学掌控上本来就难。教师再只是一味的照本宣课，空谈理论，只是从自己的角度去设计教学开展教学，不关心学生的需求，不关注师生之间的互动，一个人在课堂上表演，就真的很难引起学生学习的兴趣和热情。甚至有的老师只是抱着完成任务就行的心理，应付了事。结果就是教师说自己的，学生忙自己的，谈何效果？在新形势下，这种情况必须改正，要融入人文关怀，尊重学生感受，以学生为中心规划教学任务，教学效果才会突出。

2. 教学新技术利用方法单一

当前高校课堂网络技术建设已经是全覆盖，教学技术基础条件都很完善。以我的学校为例，我们以建设"智慧校园"为依托，基本实现了全校信息技术的现代化要求。然而，现实思想政治理论课教学中很多老师却利用不足，尽管他们都开始使用PPT课件，但相当一部分教师却只是简单地把教学内容搬到PPT上，没有任何适当的创新，教学效果体现不出来，课堂表现缺乏吸引力，结果可能会让很多学生是在昏昏欲睡中完成学习。有一种说法，当今很多高校学生戏称老师的PPT为"泡泡糖"，问题之突出可见一斑。而且，现代教学技术的利用也不仅仅是PPT一种方式，还有微电影、微视频、微信微博都可以进行有效地利用，但实际教学中却很少体现，即使有所运用，很多老师就是播放一部电影满堂给学生看，既不管与课程内容结合度如何，也不在后面进行相应的互动讨论，效果当然不好甚至适得其反。

（四）缺乏科学的课程考核办法弱化学习效果

1. 缺乏考试应有的激励效果

一场考试的过程与结果应该是可以对教师和学生都产生相应的激励效果。通过考试，授课教师可以从考试情况中发现问题，获得新的教学经验，并对发现的问题情况进行效的总结，最终去优化自己的教学方法。同样的，学生也可以通过课程的考核去发现自己的不足之处，找到自己存在的问题，发现自己的长处和优势，进而自我改正提升，促进自己能力的发展。目前情况下，高校思想政治理论课的考试还是以笔试为主，以试卷考试为主，试卷笔试成绩依然占据最主要的比例。考核方式单一不灵活，考试目的就是为了完成"考试任务"，学生参加考试也只是为了应付考试这个形式，不能形成提升学生思想综合素质的效果，缺乏考核激励机制。

2. 考核方式设计与社会现实发展脱节

现实中，我们发现很多思想政治理论课教师在设计考核方式时，只是让学生对课本知识点进行死记硬背，学生考试分数显得很高，实际效果却很差。很多学生考试时还能对知识点有所了解，考试完不久就什么都忘记，什么都不知道了。结果就是学生的政治综合素养不会得到真正的提升，也影响学生学习政治课程的兴趣，学生所学和所会不一致。要真正提升学生学习的兴趣，真正提高学生理论与实践的水平，学会发现问题、解决问题的能力，就必须发展思想政治理论课新的教学考核方式。这些考核方式将不再是对知识点的死记硬背，而是对学生进行多方面的综合考核，发挥其学习与考核的主观能动力，实现学生素质的全面发展。比如：加大学生课堂表现在考核中的比重，将实践能力和实践成果纳入考核标准，充分利用信息化教学背景的便利条件完善考核标准。

3. 教学知识与考查内容相抵触

课堂教授的知识内容与考试考查的内容不相一致，使很多学生对平时课堂的学习无所谓，只是到考试时候才去找书本进行死记硬背的复习，只希望能通过考前几天的复习取得一个能通过的成绩就可以了，这完全违背了高校思想政治理论课教学的目的。

现实高校思想政治理论课教学，不管是平时的作业，还是最终的考试，在内容上只是一味的偏重课本知识点。其实,很多教师是知道应该注重考核的实际变化的,可是大纲的要求约束以及思想政治所特有的严肃性,让教师们不敢轻易越雷池一步。比如,很多教师在思想政治理论课实际教学时,内容往往会脱离教材,只是根据自己对教材内容主题的理解,完全按照自己的方式和方法进行讲解。这就有一个问题,学生在课堂上听教师讲的内容和最终考核内容缺乏关联,会让学生产生误会,认为平时上课不用听,只要关注教师在考前的复习安排就可以了。这当然是错误的,所以必须要改革教学与考核的关系,从大纲源头上实现科学灵活的改变。

(五)社会经济大环境改变增加思想政治理论课教学的难度

1. 社会功利化倾向弱化了课程教学的实效性

国家实行改革开放并大力发展社会主义市场经济,人们的社会生活方式较过去有了更加复杂的变化,整个社会的贫富差距也在拉大,对社会整体利益有一个明显的分化。这种局势下,人们思想的个体性、多变性及差异性就特别显著,思想政治理论课教学对高校学生社会共识和同一价值观的形成构建,就成了一个比过去更复杂的难题,间接提升了高校思想政治理论课教学难度,弱化了课堂教学的实效性。

高校学生通过各种社会网络平台,逐渐对社会有了更多方面的认识。有的学生会夸大一些极端个别的现象,产生一些片面的看法,如认为有时候"苦干不一定成功,再努力也不如拆迁户"的错误观点。他们对读书的作用产生动摇,新"读书无用论"重又占据一部分家长和学生的头脑,导致部分学生学习原动力的缺失,甚至产生扭曲的成功价值观。同时,社会越来越严峻的就业形势,有些已毕业的学生找不到满意的工作,使得一些在校学生心灰意冷,让部分学生丧失学习激情,对学习信念变得动摇不定,只剩下对学习及发展前途的迷茫。这样的结果,会直接让我们的高校学生认为学习思想政治理论课对自己将来没有什么根本用途,学生不愿主动去学习,缺乏学习热情,降低思想政治理论课教学的实效性。

2. 高校扩招导致生源素质及学习能动性下降

高校每年大量扩招的结果就是学生生源质量快速下降,学生学习自觉性和学习能力上都在退步。面对抽象的理论课,这些学生往往因为基础差跟不上教师的节奏,时间一长就慢慢发展成厌学。又因为过去在中学学习时主动性就不好以及成绩差,这些学生在学习自觉性及纪律观念方面往往都表现不足,也很难形成好的班风学风。这已是目前高校尤其是高职高专学校普遍的难题。

高校扩招引发高校建设的飞速发展。可是,相应的制度建设和制度管理没有跟上,对学生的管理过于宽松,让学生的学习没有任何压力,形成了我们高校学生宽进宽出的独特现象。这种现象导致学生考试标准降低,及格轻松,补考形式化,学业无压力。学校管理的宽松,学生纪律自觉性降低,学校整体学习氛围自然就会不足。以现在的很多高职院校为例，扩招使得生源逐年增加，办学效益越来越好，可是学生的进校分数只需要100多分就可以了。什么结果？结果就是学校学风越来越差，学生对学习变得无所谓，谈何学习效率。

3. 高校管理者重视程度不够

高校的培养目标不仅仅是培养学生的技能水平，更重要的是培养一个有正确三观的高技能水平学生，否则能力越大破坏可能也越大。然而在实际培养体系上却不尽相同，很多高校尤其是高职高专院校依然坚持职业技能教育为主，培养的导向就是学生的就业，忽视学生思想政治综合素质的发展。这种导向让学生只关注能与自己就业直接相关的专业技能学习，缺乏学习其他课程的兴趣。

面对社会职业发展变化日新月异的局面，学生的就业前景相较于过去，更加的不明朗。而这种状况不仅对学生更是对高校决策者们带来很大的压力，让很多高校在教学引领上往往以职业为中心导向，致使学生的就业意愿强烈。学生主要精力只愿放在专业知识技能的学习上面，面对思想政治理论课的学习就显得有些浮躁，不能清醒地意识到人文教育对自己思想品格道和德情操的提升作用，认识不到对自己未来人生规划和发展的重要意义。比如现在各高校学生的"考证热"就充分说明了以上问题，很多学生几年的学习生活基本上都是与各种资格考试紧密联系在一起的，那还有学习其他课程包括思想政治理论课的兴趣。

第三章 高校思想政治理论课教学实效性的优化策略

由于影响因素的复杂性和多样性,在增强高校思想政治理论课实效性上,需要从多方面、多层次、多角度来思考对策,才能够高效展开对大学生的思想政治教育工作。当前,高校思想政治理论课实效性并不是很理想,大学生没有从内心深处真正体会思想政治理论课的获得感以及具备较强的价值认同感。针对当前思想政治理论课教学中存在的问题,建构主义学习理论从新的视角出发,使思想政治理论课实效性能够进一步得到提升。

第一节 以学习内容为导向,提升课堂教学实效性

一、以意义与目标为建构基础,激发内在学习动机

学习动机是指能够直接推动学生去学习的内部动力,学生在这个基础之上,会不断向学习目标前进。通常情况来讲,我们把学习动机分为内部动机和外部动机,内部动机是提升思想政治理论课实效性的根本动力,外部动机是提升思想政治理论课实效性的根本因素。建构主义学习理论强调学习者的主动性,只有学习者能够自发学习知识内容,才有可能对知识进行意义建构。因此,激发学生的内在学习动机,有助于思想政治教育工作的高效展开。

(一)以教学意义为价值导向,培养大学生的理想信念

高校思想政治理论课是对大学生进行思想政治教育工作全面而系统的工程,是培养大学生形成正确三观的核心课程,发挥着重要作用。教师必须明确教学意义,具有清晰的方向,才能正确引导大学生成为什么样的人。对于教师而言,教师在教学过程中,应当思考如何使课程内容更好地被学生所吸收,要让课程内容不是被动地被学生所接

受。从建构主义学习理论视角来看，学生是学习的主动参与者，对知识是主动建构者，要使学生对知识能够内化于心。基于此，思想政治理论课的改革与创新有了一定的方向。首先，教师在教授课程内容时，需要明确教学意义是什么，避免知识内容简单传授的现象发生，使学生在学习课程内容以后，能够朝着正确的方向发展；其次，注重培养大学生理想信念，从内而生，对课程内容产生兴趣，能够以内在驱动力去接受课程内容的学习。大学生理想信念是思想政治教育工作的核心部分，是教师对学生进行有目的、有组织、有计划的实践活动，促使大学生建立崇高的理想信念。当大学生具有正确的理想信念时，对思想政治理论课的热爱就会发自内心，具有内在学习动机。综上所述，教师应当明确教学意义，在此基础上，培养大学生理想信念，激发学生内在学习动机。

（二）以教学目标为课程导向，培养学生学习的自发性

建构主义认为，学习者不是被动接收信息，而是根据已有的经验背景，对外部信息进行主动地选择、加工和处理，主动地甄别信息建构新的意义。因此，在教育过程中，应当注重发挥学生的主体意识，这一理念对提升思想政治理论课实效性具有借鉴意义。高校思想政治理论课是巩固马克思主义意识形态领域指导地位的重要核心课程，是对大学生进行思想政治教育以及培养民族复兴大任的时代新人的主干渠道。也就是说，思想政治理论课主要面向的群体就是大学生，应当思考如何让大学生主动接受和学习思想政治理论课，应当充分发挥学生的主体作用，培养学生学习的自发性。因此，培养学生学习自发性是发挥学生主体作用的根本目的，进而激发学生内在学习动机。教学目标与学生学习自发性之间具有紧密相联的关系。教学目标是教师在进行课堂教学后，所要达到的预期教育效果，有助于大学生形成内在驱动力。在思想政治理论课教学过程中，教师具有清晰的教学目标以后，并告知学生，能够使学生产生学习目标，对学习具有激发力量。一旦学生完成学习目标，就会产生成就感，周而复始，对思想政治理论课实效性的提升具有推动作用。综上所述，教师在授课过程中，首先自身应当具有明确的教育目标，通过告知学生以后，让学生产生清晰的学习目标，从而，培养学生学习的自发性，进而激发内在学习动机。

二、以合作与对话为主要方式，创设课堂教学情境

传统的学校教育场境中，只重视事实性知识的情况依旧非常普遍，以这种知识的传授和机械记诵、反复操练为主要形式的课堂教学仍然是学生最为重要的学习经历。在这种情境下，学生很容易产生对学习的厌烦心理，如何使教学情境成为促进教师与学生双向互动学习的桥梁，是当下教学革新的重要思考方向。

（一）构建知识与真实世界相结合的教学情境

就知识而言，与真实世界是紧密相联的，将知识与所指向的世界结合起来，能够确证所学的知识是否可靠。高校思想政治理论课主要面向群体就是大学生，既有对未来的向往与追求，又包含现实存在的一切。在进行思想政治理论课教学活动过程中，课程内容的构建与现实必须紧密相连，否则，思想政治理论课的内容容易走向虚幻的状态。建构主义学习理论强调知识具有情景性，主张将学生与具体情景结合起来，在现实中获取、使用和发展知识。在进行思想政治理论课传授过程中，必须将实践教学的作用发挥起来，上升到理论与实践相结合的层面，使大学生提高认识世界与改造世界的能力。将思想政治理论课内容融入到具体情景，学生会为了现实中遇到的问题，主动寻求理论知识的支撑，激发学习的兴趣。与此同时，能够使学生感受知识内容与真实世界的紧密关系，认知到思想政治理论课观点与道德行为规范更具有针对性，学会运用马克思主义立场、观点与方法正确看待和解决现实中的难题，提高自身对理论知识的理解能力和运用理论知识解决实际问题的能力。对于大学生而言，最终就是要走出社会的，脱离现实只是纸上谈兵，会让思想政治理论课失去吸引力，结果也会导致思想政治理论课远离现实生活。只有将思想政治理论课内容回归现实，实现思想政治理论课内容的现实化，才会使思想政治理论课更具有吸引力，让大学生从内心深处认识到思想政治理论课的必要性。

（二）以学习者主体情境为基础，开展团队合作的学习情境

构成学习者的主体情境的因素，在场域来说，是学习者本身所处的社会文化和自然环境；就构成他学习新知识基础的自身因素来说，包括他所有相关的知识和经验。因此，对于学习者而言，在日常生活中形成的概念、知识以及经验，有些对学习起着促进作用。

教学的目的是为了促进学习，应当以学习者主体情境为基础，在已有的知识和经验基础之上，提高学生对知识内容的思考能力和解决问题能力，使协商为主要形式的课堂教学成为学生重要的学习经历，愿意主动融入课堂中来。建构主义学习理论认为，不同学生对同一问题有不同认识，通过合作学习，可以产生更丰富、更深刻的理解。事实上，从对知识的认识以及对知识发展规律的把握角度来看，由于环境因素以及知识结构等因素的影响，不同个体之间的认识具有绝对的差异性。通过团队合作式学习，学生之间会在争辩和讨论中，将认识的分歧充分暴露出来，在思想碰撞中对知识有更深层次的理解。对于思想政治理论课而言，教师的任务不只是简单地传授知识，更重要的在于塑造大学生的理想人格。教科书上的"集体主义"、"为人民服务"等优秀传统道德观念，应该让学生从内心深处认可、在行动上有所作为。开展团队合作的学习情境，有利于改善学习氛围，培养学生之间的团结精神，让学生感受互动式的合作

学习，深化对知识的理解。例如：在进行思想政治理论课教学过程中，可以选择有意义的话题，在学生团队之间共同探讨或辩论，要求学生在团队内部取长补短，进行发言总结。这样一来，既深化了学生对课程内容的深入了解，而且还加强了学生的团结精神。此外，可以开展师生之间的互动合作学习，例如：可以创设对话情境，形成民主式的双向师生互动关系。随着现代高校思想政治理论课的改革与创新，师生之间的互动合作学习可以改变传统"灌输与被灌输"的关系，不仅是教与学，也是学与学的关系，增强大学生对思想政治理论课的获得感。

（三）以对话为主要方式，创设以学生为核心的心理关怀情境

思想政治理论课教学情境是为课程教学活动开展的，教育对象在接受学习过程中，必然受到各种复杂因素的影响。建构主义提出，教学应重视学生原有的知识经验背景、社会历史文化背景、动机以及情感态度等多种智力因素和非智力因素在认知学习过程中的综合作用。心理和情感就是极为重要的非智力因素，教育者以情动人、以情感人是心理关怀的表现，而通过制度、生活等环境的创设达到关怀人的目的则是心理关怀情境创设的主要方式。因此，在教育过程中，教育者应当及时与受教育者进行对话，感受其内心活动，是否真正从内心深处认可和接受课程内容。高校思想政治理论课是对大学生进行思想政治教育工作的主要核心课程，这是一个庞大的系统工程，深受校园环境、家庭环境与社会环境三重因素的相互影响，包括大学生的心理关怀也需要引起注意。在这个背景下，思想政治理论课教育就必须关怀人的心理和情感，促使受教育者的人格完善。通过创设以学生为核心的心理关怀情境，通过及时的对话关注学习情绪，能够使大学生对教师以及课程内容产生亲和力，从感性层面，感受思想政治理论课的魅力，增强对思想政治理论课的价值认同感。

三、以冲突与比较为基本特征，设计课程教学内容

相比较于过去教学内容，当前思想政治理论课教学内容有了明显的革新，能够突出理论与实践相结合的特点。然而，思想政治理论课教学内容依然存在一些问题，需要在建构学习理论视角下，挖掘改进思想政治理论课教学内容的方式方法。

（一）挖掘学习过程中的矛盾，激发学生学习兴趣

建构主义提出，学习者并不是空着脑袋进入学习情境的，教学不能无视学习者的已有知识经验，简单强硬地从外部对学习者实施知识的"填灌"，而应当把学习者原有的知识经验作为新知识的生长点，引导学习者从原有的知识经验中，生长新的知识经验。因此，对于大学生而言，每个人都是行为主体人，是独特的人，具有独立意义的人，必须发挥学生的主体作用，注重大学生对思想政治理论课的实际学习效果。在

教学过程中，教师应当挖掘可能会出现的矛盾，诸如：新旧知识之间的差异性、知识内容与现实生活之间的矛盾等等，在这个基础之上，设计课程教学内容，激发学生学习的兴趣。为了提高大学生学习思想政治理论课的实际效果，可以定期在大学校园里开展思想政治教育论坛，传播主流文化精神，通过讨论、讲授等方式，发挥学生的主体性，增强辨别是非能力，从受教育者的被动者转变为主体人。教师在设计教学内容时，可以让学生主动发现新旧知识之间可能存在的冲突点，以好奇心为驱动力，激发学生主动学习新知识的兴趣。此外，教师在传授思想政治理论课内容的时候，可以深入挖掘学校的历史文化，增强学生的真实感，让学生发现新知识与现实生活联系的相关性和差异性，从差异性方面着手，让学生能够主动分析问题和解决问题，激发学生对课程内容的兴趣。

（二）比较新旧知识的差异性，提升课程的吸引力

从建构主义学习观来关照思想政治教育，学习者在学习中不是被灌输、被宰制状态，而是主动来建构价值信念的意义。获得知识的多少取决于学习者根据自身经验去建构有关知识的意义的能力，而不取决于学习者记忆和背诵教师讲授内容的能力。因此，从建构主义学习理论角度来看，学生对知识的吸收不能再是被动机械式学习方式，应当让学生主动建构知识体系，真正体会知识内容的价值与意义。高校思想政治理论课不仅仅是简单地传授书本知识内容，更重要在于引导大学生形成正确的世界观、人生观和价值观，让大学生在实际生活中能够自觉秉承优良品质以及具备坚定的政治立场。在这个背景下，思想政治理论课的改革与创新要重视如何提升课程的吸引力，让学生能够主动接受知识内容的学习。对于思想政治理论课的课程内容而言，新旧知识之间存在共性与差异性，差异性往往能够唤起学生对知识的好奇心。因此，教师在设计课程教学内容时，可以挖掘新旧知识之间的差异性，以批判性的思维对头脑中生成的知识内容进行批判，在这个基础之上，设计有意义的教学内容，提升课程的吸引力。此外，教师在关注教学活动时，必须时刻注重教学目标，以"培养什么人"为基础，发现旧知识需要革新的方面，使课程教学内容的设计紧跟教学目标的发展，不仅能提升课程的吸引力，还能促进教学目标的完成。

（三）增强课程内容的针对性，唤醒学生主体意识

高校思想政治理论课是对大学生进行思想政治教育工作必要的课程环节，是引导大学生具备坚定的政治立场和明确的理想信仰的主要方式和途径。教育者在设计课程内容时，应当增强课程内容的针对性，使课程内容与时代发展要求相适应。随着社会的不断前进发展，无论是国家的发展方略，还是党的方针政策，都会随着时代的进步进行变革，与过去的一些理论产生矛盾和冲突。思想政治理论课的课程内容应当与时俱进，注重比较新旧内容的差异性，挖掘可能存在的矛盾，紧扣时代发展要求更新目

标任务和培养方式，使大学生成为符合时代要求的新型人才。作为高校思想政治理论课的教育者，不仅要重视知识内容的传输，更重要的在于要提高学生服务于实践的能力，让大学生具备担负时代发展要求的能力。建构主义学习理论重点强调学生对知识的主动意义建构，反对教育者以自我为中心的"灌输式"教育，磨灭大学生对知识内容的深刻理解以及在现实生活中的正确运用。因此，一方面，要注重方式方法的正确运用；另一方面，要注重将课程内容与时代发展要求相结合，使大学生随着国家发展的脚步成长为合格的社会主义事业建设者和接班人。综上所述，高校思想政治理论课的教育者在设计课程内容时，应当以冲突与比较为基本特征，增强课程内容针对性，避免教学内容与时代发展要求不适应，唤醒学生主体意识。

第二节　以优化教资为手段，增强高校思想政治理论实效性

一、有效增强高校思想政治理论课教材的针对性

兴趣是最好的老师，如何吸收学生学习的兴趣，最主要的就是给学生提供的教学内容应该是他们所关心和希望了解的，这样才会实现实现理想的教学效果。而在目前，高校思想政治理论课教学内容与社会实际适应度还不够，与学生对内容的关切点上也有一些差距。从我十几年思想政治理论课教学实践的观察发现，老师授课内容如能切合学生合理需要，上课互动时能有效回应他们的关切点，学生学习思想政治理论课的主动能动性会显著增强。

1. 明确回应学生关于社会发展的心理关切

高校思想政治理论课教师要上好每一节课，让每一节课都能让学生有好的收获和思考，帮助学生建立正确的道德思维和价值取向。怎么去做到这一点，除了好的教学能力和方式方法外，还有一个很关键的方面就是创新发展适合学生愿意接受的思想政治理论课教材内容体系，了解学生的需要，不回避社会热点和敏感问题，用适当的方式去解答和解决学生的困惑。像今年九月份开学第一课，要求我们思想政治理论课教学就要从"香港问题"、"国庆七十周年"等当前热点事例上对学生直面讲授，不回避问题的同时，积极宣传和肯定我们祖国发展变化的伟大成绩。这种直面对比，教学效果非常好。

当前高校学生并不是两耳不闻窗外事，他们对社会热点、敏感点、难点等问题关切度非常高，而便捷的网络通讯方式让他们可以通过多种渠道时刻了解社会发生的一

切。因此，根据当前社会发展现状，高校思想政治理论课教材的规划更新必须注重学生的思想关切，内容上要密切关注时效性、针对性和吸引力，从学生思想关切的实际出发，不回避学生关注的问题。在教材规划设计更新时，务必要通过设置合理的渠道多去听取一下高校学生在教材内容建设方面的意见和建议，并进行广泛的宣传。这样从教材内容建设的源头上让学生对思想政治理论课教学内容就有了一个心理认同感，教学效果也就会有一个好的开端。

2. 适应形势变化丰富和优化教学内容

思想政治理论课教材是高校思想政治教师进行课程教学的前提和基础，教材在内容建设上首要明确我们的根本任务是什么，坚持立德树人的中心不能变，适应当前社会的飞速发展和复杂变化的大环境要求，紧随时代发展步伐，开拓新思路，回答新问题，建立具有我们中国特色又符合时代需要的高校思想政治理论课教材体系。教材内容改革设置上要有很好的发展规划，坚持与时俱进，对当前社会复杂的局势及各种错误的观点直面应对，并开拓发现一些适当事例去支撑对当前各种学生关心的热点和敏感点进行充分的解释说明，直面应对学生的关切和社会的客观现实，满足学生的心理需要。

而教学内容的丰富和优化，对于授课教师而言，要灵活适度的把握。总的来说，我认为是"要唯书，又不唯书"，就是说教师在实际讲授进程中，不能违背教材的根本性质和要求，但又要根据时政的变化、教学对象的不同、课堂氛围等各种情况设置合理有效的教学内容，不一定要一味的和教材上的内容一模一样，只要性质和目标不变，具体内容和方式上可以灵活多样。实践中，如果真的这样细致观察，适时合理变化，那堂课的效果就一定会不错。曾经，我在对学生讲解"理想信念"课题时，我们学校正好在对 "时代楷模"高思杰同志的先进事迹进行宣讲报告，我就立即整理高思杰同志的先进材料并制成PPT，然后与学生一起分享学习，整个学习过程中同学们是在含着热泪的状态下完成的。分享完后，再从课本教材入手，关于"理想信念"课题讲解就变得特别的简单，学生会主动站出来分享自己的理解和感受，整个学习过程既让人感动又轻松有效，对于教师也是一个境界上的升华。

3. 优化增加教材中关于实践教学设计的指导内容

不管是高校思想政治理论课教师还是学生或者是高校管理者，大家都知道要改变思想政治理论课教学的单一说教方式，增加学生的参与度，注重学生的互动交流，以达到教学相长的美好愿望。怎么做到这一点，实施科学合理的实践教学模式就是大家普遍认同的一种途径。可是说起来容易，但真正实施起来却真不是那么容易，涉及到实践场所、经费投入、安全组织以及学校管理者的支持等各种因素。一个方面出了问题，事情就没有办法去完成。通过本人实践教学思考以及调查发现，即使以上因素都具备，往往也完成不了实践教学的目标，主要问题是因为教师本身缺乏去组织实践教学的意识，或者是有意识却缺乏组织实践教学的指导能力。

综上所述，要让教师在思想政治理论课教学中较好地融入实践教学方式，我认为最好在教材内容里面就设计规划好。在需要实践教学进行有效补充时，在教材相关章节上就明确开展实践教学的目标、组织方式、过程设计等文字内容。这样让思想政治理论课教师在涉及到相关需要实践教学进行补充时，就会有据可循，有的放矢，让教师放下思想包袱，敢于去组织实践教学，增强课程教学的直观性、生动性、实效性。这样好的实践教学的效果就会出来，思想政治理论课教学整体效果也就会得到有效提升。

二、以指导与组织为角色定位，转变教师教学行为

建构主义学习理论强调"以学生为主体"的教学理念，教师在教学活动过程中，起着引导作用，包括在教学内容选择以及教学活动安排等方面，也是从学生主体角度出发来思考。建构主义学习理论认为，知识是自内而外"生长"的，学生是知识的主动建构者，而不是被动的接受者，教师在教学过程中，充当着指导者以及组织者角色。这一理念，对思想政治理论课教学改革提供了新视角和启发思维。

（一）从灌输者角色转向为指导者角色

在传统思想政治理论课教学过程中，众多教师重视书本知识内容灌输与理论宣讲，把学生变成了知识的容纳器，造成知与行相脱节。由于课程设计长期以来的保守性与不全面性，导致思想政治教育工作的展开并不是十分顺利，许多大学生在思想政治意识形态方面依然不健全。在建构主义学习理论观点中，教师在教学过程中，应当转变角色定位，可以充当倾听者和间接学习观察者，发现教学过程中存在的问题以及学生对知识的吸收程度，关注学生在学习过程中的情绪体验，指导学生建构有意义的知识内容。因此，在新的历史条件下，传统的"灌输－接受"教学模式已经不能发挥有效作用。建构主义学习理论认为，学生已有的知识和经验影响新知识的建构，应当以学生原有的知识经验为基础，与学生的实际生活相结合。理论联系是人类认识或学习活动的普遍规律之一，没有实践的理论和没

有理论的实践都是没有意义的，思想政治教育也是如此。因此，作为对大学生进行思想政治教育工作的主要核心课程，不应该再局限于课堂教学，应当将思想政治理论课融入到实践中来，让大学生在实践中感受真理、相信真理，塑造良好的人格修养。长期以来，大学生在日常生活中已经积累了一定的生活经验，具有一定分析和解决问题的能力，教师在设计思想政治理论课的时候，可以充分利用这些优势条件，应当将课程内容与大学生实际生活和自身成长经历充分结合起来，让大学生体会思想政治理论课的获得感，认识到思想政治理论课与实际生活的紧密关系，从而，增强大学生对

思想政治理论课的价值认同感。教师在教学过程中，注重发挥指导者角色，适时纠正学生存在的错误观点和思想，引导学生形成正确的价值观。

（二）从教师权威性转向为师生平等性

在全国高校思想政治工作会议上，习近平总书记强调，"思想政治工作从根本上说是做人的工作，必须围绕学生、关照学生、服务学生"。因此，高校思想政治理论课作为对大学生进行思想政治教育的核心课程，必须从学生主体角度出发，充分思考课程教学中需要进行的改革与创新。通常情况来讲，承担思想政治理论课的授课教师和学生的关系显得更为亲密，思想政治理论课教师担负着对大学生进行思想政治教育的艰巨任务，在教师专业素养的提升、教学模式的合理性以及教学内容的设计上，都是教师需要全面考虑到位的地方。传统的教学过程中，师生关系主要是以教师为权威性的，教师不仅是教学过程的组织者和教学内容的制定者，而且具有绝对的权威性，学生在知识学习中只是被动的服从者，部分学生在潜意识中认为，只有绝对地服从于教师，才能够做一名好学生。在这种情况下，很难培养学生的启发性思维以及塑造学生的创新思考能力。建构主义学习理论认为，教师应从外在于学生情境的专制者转向内在于学生情境的领导者，成为"平等中的首席"。这一理念为师生之间关系的重新构建，提供了全新的视角，意味着教师的职能不再局限于知识的传授，而是师生之间相互理解与真诚接纳，使学生在感受和谐的师生关系之中，体会课程内容的亲和力和心灵的鼓舞。通过师生之间平等关系的构建，学生在接受课程内容学习时，能够更具有启发性思维和创新思考能力，真正学懂思想政治理论课知识内容的精髓。在思想政治理论课实践教学中，应当让学生认识到开展思想政治理论课的必要性，充分站在学生的角度，坚持"以学生为中心"的教学理念，教师在这个过程中充当协助者和组织者角色，形成教师与学生双向互动的教学模式，例如：教师可以引出社会热点思考问题，让学生充分思考问题的解决方式，教师可以和学生进行相互讨论、发表见解，启发学生思维，引导学生形成正确的观点。只有大学生勤于思考并主动建构知识，才能使思想政治理论课教师具有更加明确的教学目标，大学生也真正能在头脑中形成思想政治理论课的知识体系。

三、切实提升教师专业素养改善教师教学能力

习近平总书记在 2019 年 3 月 18 日学校思想政治理论课教师座谈会上指出：办好思想政治理论课关键在教师，并从六个方面对思想政治理论课教师提出要求：一是政治要强、二是情怀要深、三是思维要新、四是视野要广、五是自律要严、六是人格要正。这六句话凝聚着习近平总书记对思想政治理论课教师的殷切期望，引领着思想政治教师队伍建设的前进方向。

（一）加强专业学习坚定理想信念

思想政治理论课教师必须认真研读马列原著，要完完整整地读，一字一句地读，认真做好读书笔记，真正做到融会贯通，做到真懂、真信、真用马克思主义理论，才能充分认识到马克思主义思想指导地位的重要性，才能将马克思主义理论更好地传授给学生。

要把马克思列宁主义、毛泽东思想、邓小平理论、"三个代表"重要思想、科学发展观、习近平新时代中国特色社会主义思想作为自己的行动指南，用理论武装自己、用高尚的人格感染学生，用真理的力量感召学生，真正做到"言传身教"，这样才能提高思想政治理论课的教学效果。14 如果教师自己都是似懂非懂、不懂装懂，甚至信念缺失，怎么可能会去教好学生。现实教学中，教师自己专业过硬，一身正气，自然就会对学生学习产生一定的吸引力。

（二）筑牢理论基础丰富知识体系

无论在教学中还是在学习中，教学内容丰富，情境典故随手拈来，讲授过程犹如讲故事一般娓娓道来，生活感受如眼前发生一样，让人感动，自然会产生一种教学上的吸引力，让学生情不自禁的跟着教师的讲解一起出发，产生一种发自内心的感动和喜欢，这样的教学效果如何就不言而喻了。当然，做到这一点不容易，需要教师去做很多功课，丰富自己的知识体系，夯实理论基础，才会做到举重若轻，增强好的教学效果。

随着信息时代的发展，知识更迭日新月异。要成为一个受学生欢迎的高校思想政治理论课教师，必须要充实教学所需的各种专业知识，拓宽自己的知识面，有宽阔的胸怀视野。要增加阅读量，密切关注时事政治，熟悉党的方针政策，这是扩大知识面的最佳途径。教师在阅读专业书本、报纸、期刊的同时，也可以通过现代新媒体等多种方式获取新知识信息。同时与学生多交流，教与学是师生相互陪伴、相互促进、共同成长的过程。当今学生获取信息和知识的途径格外丰富，这是以前学生没有的，这就要求教师要多与学生交流沟通，在相互交流互动中，共同学习，共同进步。

（三）了解学生实际改善学生亲和关系

1. 用理解关怀改善师生关系

作为教师，关怀自己的学生，本就是为人师表应该做的事情。理解关怀是相互的，教师能去真正理解和关怀学生，学生也会试图去理解老师的感受。我们要学会并习惯去和学生进行换位思考，要努力用学生的视角去观察他们理解他们，尝试去感觉学生真正的需要是什么，他期望的老师在课堂内外应该是什么样子的。如果我们在平时的教学生活中能做到这些要求，一定会受到学生的理解和尊重，得到学生的认可，他们会将这样的老师当作自己的朋友一样看待。这样的氛围下，实施思想政治理论课教学就能起到事半功倍的效果。

理解与尊重是相互的，教与学也是相互的。现在的学生接触社会的视角是多方面的，他们对事情的观察是敏感的，我们不能还像过去一样，以为学生什么都不知道的，什么都不懂。因此，一定要放低姿态，与学生保持一样的高度，当你这样做时，你会发现学生也会主动与你拉近关系的。而师生之间轻松的想互关系是对课堂教学极为有利的。其实，这一点放在任何地方都是有效的，感受到你的友好与尊重，别人自然会对你友好尊重。在实际的教学中，我一直努力遵循这个原则。并且发现，只要是学生喜欢的老师，都会这样去做，相应的课程教学，学生也自然会喜欢的。作为高校思想政治理论课教师，因为课程的特点，更应该努力做好这一点，与学生友好平等相处。

2. 用轻松的姿态缩短师生心距

一位教育家说过：教师的微笑是阳光，可以融化学生心中的坚冰。确实，微笑的魅力是无穷的，微笑是走进学生心灵的钥匙，是和学生和睦相处的保障。在教育教学中没有微笑就没有亲和力，所以微笑不仅要表现在生活中，更要表现在课堂上。教师在上课前的几分钟，不仅应该准备教案，也应该准备一份好的心情，能带给学生一个轻松的微笑，也是一节课成功的必要前提。所以在学生面前，教师要尽可能保持一副和蔼可亲、笑容可掬的样子，用乐观积极的态度去感染学生，让学生有一个轻松愉悦的心情面对老师的教学。作为一名教师，一定不要吝啬我们的微笑，还可以通过适当幽默引发学生会心的微笑，通过微笑可以达到师生双方愉悦的交流。可以鼓励学生主动接近老师，缩短师生双方之间的心理距离，学生才会接受你甚至期待你的课堂教学，让学习交流无距离，课堂实效性就有了实现的前提条件。

教师在课程教学时通过举手投足间表现出来的的轻松体态语言，是发展教师亲和力的一个重要方面。一个恰当手势动作配合可以将一个难题更加形象的表达出来，一个赞许的表情能激发学生进取的动力，并能唤起学生智慧的火花。可以说体态语言在我们的课程教学中起着相当重要作用，它可以传达某些无法以言语来表达的信息。所以在教育教学中恰当地运用体态语言进行课程教学，会达到一些我们意想不到的教学效果。

在上好思想政治理论课过程中，教师要以一个演员的角色去思考每节课的内容展现。在语言表达讲述外，通过教师面部表情、手势动作等体态动作丰富我们的教学内容，可以有效增加教学内容对学生的吸引力和关注度。老师体态语言要热情、活力、亲切有张性，绝不可以保持一个木然无趣的表情以及毫无活力生机的体态展现，让学生从你进入课堂时就能轻松进入到接下来的课程学习中去，整个教学节奏就会放松而充满吸引力，学生愿意主动参与学习，教师也会有一个好的心态去更好发挥，教学就能互长。在我进行实践教学观察过程中，这一点也得到了很好的印证，但凡被学生认可喜欢的老师，他在教学及生活中的体态语言总是亲和的，绝不是僵硬麻木的。亲和力的作用也是相互的，你在亲和力上付出越多，回报也就越多。有亲和力，教学效率也一定会提升。

第三节 以目的与效果为教育依据，创新课程教学方法

高校思想政治理论课的最终目的为了塑造大学生的理想人格，产生的是积极效果。因此，在教学活动过程中，应当以目的和效果为教育依据，及时纠正教学中存在的一些问题，改进教学方法，使思想政治理论课产生良好效果。高校在对大学生进行思想政治教育过程中，要想实现预期的教育目标，除了注重教育者、受教育者以及教育内容等要素外，还应当注重教育方法的正确应用。黑格尔曾提出"在探索的认识中，方法也就是工具，是主观方面的某个手段，主观方面通过这个手段和客体发生关系"。因此，教学方法具有引导学生学习的过程的作用，具有特殊性，是一种价值性的引领过程，能够直接反映教师对教学的认识。

一、课程教学方法要充分考虑学生的个体差异

大学生是社会存在的特殊群体，大学生的品性修养则影响国家的前途命运。第一，改革开放以来，在经济全球化的背景下，大学生思想意识形态受到多方面的影响，受到西方文化的渗透作用，特别是现在网络的便捷、发达以及文化的多样性，使得大学生思想呈现多重性与复杂化；第二，虽然，新时代国家领导集体反复强调文化的重要性，倡导社会主义核心价值观，但是，由于过去长时间我国以经济建设为中心，在文化与道德建设方面存在缺失，所以，现在的大学生虽然在文化以及道德意识上有所进步，但是，传承方面依然不够；第三，大学生自身对课程内容的认知和理解也存在着差异性。综上所述，在接受课程内容学习的过程中，由于外在因素和内在因素的双重影响，大学生之间存在差异性。从建构主义学习理论角度出发，也强调了不同的学生对问题的认知存在差异性的观点。大学生是接受思想政治教育的主体对象，高校思想政治理论课是对大学生进行思想政治教育的主要渠道。因此，作为受教育者，个体之间的差异性会直接影响课程内容的学习程度。综上所述，高校思想政治理论课的课程设计与教学要充分考虑学生的个体差异，针对不同的学生群体，采取优良的教学方法，深化大学生对思想政治理论课的认知和理解水平，使思想政治理论课发挥真正的作用。

二、采取多向互动交流教学，营造良好的学习氛围

从本质上而言，思想政治理论课的根本目的是解决培养什么人的问题，核心目的在于为谁培养人，概括而言，主要是做关于人的工作。因此，思想政治理论课的掌握情况主要是从大学生群体中得到反馈。要想使大学生真正认识和理解思想政治理论课的本质内容，并且能够在现实生活中自觉实践。首先，必须做到促进大学生对知识内容的深化理解，及时发现教学活动过程中存在的一些问题，启发学生具备主动思考问题的能力以及培养学生主动解决问题的能力，从而，进一步激发和保持学生的学习兴趣；其次，通过师生之间、生生之间的多向互动交流学习，可以使大学生对问题的理解能加明晰，增强学生的分析能力，形成对知识内容的共享、深层次理解和主动建构过程，同时，教师通过这个过程，也能够获取对教学内容的真实反馈，有针对性地改进教学策略，使思想政治理论课的课程内容能够更加深入学生内心；最后，在互动交流教学的过程中，可以形成良好的师生平等关系，使课堂变得更加灵活和有趣，教师据此可以更好地做到启发和引导的作用，使学生能够真实表达自己的看法，从而，对问题的探讨更加明确。综上，通过启发式的多向互动交流教学，能够激发学生的学习兴趣以及促进学生对知识内容达到深层次理解，营造良好的学习氛围，促进师生之间的共同进步。

三、创新发展教学方法提升课程吸引力

1. 创新教学手段充分利用现代教育技术

在当前高校思想政治理论课程教学中，有效利用好新媒体对提升教学效果有着重要的作用。新媒体也可称作网络多媒体，它能够有效地将文本、图形、视频影像、动画及声音等媒体信息综合集成运用。当前高校学生可以随时随地通过手机了解社会动态和时政要闻，获取各种各样自己需要的信息，他们对现代信息技术的使用很熟悉。然而，在思想政治理论课实际教学中，依然有相当部分的教师不愿或不会使用多媒体技术，还是按照传统方式单一使用课本教材。即使使用多媒体课件，也只是从课本上照搬照抄，改观不多。大学生对网络媒体等新事物容易接受，网络信息技术也在通过各种不同方式改变着当前高校学生的学习和生活方式。如果在实际教学中能合理利用新媒体的特点，将其有效融入到高校思想政治理论课程教学中去，一定会取得非常不错的效果。

高校思想政治理论课程教学因为强调政治的理论性，相对其他专业而言，有一定的枯燥性，教学吸引力并不是特别强，新媒体信息技术直观丰富的特点，对改善学生学习思想政治理论课的注意力是很帮助的。比如课件的应用、微电影的应用、微信的

应用等方式，利用好就能有效提升思想政治理论课程的教学实效性。例如，在社会主义价值观课程教学时，可以先通过微电影播放先进人物的事迹故事，容易从情感上去引起学生的共鸣。像我上面提到的，在讲授《理想与信念》内容时，我给同学们播放"时代楷模"高思杰同志的先进事迹，在感动中自然就加深了学生对知识点的理解，课程教学的效果也就得到了明显提升。

在教学中我们还可以通过建立班级微信群，更自由的与学生进行沟通交流，这样的交流不受地域和时间的限制，又因为不用面对面，学生往往更容易与老师进行有效的交流，效果很好。2018年10月，在东北师大举办的全国高校思想政治工作者教师培训中我有幸聆听到曲建武老师分享自己做学生思想工作的心得，就提到自己非常重视利用微信等方式与学生进行思想上的沟通，对学生的知识学习及健康思想的建立起到非常重要的作用。他还出版了一本书，就是平时在微信或短信上与学生交流的主要内容，读起来收获很大。

2. 丰富课程内容提升教学有效针对性

新媒体技术手段丰富直观，是不是只要使用新媒体开展思政就一定好，效果马上就出来了。这个还真不一定，新媒体有很多教学优势，但这种优势要与思想政治理论课内容的要求符合，并且符合学生的发展需要，也与当前社会需要相一致。只有结合这几点，思想政治理论课的教学实效性才会真正出来。

每一个课程内容主题及结构的选定要适合当前所要讲授课程内容的基本要求，也就是最基本的原则性不能背离，否则再有趣也是错了方向，这是思想政治理论课教学绝不能允许的。然后就要注意去了解学生需要什么，想通过这个课程的学习得到什么启发，那么内容和结构的选定其实是可以提前与他们进行交流的，了解学生想要什么，而不只是老师自己想让学生知道什么，这个时候就可以通过上面说到的利用班级微信群、QQ群的方式，也可以学习小组讨论的方式，了解到学生比较真实的需要，这样做到有的放矢，效果才是真的好。在实际教学中，我们学校老师在集中备课时，这一点已经成为我们大家一个基本的共识。通过适当的方式，学生还是很愿意参与的，而又正是由于学生自己的参与，对于课堂上的学习内容，他们也自然会保持一个较好的学习情绪。因此，高校有针对性地选取新媒体素材，着重关注每次课程的结构设计，更有效地传播正确的思想理论，为当前高校思想政治理论课教学实效性建立平台。

3. 优化方案设计切实推进实践教学开展

（1）课堂外的实践教学

开展好实践教学对于提升高校思想政治理论课教学效果是很有效的一种方式。通过学校组织的活动以及各种社团活动，都可以有效开展相应的实践教学，关键是如何用心去思考和组织。组织的好就能拓展课堂教学实效性的延伸，同样能够很好地激发学生的学习兴趣，增长学生的知识阅历，开阔学生视野。也可以通过各种有效的社团活动，结合思政教学的相关内容，寓教学于活动之中，让学生根据自己的需要进行相应活动的组织开展，这个过程都能是一个很好的思想政治教育教学的平台。

高校社团活动很多，并且形式多样，学生参与人数多且参与范围广，如果组织适当，高校思想政治理论课教学在此可大有所为。比如学校组织的创新创业大赛，以模拟的方式让学生比较真实地体验一下创业的过程与艰辛，让他们能够直观清楚地了解创业所要必须要满足的条件和相关职业道德要求。同时还可以让学生提前了解社会相关就业创业的不易，推动他们提前思考毕业后所必须面对的各种问题。这样可以让同学们对时间的理解变得更加务实，目标设置就更加有针对性，更加有效果，其结果也就能够有效地提升所要教学的思想政治理论课相关内容的实效性。

如在我所任教的学校，今年就举办了由团委主导、学校思想政治理论教师参与的"我们的青春"系列活动，将思想政治理论教学带入其中，学生参与积极性高，效果非常好。其中"坚定文化自信 花朝诗歌青春"为主题的大学生思想政治理论课户外活动，以超级飞花令的形式进行，现场趣味问答有关"传统诗词中的高尚品格""红色革命洗礼的奋斗精神""社会主义弘扬的先进文化"等内容，让学生对于我们的传统文化和革命斗争有了更深刻的认识。参与的同学们纷纷表示：走出教室的思想政治理论课让大家更放松也更容易接受，在玩的过程中就学到知识，在诗歌中增强作为中国人的自豪感与骄傲感，更加坚定"四个自信"的意识。

（2）科学规划实践教学基地

实践教学基地的建设应该要因地制宜，结合每个地方每个高校不同的特点，有针对性地建设相应的思想政治理论课程教学实践基地。社会实践要达到知识与实践的统一，就要利用校内外教学活动的有机结合，要建立形式多样且长期固定的有效实践教育阵地。目前整体上来说，各高校思想政治理论课实践教学基地数量都较少，而且利用率很低，针对性也不强，效果并不好。各高校思政教研室或马克思主义学院要开拓建设思路，从有利思政教学实践的目标出发，结合当地特色资源，建设能够于贴近社会、贴近生活的思政教学教研实践基地。

例如近依托大别山革命根据地红色教育资源开展红色信仰教育。2019年4月，我校思政教师牵头，部分辅导员和团学干部参与，大家共赴井冈山开展革命传统教育，返校后再组成各宣讲小组回到自己所在的院系和班级开展革命传统教育。通过各宣讲小组成员自己的亲身经历和感受，与同学们一起重温革命历史，缅怀革命先烈，传承革命精神，点亮了同学们的人生信仰，效果非常好。

在红色实践教育教学活动中，学生兴趣高，积极参与，还能深度反思和互动研讨，效果远远胜于只是单纯课本的讲解。同时，在活动中构建思想政治理论课实践教学考核评价体系，让学生在实践活动中的所思所想，现场表现，研讨互动等都可以合理计入学科分数，这样学生的学习积极性就更有动力，教学想要达到的效果也就有了。

（3）实践教学方式要灵活多样

现有实践模式，往往是寒暑假集中、突击性的"蜻蜓点水式"的社会实践，往往只重视形式而忽视实际效果。而且在教学实践活动组织时也是方式单一，往往只是局限于学生党建积极份子开展一次简单访问式的调查，且大多数时只是浮在表面，并没沉下去做很多实际的工作。而随着社会的发展变化，我们思政教学实践方式可以根据发展的现实需求，从国家、社会、学校包括家庭层面去开展多种形式的活动。

比如我所在的学校有两个不同贫困村的扶贫帮扶任务。在帮扶过程中，我们不仅从项目建设、资金支持上去开展帮扶活动，更是结合学校特点，由我们思政老师牵头组织学生到扶贫村开展教育扶贫。让学生深入到学校及贫困户家里，直接和那些留守学生面对面地开展教育帮扶活动，包括送教上门、与留守学生一对一开展扶助等各种活动，通过这种方式，我们的学生对于国家的扶贫政策及我们全面建成小康社会的发展目标就有了更深刻的认识，效果就很好。

结合本地资源依托大别山革命教育基地的便利，我们设计开展一系列红色教育活动，联系团市委、区团委开展相应青春系列的活动。经过精心组织安排，上述活动在我校的思政教学校外实践活动中都取得很好的效果，学生参与积极性很高，效果反响非常好。这些方式只要能与思政教学实践要求有机结合起来，实践教学的实效性就能显现。当然，我们还可以通过志愿服务、公益活动等各种方式开展实践教学。总之，因时因地并结合自身学校特点，真正进行认真细致地思考，用心去做，一定能做出很好的效果。关键看有没有用思政教师专业情怀用心去做这个事。这些实践教学模式的创新探索，可以弥补传统实践模式的不足。

四、结合新兴教育载体，塑造大学生的理想人格

开展思想政治理论课的目的是为了塑造大学生的理想人格素养，以"培养什么人"为教育依据，朝着良好效果方向发展。对于思想政治理论课教师群体而言，应当转换教育观念，将学生转化为自身真正的行为主体人，能够从内心深处认可思想政治理论课，接受优秀的传统道德文化的洗礼，从而，坚定理想信念。具体而言，教科书上的"集体主义、为人民服务"等优秀传统道德观念，不应当只是简单地传授给学生，而应该让学生从内心深处认可，行动上有所作为，例如：在个人主义和集体主义之间能更好地处理两者的关系。概括而言，只有大学生真正成为自身的行为主体人，自觉接受思想政治理论课内容的学习，才能够充分发挥思想政治理论课的真实作用。张森林等学者认为，对政治价值相关知识与信息的认知是人的政治价值体系形成的基础。在互联

网普及以前，我国大学生主要通过课堂、课外活动、电视、报纸等传统途径获取政治价值相关知识与信息，这通常会导致信息获取困难。相对于传统信息获取途径而言，互联网具有实时性、便捷性、廉价性、公开性的信息传播特征。因此，高校教师应当充分发挥新兴教育载体的作用，让思想政治教育理论课成为学生真正喜欢、真正受益的课程，从而使大学生政治坚定、本领过硬，具有良好的人格修养，为中国特色社会主义事业贡献力量。综上所述，高校教师应当改变传统的教学手段和教学方法。在传授思想政治理论课教学内容过程中，教师应当充分利用网络媒体手段，吸引学生主动学习课程内容以及愿意接受马克思主义科学思想的熏陶。此外，对于网络上出现的事物，教师可以主动去掌握，将一些新鲜事件融入到思想政治理论课的课程内容中，让学生在兴趣中学习，而不是疲于听讲。教师在利用网络媒体这块内容上，应当引导学生明辨是非，对于网络上的不良信息，能够正确识别抵制、汲取正面信息，防止不良信息的诱惑，培养大学生健全的人格修养。

五、科学设置学生乐于接受的考核方式

1. 注重课堂内校外考核的结合

高校思想政治理论课的考核不能仅仅局限于传统方式的课堂卷面考核，应该是课堂内与课堂外两种考核的合理结合，课堂外主要是指社会实践等方式的考核。除了传统的课堂试卷的考试外，学生还可以通过编写实践报告、专题研讨等方式进行考核。对学生的成绩进行整个学期各种表现的综合评价，不再只局限于传统课堂的一次考核。比如我在上面红色革命传统实践教学中提到的方式，就一定要鼓励，学生不仅在对理论知识的掌握上，而且在理论与实践之间的联系上都有很多的进步，那么自然应当给学生点赞加分。

在学分制设置上，对学生思想政治理论课程学习进行有效综合评价，不只是考虑学生哪一次的试卷考查分数，也对学生的出勤、社会实践、社团活动、公益参与、互动表现等各种方式进行评价，设计好学期整个学分的评价体系和标准。以我学校为例，老师们在每学期上第一堂课时就告诉学生学分的评价体系和标准，让学生对所学思想政治理论课程的考核方式有一个全新的认识，让他们在平时学习中知道怎么去做才能有效的更好拿到分数。这样学生会有意识地规划对思想政治理论课程的学习，包括课外实践活动的参与，对增加思想政治理论课程的实效性起到了很好的作用，还改善了学校组织集体活动的吸引力和关注度。

2. 优化单一死板的传统考核方式

可以将闭卷考试与灵活多样的开卷考试相结合，比如像《思想道德修养与法律基础》等一些课程，就可以采用开卷考试的方式，允许学生携带教材和相关笔记。通过这样

的方式，学生可以适当减轻负担，没有太重过分的压力，改变传统死记硬背的应试方式，学生会更愿意对所学知识的理解接受，有助于学生知行方面的有机结合。我们通过开卷考试，学生会降低考试焦虑，学生学习的自觉能动性得到有效真正的提高，从而提高教学效果。同时，科学发挥闭卷考试的作用。我们虽然鼓励采用多种考核方式，但并不是说就不用闭卷考核形式，否则就有些矫枉过正了。主要是在闭卷笔试的设计上，可以对考试题型结构上进行相应适当的优化，提高命题质量。客观题型要减少，主观题型要增多，主要考核学生对所学知识的掌握和运用，注重其对社会现实问题的应对能力，了解其对知识的真实掌握情况。

将笔试考核与随堂问答考核相结合，让学生在课堂上即兴回答相关思想政治理论课程所学内容的问题。这种随堂问答需要快速思考及快速回答的要求，可以促进学生思考问题解决问题的应变能力。实施随堂问答时，我们应该注意尽量回避死记硬背的命题方式，注重考查学生对知识点的理解运用，应该灵活多样而不是单一死板的背题。

事实上，我们学校思想政治理论课基本上都是按照这种模式对学生进行考核。结果，反响良好，学生的学习能动性和学习效果较以往都有很好的提升。

3. 注重学科成绩与学生个人成长的结合

当前高校思想政治理论知识的考核只是强调学生对国家和社会的责任要求，较少关心学生在课外发展上的优良表现。我们学校思政教研室在对学生进行考核内容设置上，就包括学生政治思想表现、道德品质体现以及参与学校活动还有在社会服务上的表现等各种方面。也就是对学生进行综合观察，结合辅导员的评价，考虑学生在学校、社会服务等方面的优良作为都要纳入考核加分的范围。这样对学生的人生发展规划及价值观念的养成起到更好的效果，可以有效地引导学生培养理论联系实际的务实学风。这样的方式不是对思想政治理论课程教学的放松，反而是有效增强教师进行思想政治教育的有效性和针对性，从考核结果上确保我们思想政治理论课教学实效性的有效提升。

六、合理优化思想政治理论课教学的社会环境

1. 加强核心价值引领，优化社会环境

面对复杂多变的国内外社会环境，国家要加强社会主义核心价值观的社会引领作用，发挥其号召力，调动整个社会的力量，优化高校学生思想政治理论课教学的社会环境。习近平总书记强调，"培育和弘扬核心价值观，有效整合社会意识，是社会系统得以正常运转、社会秩序得以有效维护的重要途径。"加强社会主义核心价值观对社会思潮的引领作用，要从整个社会人们的实际出发，针对各种社会思潮，提高人们尤其是高校学生的预判能力和鉴别能力，时刻防范抵制与社会核心价值观相违背思想

的形成与传播。比如拜金主义、新自由主义等社会不良思潮的传播发展，这会从根本上扭曲学生的思想观念和政治判断。对于这些错误和有害的社会思潮，必须严加防范、敢于斗争，抵制其不良影响，党和政府以及我们的高校务必要及时有效地发出正确的主流声音，有效把握社会意识形态工作的话语权和领导权，为高校思想政治理论课教学的实效性提供一个好的社会环境。

2. 加强网络内容管理，优化校园网络环境

网络信息现在无处不在，与学生的联系非常紧密，谁占领了网络谁就领导了我们的年青人。我们的高校学生正值青春年华，是我们祖国的未来，是实现中国梦的关键，党和政府一定要加强网络管理，充分发挥主流媒体的价值引领作用，形成正确的网络传播理念，净化网络环境，优化当代大学生思想政治教育的社会网络环境。加强高校综合性门户网站建设，弘扬中国特色社会主义理论和中国梦，宣传主旋律，传播正能量，丰富高校学生网络精神文化生活。建立各种学校网络平台，让高校管理者、辅导员、思想政治理论课教师参与进去，学生遇到思想上的疑惑和心理上的问题时可以通过网络跟辅导员及思政课教师能够及时沟通，促进师生之间心理情感的交流互动。通过这些网络平台，我们可以及时掌握高校学生思想问题的第一手资料，及时疏导学生的思想情绪，扩大社会文化价值育人的覆盖面，有效跟进高校思想政治理论课教学实效性的要求。

3. 加强理念更新，优化家庭环境

家庭教育是每个人最早接受的社会教育并延续一生，良好的家庭教育是学生思想政治教育的基础。当前高校学生思想政治理论课教学实效性的实现需要一个好的思想政治教育社会环境，能否实现，家庭环境的教育及家长的观点非常关键。因此，当代的家长一定要更新教育理念，积极关注自己孩子思想政治教育家庭环境的优化建设。家长要转变对孩子成材的理解，不能一味坚持成绩第一的成材理念，更要注重孩子身心的全面健康发展。家长要以身作则，注重自身对孩子行为规范，培养孩子正直善良的品格。最后，家长要注重家庭成员之间的和谐关系建设，保持家庭成员之间良好的互动关系，给孩子一个温暖舒适充满自信的家庭环境。这样的家庭环境一定会为学生的思想政治教育形成正面引领的效果。

总之，当前社会经济发展日新月异，各种社会新思潮新问题新矛盾也是层出不穷，这种情况下如何坚定我们的社会主义方向不改变，如何确保我国未来的发展更加美好，如何保证我们的人才培养不跑偏，开展好高校思想政治工作尤其上好思想政治理论课就显得十分重要。这关系到当前大学生能不能全面健康成材成长，也关系到社会主义事业的成败、民族危亡和国家稳定与繁荣的根本性问题。做好这一点，必须从根本上关注高校思想政治理论课堂实效性的研究，做到坚持与党中央保持高度一致，增强高

校思想政治理论课教材的有效针对性，理清教学思路，进行分类教学，创新学生乐于接受的授课与考核方式，拉近师生之间的亲和关系，多途径多方面教学，切实改变学生的观点，让学生对思想政治理论课学习变得亲切起来。这样，思想政治理论课堂实效性自然就有了。如果老师真的认真做好课前准备，授课内容与授课方式在原则性不改变的前提下，采用学生乐于接受的方式进行教学，学生对所学的内容是理解的，也是愿意去认真学习和乐于接受的，他们就会主动参与到高校思想政治理论课的学习过程中去，也就能很好达到我们课程教授所设定的目标，并最终达到一个师生都乐于接受的教学相长的高校思想政治理论课教学效果。

第四章 高职院校思想政治理论课教学实效性的整体规划

第一节 高职院校思想政治理论课教学实效性的教学理念

教学理念是人的认识的集中体现，同时也是人们对教学活动的看法和持有的基本态度和观念，是人们从事教学活动的信念。教学理念有理论层面、操作层面和学科层面之分。明确表达的教学理念对教学活动有着极其重要的指导意义。因此，树立正确的、与时俱进的思想政治理论课教学理念对思想政治理论课教学的成效有着巨大的推动作用。在当前新时期，思想政治理论课教学要与时俱进，树立现代化教学理念。

一、开放创新理念

大学阶段是大学生步入社会的重要准备阶段和过渡阶段，在现代社会历史条件背景下，大学不再像以往一样是一个比较封闭的校园，而是到处都体现着时代发展气息的向往自由的象牙塔。迈进大学校园，到处充满朝气、充满活力，大学成为面向社会、面向人生、面向世界、面向未来的新型园地。有容乃大，大学之"大"，正因为如此，它容纳了各种学术文化思想，思想的火花在这里碰撞，智慧的光芒在这里散发；正因如此，大学给予人们一种开阔的视野、开放的思维和充分、自由、全面、和谐发展的空间。因而，思想政治理论课教学也应该强调开放性、发散性、立体性、自由性和创造性，注重以开放的视野、发散的视角、立体的维度、自由的模式和创造性的气魄来培养人、造就人，树立开放创新的理念，坚持与人的开放式的思想活动同步、坚持同社会的开放性发展合拍，从而使大学生思想政治理论课教学更好地贴近实际，贴近生活，面向世界、面向未来，更好地为社会主义建设事业贡献自己的力量。

（一）开放创新的内涵

在计划经济时代，我国形成了一套固有的思想政治教育模式，但是随着我国对外开放程度的不断加深，社会主义市场经济的发展已经取得了一定的成果，原有的思想政治理论课教学模式已经不再适应当前社会的需求，因此必须要对大学生思想政治理论课教学模式进行创新。从当前大学生思想政治理论课教学情况来看，在实际操作中，存在着较为严重的短期行为、孤立行为、务虚行为和信念模糊等情况，这对新的时代背景下提高大学生的思想道德素质是极为不利的。要想全面提高大学生的思想政治素质，就必须要改变以往的教育模式，创新教学理念，在全球意识、服务意识、现代意识的指导下，切实提高大学生思想政治理论课教学工作的质量。

（二）开放创新理念的落实方法

根据现代思想政治理论课教学的基本原理和基本规律，不断创新思想政治理论课教学应遵循理论性与实践性相统一的原则，时代性与实效性相统一的原则，继承性与创新性相统一的原则，真理性与价值性相统一的原则，系统性与开放性相统一的原则。

创新思想政治理论课教学，包括创新内容、方法、教师队伍建设、保障机制等。

在创新思想政治理论课教学内容上，要坚持以理想信念教育为核心，加强思想政治理论课改革和建设；要坚持科学精神和人文精神并重；要重视和加强大学生网络道德和法制教育。

在创新思想政治理论课教学方式和方法上，要坚持外部灌输与引导学生自我实践体验相结合；要注重情感互动，情理结合；要把思想政治理论课教育与解决实际问题相结合；要以互联网、手机、微博等新媒体为载体，拓展思想政治理论课教学的新阵地；要充分利用时尚、情感、文化元素，增强教学的针对性与实效性。

在创新教师队伍建设上，要建设一支精干的专兼结合的思想政治理论课教学队伍；要大力加强师德建设，培养和提高教师个人的人格魅力。

除此之外，还要在保障机制上进行创新，具体表现为：

第一，创建科学的思想政治理论课教学效果的评价机制，定期进行督促、检查与评价，全面掌握思想政治理论课教学进度和具体实效。

第二，实现思想政治理论课教学与社会实践的接轨。要密切结合学生实际，因人施教、因材施教，要积极引领学生深入社会，在实践中受教育、长才干。

第三，注重培养学生的主体意识和自我教育能力。要注重教育方法的改进，加强教育过程中师生的双向交流，引导学生进行自我认识、自我评价、自我约束、自我激励以及自我完善。

第四，创新思想政治理论课教学的保障机制。保证并加大必要的大学生思想政治理论课教学的经费投入；积极为大学生思想政治理论课实践活动的开展提供必要的设施、设备和活动场所；善于运用现代技术提升大学生思想政治理论课教学的效果；不断建立健全各项规章制度。

二、全面发展理念

人的全面发展问题是一切工作的中心问题，如果这个问题解决得好，那么这将对社会经济的发展起到很大的积极作用；如果这个问题解决不好，那么这对我国社会经济的发展会产生很大的阻碍作用。大学生思想政治理论课教学承载着培养社会主义合格建设者和可靠接班人的历史重任，是造福千家万户的民心工程，必须以人的全面发展作为其基本理念。

（一）全面发展的内涵

重视学生的全面发展，并且根据时代的变化及时拓展学生全面发展的内涵，是我们党的一个优良传统。党的十八大把促进人的全面发展写入中国特色社会主义道路，既是对科学社会主义核心原则的继承，也符合当前中国社会主义初级阶段的实际情况。在党中央的领导和重视下，促进当代大学生的全面发展和健康成长，是新时期顺应时代发展客观需要的重要热潮。

综上所述，可以看出，所谓的实现大学生的全面发展，实际上就是要提高大学生的综合素质。具体而言主要包括思想道德素质、科学文化素质和身心健康素质，这三个方面互相协调，共同推进了大学生的全面发展。其中，在大学生教育培养过程中，思想道德素质是大学生素质教育的灵魂，在素质教育中处于最基础的地位；科学文化素质是大学生成才的基石，在素质教育中处于关键性的位置；身心健康素质是成就人才的根基，大学生的思想道德素质和科学文化素质都是在此基础上培养起来的。由此可见，实现大学生的全面发展，就是要实现大学生在思想道德素质、科学文化素质和身心健康素质三方面的协调、可持续发展。

（二）"全面发展"的思想政治理论课教学思路

用全面发展的观点指导思想政治理论课教学工作，其主要目的是让大学生树立起全面发展的教育观，实现大学生在思想道德素质、科学文化素质、健康素质三方面的协调发展。

1. 思想道德素质教育

思想道德素质是指个体通过接受一定的教育和参加社会实践活动，经过独立自主、积极理性的思考后形成一定社会或阶级所要求的思想观念和道德准则，并自主、自觉与自愿地做出相应行为的素质与能力。一般来讲，大学生思想道德素质包括思想素质、政治素质和道德素质三个方面。思想道德素质教育是大学生素质教育的灵魂，大学生是我们实现中华民族伟大复兴的希望,他们的思想道德素质状况直接关系到全面建成小康社会的目标能否顺利实现。在新的历史条件下,加强大学生的思想道德素质教育,努力提高他们的思想道德水平,对于弘扬中华民族伟大的民族精神和时代精神,在社会上形成良好的道德风尚,全面建成小康社会,加快推进社会主义现代化建设具有十分重要的意义。

(1)思想素质教育的内容。对大学生进行思想素质教育,其主要目的是提高大学生的马克思主义理论素质,让大学生掌握科学的世界观和方法论,在分析问题的过程中,善于站在马克思主义的观点上,培养学生的创新意识,满足社会的发展需求。具体而言,思想素质教育的内容主要包括以下两点:

第一,马克思主义基本理论教育。促使大学生努力学习和全面掌握马克思列宁主义基本原理、毛泽东思想、邓小平理论、"三个代表"重要思想和科学发展观,使大学生具有扎实的马克思主义基本理论功底。

第二,马克思主义世界观和方法论教育。要深入开展马克思主义哲学教育、实事求是的思想路线教育、马克思主义认识路线教育和科学方法论教育,引导大学生树立科学的马克思主义世界观和方法论,培养他们自觉地运用马克思主义唯物辩证法的观点和方法认识世界、改造世界、解决实际问题的能力。

(2)政治素质教育的内容。对大学生进行政治素质教育的目的是帮助大学生树立起正确的政治观点,提高他们的政治敏感度和判断力,在未来发展中始终坚持维护正确的思想指导,坚持社会主义发展方向,坚决拥护党的领导,坚持民主执政,为中国特色社会主义事业的发展做出自己的贡献。根据这一目标,政治素质教育的内容包括以下三点:

第一,理想信念教育。引导大学生树立建设中国特色社会主义的共同理想和共产主义远大理想,激励他们为实现这一伟大理想而奋发向上、开拓进取。

第二,爱国主义教育。让大学生了解中华民族优秀历史文化传统,弘扬和培育中华民族伟大民族精神,增强民族自尊心、自信心和自豪感,激励他们把满腔爱国热忱投入到建设具有中国特色社会主义事业中去。

第三,民主法制教育。帮助大学生树立社会主义民主法制观念,明确作为一个国家公民,所享有的权利和应尽的义务。教导他们自觉遵守国家法制法规,并勇于同一切违法乱纪的行为做斗争。

(3)道德素质教育的内容。对大学生进行道德素质教育的主要目的是提高大学生的思想道德水平,遵循道德规范,培养他们对于道德的良好认知能力,树立起为人民服务的价值观念,能够正确处理个人利益与集体利益之间的关系,始终将集体的利益放在首位。

根据这一教育目标,道德素质教育的内容包括以下三点:

第一,公民基本道德规范教育。对大学生进行以"爱国守法、明礼诚信、团结友善、勤俭自强、敬业奉献"为主要内容的基本道德规范教育,使他们明确作为一个社会公民所应遵守的最起码的道德规范。

第二,社会公德、职业道德和家庭美德教育。培养大学生以"文明礼貌、助人为乐、爱护公物、保护环境、遵纪守法"为主要内容的社会公德,以"爱岗敬业、诚实守信、办事公道、服务群众、奉献社会"为主要内容的职业道德,以及以"尊老爱幼、男女平等、夫妻和睦、勤俭持家、邻里团结"为主要内容的家庭美德。

第三,社会主义和共产主义道德教育。在培养大学生公民道德的基础上,还要对他们进行社会主义人道主义教育和以为人民服务为核心、以集体主义为原则、以"五爱"为基本要求的社会主义道德教育,并在大学生先进分子当中提倡大公无私、先人后己的共产主义道德规范。

2. 科学文化素质教育

科学文化素质教育包括科学素质教育和人文素质教育两个方面,这两个方面又是紧密联系、相互渗透、不可分割的。科学文化素质教育的具体内容包括很多方面,从德育的角度来讲,大学生科学文化素质教育的重点在于培养两种精神——科学精神和人文精神。这两种精神是科学文化素质教育的核心。

科学精神是人们从科学活动过程中和科学认识成果中提炼出来的价值准则和行为规范,是人们的认识精神在科学认识上的投影,是人类在漫长而艰巨的科学研究探索过程中逐渐形成而不断发展起来的一种主观的精神状态。科学精神激励着人们驱除愚昧、求实创新,不断推动社会的进步。无论是西方近代的文艺复兴,还是我国现代的五四运动,无不显示出科学精神的巨大作用和深刻影响。科学精神由于是在科学活动的过程中形成并发展起来的,因此,科学精神的内涵也随着科学活动的不断推进而不断得到充实和发展。在当代,科学精神有着新的时代内涵。科学精神的内涵很丰富,最基本的要求是求真务实、开拓创新。因此,对大学生科学精神的培养,重在培养以下几种精神:

第一,坚定不移的求真精神。科学研究是一种艰苦的工作,通向未知世界的道路绝对不是平坦大道,这条路上布满了荆棘,只有付出辛勤的汗水,矢志不渝,才会获得成功。

第二,尊重事实的务实精神。科学是老老实实的学问,来不得半点虚假和浮夸。只有尊重事实,从实际出发,以实践作为检验真理的唯一标准,才能正确认识客观世界,揭示事物的客观规律。

第三，勇于批判的怀疑精神。怀疑是一切科学创造活动的真正出发点。哥白尼从怀疑地心说而最终提出日心说，达尔文从怀疑上帝造人说而提出进化论，科学就是在不断怀疑批判前人学说的基础上获得进步和发展的。

第四，勇于开拓的创新精神。创新精神是科学得以创造和发展的精神动力和力量源泉。科学活动是从已知出发去探索未知从而发现和认识世界的，它在本质上是创造性的。提出新问题，解决新问题，得出新成果，是科学工作者的本职，也是衡量他们工作表现、价值大小的尺度。

人文精神是一个民族、一种文化的内在灵魂和生命，是贯穿在人们的思维和言行中的信仰、理想、价值取向、人格模式和审美情趣。它是特定环境里各类精神价值的综合，是时代文化精神的核心。以人为本，关注人的现实存在和终极价值是人文精神的主旨，也是人文精神得以产生的源泉。人文精神的培养和人文素质的教育在中外教育史上具有悠久的历史传统。如我国古代儒家所提倡的"君子""大丈夫"等理想人格教育，近代蔡元培先生提出"普遍教育的宗旨在于养成健全的人格"等，都是重视人文精神培养和人文素质教育的光辉典范。人文精神是一个历史范畴，在不同的时代有不同的主题。当代大学生人文精神培养的基本内容是根据社会发展需要和目前大学生人文素质的现状来确定的，它主要包括独立人格教育、道德理念教育、人生态度教育和终极关怀教育四个方面。

第一，独立人格教育。独立人格是大学生人文精神培育的基础和前提。一个人只有首先在人格上具有独立性和自主性，不盲目地听从别人，有自己的意见和主张，才谈得上具有人文精神。畏畏缩缩、唯唯诺诺、趋炎附势，连人的尊严都丧失了，又怎么谈得上具有人文精神呢？

第二，道德理念教育。一个人不仅要成为一个独立的人，而且还要成为一个有道德的人。要教育大学生爱人如己，推己及人，设身处地为他人着想；要"先天下之忧而忧，后天下之乐而乐"，具有仁民爱物的胸怀；要热爱自然，保护环境，维护生态平衡。

第三，人生态度教育。要教育大学生具有积极乐观的人生态度，自强不息，开拓进取。人的一生不可能是一帆风顺的，逆境和顺境总是交替出现，伴随人的一生。要教育大学生身处顺境时，不得意忘形，要居安思危；身处逆境时，不怨天尤人，要坚韧不拔，百折不挠，勇往直前。

第四，终极关怀教育。人文精神是现实性和超越性的统一。它既是一种现实关怀，体现现世性的精神追求；又是一种终极关怀，体现了人对超越有限、追求无限的一种渴望。终极关怀源于人是一种有限而企盼无限的存在物，是人的精神世界对超越有限、追求无限的一种渴望，是对生命意义的一种终极关切。它具体表现为理想和信念。要引导大学生树立共产主义远大理想，在社会主义现代化建设事业中以自己有限的生命获得无限的人生意义。

在人类的精神家园中，科学精神和人文精神占据了重要的地位，二者之间是一种相互联系，互为补充的关系。从本质上而言，二者都是一样的，都是在人们对至真、至善、至美生活向往的追求中产生的。大学生思想政治理论课教学过程中必须要注重对科学精神和人文精神的共同培养，这是因为，人文精神可以支撑科学精神的培养，而科学精神又可以对人文精神的培养进行指导。如果失去了人文精神，那么科学精神也就失去了其存在的真正意义；失去了科学精神的人文精神，同样也是不完整的。因此，大学生思想政治理论课的教学必须要注重科学精神和人文精神相结合，克服只重视科学精神教育而忽视人文精神教育，或者只重视人文精神教育而忽视科学精神教育的错误倾向。

3. 健康素质教育

健康是大学生成才的重要保障，这已成为人们的共识。健康包括生理健康和心理健康两个方面的内容。世界卫生组织明确指出，健康是一种身体上、精神上、心理上和社会上的完满状态，而不是没有疾病或残弱现象。因此，这里的健康素质教育主要包括两个方面，即身体健康素质教育和心理健康素质教育。

身体健康素质教育。身体素质是人的素质发展不可缺少的物质基础，是在遗传获得基础上发展起来的人体形态与生理功能上的特征，包括生理解剖特征（身高、体重、骨骼系统、神经系统等）和生理机能特征（运动素质、反应速度、负荷限度、适应能力、抵抗能力等）。身体健康素质教育也就是我们通常所讲的体育，从德育方面来讲，身体健康素质教育就是教育大学生树立"身体是革命的本钱"的观念，促使大学生积极参加体育锻炼，增强体质，做到劳逸结合。只有拥有健康强健的身体，才能开展其他一切活动，才能全力提高其他方面的素质。

心理健康素质教育。心理素质是指在认知、情感、意志过程中所表现出来的求知欲、审美力、乐群性、独立性和坚持力等。它是个人整体素质的一个极为重要的方面。良好的心理素质是大学生学会适应社会、具有良好人际关系、形成健全人格的重要保障。近年来，许多有关大学生心理健康状况的调查资料显示，当代大学生心理矛盾日渐增多，由此引发的心理问题也日渐突出。大学生心理健康问题越来越受到社会的广泛关注，加强大学生心理健康素质教育成为大学生思想政治理论课教学的一项紧迫任务。根据大学生心理健康的基本标准和目前大学生中普遍出现的心理问题和心理疾病，我们把大学生心理健康素质教育内容概括如下：

（1）积极适应性教育。进入大学，面对一个与以前截然不同的新环境，许多大学生都会产生强烈的心理冲突，出现程度不同的适应不良症状，这就需要对他们进行积极的适应性教育。要培养大学生适应环境的能力,引导他们掌握排解学习、生活中的心理困扰的方法和技巧,使他们尽快地适应新生活,保持心理健康。

(2)健康情绪教育。大学时期是大学生面临的一个特殊发展时期。面对环境的变化和来自社会、家庭的压力,大学生很容易出现迷惘、焦虑、孤独、自卑、苦闷、空虚等心理障碍。这些障碍若不及时清除,会严重影响他们的健康成长和成才。因此,要让大学生了解人的情绪健康的标准及自身情绪变化的特点,学会体察和表达自己和他人的情绪情感,掌握调节情绪的方法,运用有效的调控手段,使自己经常保持良好的心境和乐观的情绪。

(3)坚强意志教育。现在的大学生大多成长环境较为优越,没有经过艰苦生活的磨炼,对生活的期望值过高,缺乏迎接困难的心理准备,不少人意志力薄弱,耐挫能力差。对此,应引导大学生充分认识意志在成才上的作用以及自身意志品质的弱点,激发大学生以坚强毅力和顽强精神去克服困难的勇气,增强大学生的心理承受能力,鼓励他们持之以恒、百折不挠地向着既定的目标前进。

(4)健全人格教育。人格障碍是大学生心理健康中比较突出的一个问题,对大学生的健康成长构成了很大的威胁,因此,人格教育是当代大学生心理素质教育的核心和关键。要引导大学生在气质、能力、性格和理想、信念、动机、兴趣、人生观等各方面平衡协调发展,培养他们适中合理的思考问题的方式、恰当灵活的待人接物态度,使他们能与社会的步调合拍,也能与集体融为一体。

(5)人际交往教育。人是社会的人,任何人都不可能离开他人和社会孤立地生存与发展。和谐良好的人际关系是维持和促进大学生心理健康的前提。要帮助大学生掌握人际交往的特点和规律以及人际交往艺术,使他们在群体中能与人和睦相处,学会沟通、互助和分享;善于在群体中发挥自己的才干,达到高水平的自我实现;在与人交往的过程中养成宽宏大度、尊重他人、乐于助人的良好品质。

三、以学生为中心理念

思想政治理论课教学是教育学生、说服学生、塑造学生的工作。关注学生的自身发展、解读人存在的意义、帮助学生建构精神家园,进而促进学生全面自由的发展是思想政治理论课教学的重要任务,为此,思想政治理论课教学的价值和归宿就是以学生为中心。思想政治理论课教学也只有坚持"以学生为中心"的核心教学理念才能产生影响力和亲和力,也才能提升教学效果。

(一)以学生为中心理念的诠释

罗杰斯是人本主义心理学派的重要代表人物之一。他在长期的心理治疗和研究的基础之上逐渐形成了"以来访者为中心"的治疗理论,并将这一理论扩展到教育领域,提出了"以学生为中心"的教学理念，即非指导性教学模式。

以学生为中心的教学理念，实质上就是尊重受教育者在学习中的主体地位。它包括三个方面的内容：第一，教育者必须具备三种优良的品质，即真诚、接受和理解。第二，教育者必须做到"以人为本"，真正尊重受教育者。第三，必须把受教育者视为学习活动的主体，教学和教育都应以受教育者为中心，应尊重受教育者的个人经验，并创造一切条件和机会，促进受教育者的学习和变化。

罗杰斯主张"以学生为中心"，非指导性教学模式和自由学习。但是，"非指导"并不是"不指导自由学习"，也不是"放任自流"。在传统教育模式中，教育者往往是"权威者""决定者"，受教育者是"接受者""服从者"。非指导性教学模式主要是摒弃传统教育模式中教育者占主体地位的弊端，强调受教育者在学习中的主体地位，实现教育者和受教育者的角色转换，促使两者平等对话、协同参与、共同完成教学任务。

中国华中科技大学教育科学研究院刘献君教授指出，"以学生为中心"的教育理念不是指教师围着学生转，也不是指教师与学生角色、身份、地位的高低，而是指教学理念、管理理念、服务理念的转变，教学方法、评价手段的转变。教育的目的不在"教"而在"学"，即"教"只是手段不是目的，学生学习了就有教育，没有学习就没有教育。因此，最根本的是要从以"教"为中心，向以"学"为中心转变，即从"教师将知识传授给学生"向"让学生自己去发现和创造知识"转变，真正关注学生的学习、他们如何学以及学到了什么。

杜肯大学威廉姆·巴伦内教授从心理学的视角，对"以学生为中心"的教育进行了界定，认为它是将教学的重心从教师转化为学生自己要学和要做；赋予学生权利，让其更充分地参与，更好地被激发，对自己的学习更负责的一种教学模式；其效果超越对孤立事实的死记硬背，强调高层次（由记忆、理解、应用到分析、评价、创新）的思考。强调学生的主动学习，通过主动学习提高学生成绩，提高学生参与程度，更好地激励他们承担学习责任和增强自我意识；强调教师的革新，要和学生建立积极的关系，鼓舞学生积极思考和学习。他同时强调，以学生为中心的学习不是一种特定的教学方法，很多不同的教学方法都可以用于其中；在以学生为中心的学习课堂中，学生们并不意味着就是随心所欲，而应对自己的学习负责。

综上所述，"以学生为中心"实际上是实现教育从"教"到"学"、从"传统"到"学习"这一新范式的转变。在"以学生为中心"的教育理念下，学习环境和学习活动是以学习者为中心，并由学习者自己掌控，高职院校的目标是为学生自主发现和构建学问创造环境，使学生成为能够发现和解决问题的学者。教师是学习的组织者和指导者，要从整体的角度设计学习，学生是学习过程的主体，是知识的探索者和建构者，通过教师的引导，充分发挥和调动学生的学习积极性和主动性。

(二)以学生为中心教学理念的理论基础

1. 人本主义理论

人本主义理论是美国当代心理学主要流派之一，由美国心理学家马斯洛创立，现在的代表人物是罗杰斯。人本主义反对将人的心理低俗化、动物化的倾向，故被称为心理学中的第三思潮。人本主义强调爱、创造性、自我表现、自主性、责任心等心理品质和人格特征的培育，对现代教育产生了深刻的影响。人本主义教学思想关注的不仅是教学中认知的发展，更关注教学中学生情感、兴趣、动机的发展规律，注重对学生内在心理世界的了解，以顺应学生的兴趣、需要、经验以及个性差异，达到开发学生的潜能、激发其认知与情感的作用，重视创造能力、认知、动机、情感等心理因素对行为的制约作用。教师在教学中的角色发生了变化：不再是主导者、决定者和评估者，而是辅导者、合作者、促进者和帮助者。教师的职责不再是以前的授业解惑，而转变成创造良好轻松的学习氛围，提供学生学习需要的更多资源，鼓励引导学生独立思考，获得学习经验。学生的职责也不再是被动地接受知识，而具有选择权和主动认知权，对学习和考核评价负有责任。

2. 建构主义理论

建构主义也称结构主义，是认知心理学派的一个分支，其基本观点是：儿童是在与周围环境相互作用的过程中，逐步建构起关于外部世界的认知，从而使自身认知结构得到发展的。建构主义认为，知识不是通过教师传授得到，而是学习者在一定的情境即社会文化背景下，借助其他人（包括教师和学习伙伴）的帮助，利用必要的学习资料，通过意义建构的方式而获得。提倡在教师指导下的、以学习者为中心的学习，既强调学习者的认知主体作用，又不忽视教师的指导作用：教师是意义建构的帮助者、促进者，而不是知识的传授者与灌输者；学生是信息加工的主体，是意义的主动建构者，而不是外部刺激的被动接受者和被灌输的对象。以学生为中心的教育理念坚持以学生为本，教学过程中以学生为主体，正是建构主义理论的具体体现。

(三)以学生为中心理念形成的必要性

1. 坚持以学生为中心的教学理念是实现培养人才的教学目的的需要

思想政治理论课是对学生进行系统教学的主战场，其最终目的就是为了培养适应时代发展的高素质大学生。因此，思想政治理论课教学必须面对互联网时代的社会开放和价值多元的现实，通过课内课外、网上网下的形式给予学生正确引导，使学生能够正确运用新的媒介载体，识别纷繁复杂、良莠不齐的网络信息资源，从中选择有利于自己身心发展、成长成才的信息。当今的大学生视野开阔，思想前卫，但是他们缺乏人生阅历以及经验，崇尚自我个性的张扬；与强烈的求知欲相比，他们的判断力比较弱，互联网时代下纷繁复杂的信息资源，很容易影响他们的世界观、人生观以及价值观。因此，思想政治理论课教学应以学生为出发点和归宿，突出学生的个性发展，满足学生成长成才的合理需求，并及时给予他们帮助和指导，引导他们正视道德冲突，解决道德困惑，尽一切努力用服务的意识去实现教学的目的。

2. 坚持以学生为中心的教学理念是完成思想政治理论课教学任务的需要

学生是教育的出发点，也是教育的归宿。高职院校教育的根本任务是培养人才。思想政治理论课教学的根本目的就是立德树人，以促进学生的全面发展。因此，必须改变长久以来思想政治理论课教学以"传道"和灌输为主要抓手，忽视学生能力和个性的培养的局面。思想政治理论课教学要贯彻和落实科学发展观、科教兴国和人才强国的战略，进一步强化大学生思想政治理论课教学的任务性，以立德为基础促进树人。坚持以学生为中心，在培养他们自觉明辨是非、自主选择和自我修养能力的同时，培养他们坚持正确的政治方向，自觉抵制各种黄、毒、反动等有害信息的浸染，健康成长，全面发展。

（四）以学生为中心教学理念的实现途径

1. 在线教学

在线教学包括课堂教学活动的前期自学准备阶段和后期巩固、拓展阶段。前期自学准备阶段的在线学习是在翻转课堂之前，学生通过各种网络平台自主完成基础知识的自学活动，主要包括目标导学、微课助学、在线测学、问题反馈四个环节，依托当前已建成的面向高等教育领域的信息化平台，如在线精品视频公开课、MOOC、微课资源库等，打造适合学校与学生实际的多层次、多维度、覆盖广的网络教学平台，如建立在线开放的精品课程、手机微信课堂、博客、微博、QQ群等。后期巩固、拓展阶段的在线学习是在翻转课堂结束后，学生的在线网络学习是对教学内容的巩固、应用与延伸。整合校内外各级网络资源，如教育部和各级院校的优秀思想政治类网站、全国爱国主义教育基地网站、学术与教学资源、数字图书馆、网络论坛、知名高职院校微信及微博等，利用已建成的具有本校特色的思想政治理论课专题网站、在线课程及个人创设的各种网络教学平台，让学生进行课后的延伸阅读、在线复习与测试、互动交流和评价反思，了解思想政治理论动态，开展专题活动，观看影视作品，感受红色教育，播报与评论时事，评选身边优秀人物，展播优秀作品等。

2. 课堂教学

课堂教学即翻转课堂，是思想政治理论课教师按照课表时间安排，在一体化教室等真实场所，通过多媒体等现代技术手段，与学生互动完成课堂教学活动的过程，是释疑、深入、内化、提升的教学过程，是整个教学阶段的关键部分。课堂教学活动通过小组的团队合作完成，教学的主要任务是解决学生在线学习中出现的共性问题，进行教材重点知识的理解与内化训练、教学难点的剖析，梳理教材知识体系，讨论前沿理论与热点现实问题，塑造学生的创新思维等。在解决学生在线学习中出现的共性问题时，多采用讨论、分析、归纳的教学方法；在进行教材重点知识的理解、教学难点的剖析、知识体系的梳理时，虽然主要是以教师讲授为主，但多运用多媒体等现代教育技术手段，通过文字、图片、图表、音频、动画、视频等形式，以鲜活的、生动的方式呈现给学生；在进行重点知识的内化过程中，多创设与当前学习重点内容密切相关的真实情境，通过项目任务进行训练，如主题演讲、辩论赛、模拟法庭、角色扮演、问卷调查结果反馈、社会采访与调查视频、随手拍、微视频等；在讨论前沿理论与热点现实问题时，以学生关注的访谈、明星或案例作为切入点，采用新闻播报、问题评论、小组辩论等方式。

3. 实践活动

实践活动是指利用互联网开展校外实践和课堂实践活动。开展校外实践活动可以组织思想政治社团成员或部分骨干学生参观实践教学基地，也可以组织学生自愿参加志愿活动和参与社会调研等。让参观实践教学基地的学生将基地基本情况介绍、基地实景、解说、采访、感受等全过程制作成微电影放在网站上，供其他未参加活动的学生观看，从而实现参观实践教学基地活动的全员化；参加志愿服务学生既可以到现场真实参与活动，也可以开展网上服务，无论采用哪种形式，学生都可以在网络平台上展示自己参加志愿活动的全过程。参与社会调研可以通过专业在线问卷调查平台进行，如问卷等。开展课堂实践活动可以借助互联网，先让学生在课下观看在线优秀影视资源、纪录片、专题片，参观网络纪念馆，在课堂上进行讨论与演讲；提前在线布置课堂实践项目任务，让学生将完成的任务通过网络展示出来，让学生评选优秀作品，课堂上展示并点评优秀作品。

第二节　高职院校思想政治理论课教学实效性的教学原则

思想政治理论课教学原则来源于思想政治理论课教学的实践，贯穿于思想政治理论课教学全过程，原则不是条条框框的规定，不是教条和命令，而是具有指导意义的要求。思想政治理论课教学只有在实践中坚持这些原则，才能不断提高教学的针对性和实效性。

一、主体性原则

主体性原则指的是，在思想政治理论课教学工作中，教育者和受教育者在新时期所形成的新型主客体间的关系要切实得到体现。随着互联网技术的迅速发展与普及，青少年的各种意识得到快速发展，包括自我意识、民主意识和成长意识等，他们展现出了前所未有的精神面貌，更加善于对人际关系进行处理，注重双方的沟通与交流，善于运用新的态度和方式来处理主体间的人际关系。

新时期思想政治理论课教学中的主客体关系，是由教育者和受教育者共同组成的复杂的带有交互性的关系。即，如果此教育情境是由教育者主动创建的，则教育者便是主动施教的主体，受教育者便是被动接收信息的客体；如果此教育情境是由受教育者主动创建的，那么受教育者不仅是主动学习的主体，还是自我教育的主体，教育者只起到辅助、参与、服务的客体作用。由此可见，在思想政治理论课教学中，教育者和受教育者之间始终保持这样一种互动关系，与传统教育方式中的抽象和静止的关系状态不同，思想政治理论课教学更多的是体现了一种具体的、运动的、主客体相互交替的教学过程。大学生主体意识形态的快速发展和成熟，是这种新型的主客体教育关系出现的主要原因。因此，在思想政治理论课教学工作中，必须要始终坚持教学理念和教学原则的主体性，明确大学生主体性发展的特点，鼓励大学生主体意识行动的发挥，满足大学生的需求，促进大学生的全面发展。

在当前视域下，思想政治理论课教学工作开展过程中贯彻主体性原则时需要做到以下两点：

（一）不断加强调查研究

只有通过详细的调查研究才能对大学生和当前的思想政治理论课教学状况有充分和准确的了解，才能掌握大学生的各种需要以及他们的性格特征，从而有的放矢，根据具体情况改进和实施思想政治理论课教学。这一工作的重点在于抓住思想政治理论课教学过程中大学生思想和行为方面的主要矛盾，尽可能地满足其成长成才的知识和情感需求，对他们形成有效指导。

例如，对于刚进入大学的大一学生而言，他们对网络技术的需求是帮助提高自身的学习，提高综合素质，因此在对他们进行思想政治理论课教学时，重点是要为大学生提供一个良好的校园网络文化氛围，帮助他们掌握网络学习的正确方法，培养良好的网络素养，加强自身对网络信息的选择，自觉抵御不良信息对大学生的伤害，防止大学生沉溺于网络世界无法自拔。而对于大三、大四的学生而言，他们已经适应了校园网络文化环境，在进行网络活动的过程中已经能够对自身的行为进行控制，并且增强了参与网络公共事务的自觉性。因此，对大三、大四的学生进行思想政治理论课教学时，必须要注重他们的主体性，充分发挥他们的主体意识，对他们在网络事务方面的观念和行为进行规范，保证大学生的健康发展。在思想政治理论课教学中，要注意使用恰当的教学方法，充分发挥互联网的教育阵地作用，疏通互联网沟通机制，密切教育者与被教育者在网络和现实中的沟通与交流，建立网络和现实社会中的反馈机制，让大学生养成良好的民主实务参与观念，不断完善思想政治理论课教学机制。

（二）挖掘大学生的主体能动性

将互联网技术与思想政治理论课教学相结合时，除了要发挥教育工作者的主体作用外，也要尽可能地使大学生发挥自我教育的主体作用，全面推动思想政治理论课教学工作的实效性。

二、疏导性原则

在思想政治理论课教学工作中，需要遵守的一条重要原则是疏导性原则，这一原则体现了思想政治理论课教学中"合目的性"和"合规律性"的统一。

在大学生思想政治理论课教学中，一个突出的特点就是带有明显的目的性，这种目的性是人主观意识的客观反映，既能体现当前阶段社会发展的要求，又能体现国家和人民的需求。当前思想政治理论课教学工作还体现了目标指向性和价值取向性，要使思想政治理论课教学在多元文化环境中始终占据主导地位，代表正确的价值观，就要通过正确的手段或渠道对社会舆论进行引导，维护人民的利益。与传统的教育环境相比，互联网是一个新开辟出来的教育环境，因此将其作为思想政治理论课教学的新阵地，必定还要去面对和解决很多问题和难点。例如，如何引导和把握网络文化就是思想政治理论课教学当前面临的一个重要问题。互联网技术的发展和网民人数的急剧增加共同推动了网络文化的产生，人们可以相对自由地以匿名状态发表自己的观点，具有虚拟性、参与性等特征，这种状态的发展催生了一套独属于网络空间的话语体系。在这一网络话语体系下，怎样构建思想政治理论课教学的话语体系，怎样让大学生尽快适应网络环境中的表达方式，怎样实现教育者和受教育者之间的有效沟通，都是思想政治理论课教学工作所要面对和解决的问题。又如，互联网技术的发展在使信息传播呈现开放性、去中心化等特点的同时，也使得人的认知和思维能力突破了边界，在虚拟时空得到了新发展。但网络利弊共存，如何使人们清楚地认识网络技术对其思想行为的影响，如何趋利避害、以我为主、为我所用，如何有效辨别各类信息而不使自身的思想行为遭到蚕食；再如，网络舆情的把握和舆论危机的应对问题：怎样才能够对网络舆论的发展规律有所了解并采取适当措施对网络舆论加以控制，怎样才能有效应对网络舆论危机。以上都是思想政治理论课教学过程中必须要考虑和解决的问题，如果不未雨绸缪或及时解决各项问题，那么互联网与思想政治理论课教学的融合便不能达到最优效果。因此，互联网时代下的思想政治理论课教学工作既要对思想政治教育本身的强烈目的性加以肯定，又要对网络传播过程中的各种问题加以考虑和解决，把握其中的规律。只有将合目的性和合规律性统一起来，将主导和疏引相结合，才能踏踏实实、一步一个脚印地实现思想政治理论课教学的实效。

三、前瞻性原则

当今世界瞬息万变，在思想政治理论课教学中除了要充分了解当前网络和思想政治理论课教学的发展特点，还要以发展性的眼光对网络和思想政治理论课教学的发展进行预判。前瞻性原则便与这一要求不谋而合，思想政治理论课教学的前瞻性要求教育者根据现实状况和发展的可能性对未来的发展做出大胆、合理的判断，放飞思想，立足于现实又要超越现实。在当今社会条件下，具有前瞻性的思想显得尤为重要。互联网的发展为我们构造了一个开放性的空间，它不是为了满足某一种需求而设计的，而是一种总的基础结构，可以包容任何新的需求。正是这种开放性和无限性使得网络技术充满了诱惑，使得无数人投身于互联网技术的探索之中并乐此不疲，从而不断创造出新的网络技术。在运用网络技术时，需要信息、信息媒介、客户群参与其中，从而组成一个微观信息系统，这个系统从思想政治理论课教学的角度而言，实际上是一个新的场域，为思想政治理论教育打开了另一扇窗户。

前瞻性原则主要在思想政治理论课教学的工作策略和方法上得以体现。随着社会的发展，网络技术也呈现出不同的特征，运用互联网进行大学生思想政治理论课教学，就必须要准确掌握这些特点，然后有针对性地对大学生的网络意识和行为进行正确的引导，为他们的健康成长保驾护航。

在网络技术发展的初期，各大校园网络建设驶上了快车道，多媒体、万维网等得到了广泛应用，丰富多彩的网络信息迅速得到了大学生的青睐，网上冲浪、信息漫游也迅速出现在他们的日常生活中并消耗他们的大量时间。但是开放性的信息环境在给大学生送来最新资讯，不断开拓他们视野的同时也在意识形态上对他们造成巨大的冲击。西方资本主义观念和社会多元化思想的充斥，无疑会给大学生的价值观带来一些影响。教育者必须以前瞻性的眼光对这些问题加以考虑，在利用互联网进行思想政治理论课教学时要注重对互联网文化软环境的构建，积极推广那些形式多样、内容丰富、具有教育意义的内容，以此来吸引大学生的关注，在潜移默化中提高大学生的思想道德素质水平。当前，很多高职院校都推出了专门提高大学生思想政治观念的专题网站，如北京大学建立了"红旗在线"等，体现了在思想政治理论课教学方面对互联网平台的不断探索。

当前我国将互联网技术融入思想政治理论课教学的探索还不够成熟，不论是外在环境还是内在发展，都给思想政治理论课教学带来了诸多挑战和机遇。道路是曲折的，前途是光明的，在探索和实践的道路上无论遇到什么样的困难，都要敢于创新，以坚韧不拔、激流勇进的精神面貌迎接新的挑战和解决新的问题。同时还要顺应网络发展的潮流，瞄准机会，把握机遇。在思想政治理论课教学中，只有坚持前瞻性原则，才能高瞻远瞩、未雨绸缪，以冷静的头脑、主导性的姿态面对一切变化。

四、实践性原则

大学生思想政治理论课教学所具有的一项本质特征是具有实践性，这在新开辟的思想政治理论课教学平台——互联网上体现得尤为突出。我国在接入互联网之后，互联网技术获得了突飞猛进的发展，大量新的互联网设备的出现，无论是对人们的工作还是生活都产生了深刻的影响，对推动我国社会的发展起到了巨大的作用。在我国发展的不同阶段，网络的发展也遇到了多种多样的问题，这就使得我国在网络时代前进的过程中，必须要始终进行网络理论和实践方面的工作，不断解决出现的问题。在网络中接受教育的通常都是青年大学生，他们乐于接受新鲜事物也更容易接受新鲜事物，因此对网络的使用较为普遍，网络对大学生的影响也表现得最为深刻。当今社会，各种环境都处在动态变化之中，网络环境也不例外。要想切实提高思想政治理论课教学的效果就必须立足于当前网络发展的实际状况，以发展性的眼光进行思想政治理论课教学体系的反思和重建，更新思想政治理论课教学的内容和方式，以此创新思想政治理论课教学，不断解决大学生成长中出现的新问题。

在思想政治理论课教学中坚持实践性原则，即要求教育者不断拓宽教学途径，将理论与实践相结合，不断加强学习，把握好互联网时代开展思想政治理论课教学工作的方式方法。以下从三个方面对实践性原则加以论述：

第一，思想政治理论课教学工作者要与时俱进，既具备基础的网络技术，又真正融入网络生活。互联网在20世纪90年代进入中国，而教师很多是"70后""60后"，接触计算机和互联网的时间较短，对网络技术的掌握可能还不深入，基本的操作可能还不娴熟，不能很好地将互联网与教学结合起来，这就要求教育者不断学习网络知识和进行实践，既能避免与大学生产生代沟，又不至于落后时代潮流，还能创新教育方法、增强教育效果。教育者要想真正融入网络生活，具备网络意识是关键。在平时的教育和生活中，要主动地与大学生进行网上交流、用心地感受网络文化、真诚地体会大学生思想行为的变化、深刻地进行反思与总结，真正做到与大学生在同一时空下交流、学习。

第二，思想政治理论课教学工作者要对网络文化有详细了解。没有调研就没有发言权，思想政治理论课教学工作者只有通过各种渠道对这一新兴事物有深入地了解，才能认同这一文化，从而保证在网络环境中与大学生进行畅通地交流。在当前的互联网文化环境中，大学生的网络实践带有明显的亚文化色彩的网络语言，这对于传统大学生思想政治理论课教学过程中要实现教育者和被教育之间的有效沟通是极为不利的。因此，在思想政治理论课教学中，教育者必须掌握这种新的网络话语体系，这样才能保证在网络上实现与受教育者之间的顺利沟通，提高双方沟通的有效性。用大学生常用的语言表达方式对其进行教育，缩短心与心的距离，提高思政教育的实效性。

第三，思想政治理论课教学工作者要转变教育观念。新时期的教育与传统教育已大有不同。中国人自古以来倡导"尊师重教"，大学生对老师也大多敬而远之，然而随着时代的发展，人们更加注重平等和自由，倡导一种"亦师亦友"的关系。网络的发展给师生搭建了沟通和建立感情的桥梁，教育者要转变传统的权威型知识灌输者的角色，改变说教型的教育方式，以平等的姿态与大学生进行交流，从朋友的角度对大学生的思想和行为进行引导，从而增强教育效果。

五、方向性原则

方向性原则是指思想政治理论课教学要坚持正确的思想导向和政治导向。主要表现为：思想政治理论课教学过程中要旗帜鲜明地坚持社会主义和共产主义方向，坚持党的基本路线，高举社会主义旗帜，坚定不移地沿着社会主义的方向发展。只有坚持方向性原则，才能不偏离航向、不背离初衷，始终保持无产阶级思想政治教育的本色；只有坚持方向性原则，才能起到纲领性作用，对人们的思想和行为加以统一，充分发挥思想政治教育的作用。

方向性原则是进行思想政治理论课教学的根本要求，要毫不动摇地在思想政治理论课教学过程中坚持社会主义方向，首先，必须将马克思主义及相关理论成果作为指导。其次，提高贯彻思想政治理论课教学方向性原则的自觉性。要充分认识到自身育人的目的，即培养社会主义"四有"新人，所以，要自觉地把方向性作为重要指引，不能偏离教育目标，使培养方向和目的贯彻在每一项工作中，从细节抓起，从规范抓起。同时，大学生也应该看到坚持正确的方向性有利于个人的发展，思想观念和政治素养有时对一个人的影响也是巨大的，坚定社会主义的政治方向是开展好工作的前提。最后，贯彻方向性原则必须讲究科学性。做工作，方法很重要，要对大学生进行思想观念的教育，不能用强迫的方法，此种方法不会长期有效。所以，在进行思想政治理论课教学时，要将各种方法整合在一起，灵活运用，不能只靠强力，这样才能取得事半功倍的效果。

六、求实原则

求实原则体现了一种踏实工作的科学态度。百年大计，教育为本，作为意识形态领域的思想政治教育更是根本中的根本，广大思想政治理论课教学工作者必须踏踏实实、认认真真、全力以赴地投入教学事业，这样才能够取得良好的教学效果。针对性是思想政治理论课教学的一个十分重要的特点，要做好这一点，就必须坚持实事求是的原则。在具体的思想政治理论课教学过程中，教育者必须认真观察、总结、反思，从社会现实和受教育者的实际情况入手，运用马克思主义的理论知识去认识问题和解决问题，并不断进行思考，把握问题的规律，帮助自己更好地开展育人工作。简而言之，求实原则就是遵循"理论联系实际，从实际出发，实事求是"的思想路线。

（一）理论联系实际的含义

1. 牢固掌握思想政治理论课教学的相关理论知识

理论知识是对前人经验的科学总结，只有深入学习、牢固掌握相关理论，才能够正确指导实践，促进实践的顺利进行。因此，在进行思想政治理论课教学时，对本学科的理论知识进行全面掌握是最基本的要求。

2. 以实践为落脚点

任何科学的理论知识都不是空穴来风，其来源于实践，又作用于实践，受到实践的检验，只有这样，才能富有活力和生命力，随着时代的发展不断创新进步。

理论联系实际就要坚持实事求是的原则，要始终不渝地坚持和发扬理论和实际相结合的原则和作风。

（二）贯彻求实原则的要求

1. 积极主动地对马克思主义的相关理论进行学习

马克思主义基本原理及其中国化理论成果是人们认识世界的基础，也是几十年来革命和建设的智慧结晶。马克思主义是被实践检验了的科学理论，在当代仍然焕发着生机和活力，有着鲜明而有效的指导作用，能够帮助人们形成正确的价值观，进而大大降低犯错误的概率。因此，必须自觉进行马克思主义理论的学习。

2. 以实际作为一切工作的出发点

任何工作都不能脱离生活和现状，思想政治理论课教学工作更是如此。在开展思想政治理论课教学时，教育者和受教育者都要坚持主观与客观、主体与客体的统一；以实际为基准，制订科学的工作计划，选择恰当的工作方法，逐步深入推进思想政治理论课教学工作。

3. 循序渐进地解决问题

为了在思想政治理论课教学工作中坚持求实原则，就必须按照及时发现问题、确实弄清问题、正确解决问题三个步骤来办事。

第一，及时发现问题：用敏锐的眼光发掘实际存在的问题与矛盾，正视矛盾，不回避矛盾。发现问题是解决问题的第一步。

第二，弄清问题：发现问题后要仔细分析问题，只有这样才能更好地解决问题，要善于研究，抓住问题的实质，不为假象所蒙蔽。

第三，正确解决问题：在解决问题的过程中要坚持科学理论的指导，脚踏实地，将问题彻底解决。

七、身教与言教相结合，身教重于言教原则

（一）身教与言教相结合，身教重于言教原则的依据

身教与言教相结合，身教重于言教，这是党的思想政治理论课教学工作的优良传统，也是思想政治理论课教学工作的重要原则之一。

1. 由思想政治理论课教学工作的特点决定

从事思想政治理论课教学工作，一是靠说，二是靠做，即言教和身教。所谓言教，是指教育者通过说话、演讲、文章等宣传教育手段，进行说服教育工作，对受教育者施加影响。所谓身教，就是教育者通过自身的行为、举止和实际行动，为受教育者做出表率，对受教育者起到教育作用。对于受教育者而言，教育者的丰富学识、幽默语言、雄辩口才、机智言谈等言教固然重要，但是，如果这些言教与教育者的实际行为不相吻合，甚至相反，那么，教育者的言教就会成为夸夸其谈，被人讥笑。基于此，教育者要将言教和身教紧密结合，缺一不可，时刻规范自己的言行，从方方面面为受教育者起到表率作用，从一言一行中对受教育者产生有益的影响。教育者在从事教学工作时务必做到言传身教，身教重于言教。

2. 由党的思想政治理论课教学工作的优良传统决定

身教与言教相结合，身教重于言教历来是党的思想政治理论课教学工作的优良传统。无论是革命战争年代还是和平建设时期，无数共产党人冲锋在前、退却在后，吃苦在前、享受在后，对人民起到了巨大的教育作用。在学校，广大教师教书育人，为人师表，"照亮别人，燃烧自己"的政治态度、治学风格、思想品德、言行作风对大学生起着潜移默化的教育和影响作用。许多思想政治理论课教学工作者都能够做到严格要求自己，教育别人做到的自己首先做到，教育别人不做的，自己首先不做，很好地起到了率先垂范、榜样示范作用。思想政治理论课教学重视坚持身教与言教相结合，身教重于言教的原则，不仅是开展思政教育工作的重要条件，更是对几十年来思想政治教育工作优秀经验的继承和发扬。

3. 思想政治理论课教学工作自身的要求

思想政治理论课教学不是一件普通的差事，而是群众性、民主性、实践性很强的工作。"打铁先得自身硬""喊破嗓子不如做出样子"，思想政治理论课教学工作的威信主要源于思想政治理论课教学工作者的以身作则，率先垂范，这样才能有力地影响和教育大学生，并促使他们进行自我教育、自我提高，相互教育、共同提高。无数事实证明，身教是无声的却是很有效的。身教与言教相结合，身教重于言教，既是思想政治理论课教学工作具有战斗力、吸引力和说服力的保证，又是思想政治理论课教学工作者应当具备的基本品质。

（二）贯彻身教与言教相结合，身教重于言教原则的要求

贯彻身教与言教相结合，身教重于言教的原则，思想政治理论课教学工作者就要身体力行，做到学为人师、行为示范，时刻谨记自己的教师身份，端正自己的言行，以自己的模范行为为大学生做出榜样。因此，思想政治理论课教学工作者必须要有扎实的知识功底、良好的品德修养、突出的工作能力。"自己有一桶水，才能给人一碗水"，自己懂马克思、列宁主义、信马克思、列宁主义才能宣传马克思、列宁主义，使人信服地接受马克思、列宁理论；自己是一个有理想、有道德、有文化、有纪律的人，才能将大学生塑造成为社会主义"四有"新人。无声的行动远远比漂亮的口号更加有用。作为人类灵魂的工程师，思想政治理论课教学工作者更要以身作则，用自己的人格魅力征服大学生，使他们自觉主动地学习，提高思想觉悟，规范自己的言行，最终达到思想政治理论课教学的目的。

第三节　高职院校思想政治理论课教学实效性的教学目标

大学生思想政治理论课的教学目标是开展思想政治理论课、对大学生进行思想政治教育所要达到的预期结果，规定了思想政治理论课教学的内容及其发展方向，在相当程度上体现着国家、社会的期望和要求，反映着教育者、受教育者的重要性和教学效果的有效性。所以，教学目标在思想政治理论课教学中具有重要的地位，它不是单一存在的，而是一个目标系统。要加强改进思想政治理论课教学，必须以正确的思想目标为导向。

一、思想政治理论课教学目标的含义

目标是指在客观环境存在和主观预测的基础上，人们行为活动的预期结果，是一种期望。思想政治理论课教学目标就是指从受教育者所要形成的思想政治的角度，来说明思想政治理论课教学的作用和预期价值，即要把教育对象塑造成什么样子，其思想品德要达到什么境界。所以，大学生思想政治理论课教学目标是整个高职院校教学目标的重要组成部分，是教学目标在思想政治方面的具体体现，是对大学生思想政治理论课教学结果的具体要求，也是对思想政治理论课教学质与量的具体规定。它是整个思想政治理论课教学活动的前提，决定着思想政治理论课教学的内容与各个步骤的方向度和用力度，制约着整个过程的进行。

目标是纲领。思想政治理论课教学目标的提出，是整个思想政治理论课教学活动的起点；而目标的实现，又是教学活动的终点。思想政治理论课教学过程就是在其目标价值枢纽作用的指引下进行的，是以实现目标为导向来组织、协调主客体全部行为的过程。思想政治理论课教学主客体的全部活动都服从和服务于思想政治理论课教学目标。只有确立了教学目标，才会去设计、选择、组织合适的活动。目标处于思想政治理论课教学活动的第一步，它领导着今后的每一个步骤。为了实现预期目标，我们会寻找最佳的途径，精心设计教学内容，积极探索各种方法。目标是活动的前提，目标不同，教学活动的规模和具体活动也会不同。所以，正确、合理的思想政治理论课教学目标贯穿于整个教育活动，是顺利实现思想政治理论课教学效果的中心环节。

二、思想政治理论课教学目标体系

思想政治理论课教学目标一般是由国家或国家的教育部门，根据社会发展的历史任务和受教育者健康成长的需求提出的，反映了在一定时期社会对公民的思想、政治、品德、行为等方面具体的要求。思想政治理论课教学目标又是一个具有复杂性、多样性、层次性，涵盖很宽的内容体系。为了具体的实施，需要在系统论指导下对其进行分解，在总目标下分成不同的类型和层次，这些目标是总目标系统中的子系统，是构成总目标的基本要素。它们各有侧重，但又互相联系，构成了一个互相贯通、互相渗透、互为制约的统一体。

（一）政治素质目标

主要是指提高受教育者的政治意识与政治觉悟，包括对国家、民族、阶级、社会制度、政权和国家有关的重大政治问题的立场、情感、态度。高职院校要增强大学生的政治敏锐性和政治判断力，使他们具有坚定正确的政治方向，热爱祖国、拥护党和国家的路线、方针以及政策，努力为国家的目标而奋斗。坚持改革开放、坚持四项基本原则、维护党和人民的利益,对待问题能够正确地做出判断,具有一定的辨识度和抵制能力。促进社会和谐发展,为全面建设小康社会而奋斗。

(二)思想素质目标

思想素质的培养目标是使受教育者能够建立科学的世界观和正确的人生观和价值观。科学的世界观也是马克思主义世界观,是无产阶级对世界的根本看法,在实践的过程中,充分地反映了世界本来的发展面貌以及规律,指导人们更好地改造世界,实现人类美好的理想。高职院校要通过科学的世界观教育使大学生能够正确地运用马克思主义的立场、观点、方法去分析、解决问题,树立科学的世界观,适应社会的发展,具有实事求是、追求新知、独立思考、勇于创新等思想品质。

(三)道德素质目标

道德素质的培养是为了使受教育者能够具有较高的道德认知能力,包括对社会的伦理道德和个人的伦理道德的认知,培养受教育者的健康道德情感和持续的道德践履能力,增强道德的选择和批判能力,形成为人民服务的核心思想。尤其是关于社会公德教育,这是长期在人们的生活中所形成的、最起码、最简单的道德准则。要通过社会人道主义教育和社会公德教育,使学生能够热爱、尊重以及信任、帮助他人,友好和平的相处,遵守公共秩序,尊重师长,以及尊重他人,形成良好的文明行为习惯,培养高尚的道德情操。

(四)法纪素质目标

提高受教育者的法制意识和遵纪守法的自觉性,包括民主与法制教育、自觉纪律教育。社会主义民主和法制是密不可分的,只有用健全的法制调节人们的行为,才能保证民主,保护人民的合法权利。人们生活、学习以及工作的前提是遵守纪律。高职院校要通过教育与训练,使大学生养成热爱民主和遵守法制的基本观念,懂得二者的辩证关系。明确遵纪守法的重要性,正确处理民主与法制、自由与纪律的关系,形成遵纪守法的习惯和品质。

(五)心理素质目标

培养受教育者的心理素质。心理素质是由先天生成和后天养成的,在实践过程中不断形成的,比较稳定的特征、倾向和品质,是一个人的自我意识的形成中所具备的认知能力、其性格、情感等的综合反映。高职院校要通过有目的、有计划的心理教育活动,使学生能够建立起健康的心理状态,提高自身的心理调节技能,排解心理障碍,使之具有鲜明的个性、良好的性格以及健全的人格品质。

上述五方面的目标群都具有自身特定的内容,是一个不可分割、有着内在联系的整体。每个目标群都有着认知目标、情感目标、行为目标等几个方面的内容。思想政治理论课教学的实施过程,就是在知、情、行的行为中逐步实现既定的目标。

第五章 高职院校思想政治理论课教学实效性的师资队伍建设

第一节 高职院校思想政治理论课教学实效性中教师的地位与作用

一、教师在人类社会发展中的地位与作用

（一）继承、传递和发展人类文化的优秀成果

前人在长期的社会实践中积累了丰富的经验，创造了灿烂的科学文化，留下了极为宝贵的精神财富。人类只有在继承前人优秀科学文化成果的基础上，才能够建设、发展社会，走向更高的文明。要使人类优秀的文化成果世代相传，必须依靠专门从事教育活动的教师来实现。教师通过自己的劳动，吸收人类社会所积累的科学文化知识和技术、文学艺术，以及思想观点、道德规范等，并加以总结，然后传授给年轻一代，使他们在较短的时间内能够适应现实社会的实践活动，接替老一辈的工作，使社会继续发展。实践证明，教师把前人积累的知识和间接经验传授给年轻一代，是发展社会生产力，推动社会进步的最佳捷径。

（二）促进人类个体的发展和完善

在人类发展的历史长河中，人类自身从不成熟逐渐走向成熟，从不完善逐渐发展到比较完善，其中重要的决定因素之一就是教师的出现。人类自从有了专门从事教育和教学活动的教师之后，才大大促进了自身的完善，加快了走向文明的步伐。

教师是探索人类文明发展方向的先导。教师作为培养人的人，不仅自己掌握了知识，还要将知识传授给下一代，同时，还对未来人类规划进行着探讨和设计，这就在客观上决定了教师不仅对人类文明的发展、社会的进步起着推动作用，而且还对探索人类

文明发展方向起着重要作用。

教师是按照社会需要来为社会培养各种人才的。教师不可能离开社会的需要和文明的发展状况去培养人、塑造人，而是要积极探索整个社会文明的发展状况及其发展趋势，并按照这种趋势要求培养出各种合格的人才，更好地促进人类文明不断地向前发展。

教师是塑造"人类灵魂的工程师"。教师对学生灵魂的塑造，不仅通过课堂讲授进行正面灌输，更主要的是以身立教。因为教师的世界观、知识水平、品行表现以及对每一个事物的态度，都时刻对学生产生着潜移默化的影响。

（三）推动人类社会的发展

社会文明的程度，进步的速度，主要取决于人的素质，而人的素质又取决于一个国家的教育水平。正是教师担负着培养物质财富和精神财富生产者的历史重任。

教师在促进物质财富生产方面发挥着重要作用。教师的劳动属于精神生产的范畴，它一般不直接生产物质产品。但教师能开发人力资源，生产人的劳动能力，提高劳动者的质量，发展社会知识形态的生产力，为社会培养有相当生产知识和劳动技能的人，使物质财富的生产获得必要的劳动力，从而把潜在的生产力转化为直接的生产力，实现科学知识的再生产，推动物质财富的再生产。

教师在促进精神财富生产方面发挥着重要作用。从事精神财富生产的人，必然是经过多年教育和专门训练的脑力劳动者，他们都是由教师培养出来的。如果没有教师，人类长期创造的宝贵精神财富就得不到继承和发展，更谈不上创造精神财富和灿烂的文化。可以说，没有教师也就不可能有从事精神财富创造的各种专门人才。

教师为社会变革提供了科学的理论根据。教师为社会变革提供科学理论根据，主要是通过科学知识的传播和再生产，并向人民群众提供科学真理和向社会提供科学研究成果来实现的。教师在社会知识再生产方面所发挥的作用，首先表现在它的继承性上。教师把已经发现和创造出来的科学知识不断地进行再生产，为年轻一代所掌握和继承。其次还表现在广泛性上。教师所进行的科学知识再生产是一种扩大了的再生产，教师可以使原来为少数人掌握的科学知识为更多的人所掌握，从而为先进科学理论和技术的普及打下良好基础。

二、教师在学校中的地位与作用

学校是人类自为教育的形式，是有计划、有目的、有组织的施行教育、教学活动，培养人才的机构。学校作为一个系统，其构成因素是多样的。而以人员组成来分类，主要是由教师、学生、教学辅助人员、思想政治工作人员、行政工作人员和工勤人员组成。在这些人员中，教师居于中心，处于主体、主导的地位，起着决定性的作用。

因为，学校的教育过程，教育、教学活动正是从教师这里才得以展开，学校教育质量的好坏归根结底取决于教师，教师是学校全部教育工作的依靠和真正的主人，是为社会培养合格人才的关键。尤其是高职院校的教师，与学校的教育质量和学术水平，乃至学校的声誉、社会的影响之间的关系尤为重大，直接起着决定性的作用。

教师之所以在学校中是主人，居于主体、主导的地位，对学校教育、教学工作的质量起着关键的决定性的作用，其最主要的理论依据是：学校是培养人的场所，学校教育是培养人的活动，而培养人的工作，本来就是教师的天职，学校就是教师发挥自己的聪明才智，以自己的知识文化去进行教育、教学工作，去从事培养人的活动的用武之地。因此，在学校中居于中心地位的只能是教师。

三、教师在教育、教学过程中的地位与作用

教师在教育、教学中居于主导地位，起着主导作用。

教师在教育、教学中的主导地位和主导作用，从理论上有如下基本的依据：

第一，学校教育是一种教育事业，教师肩负着一定时代一定社会的政治、思想、文化上的要求，他对学生有一种积极引导和鼓励教化的责任，而这正是学校教育的本质所决定的。教师要把自己肩负的社会责任和时代要求在自己所从事的教育、教学活动中认真履行并得到具体体现。

第二，教师有条件发挥自己的主导作用，因为他闻道在先，学有专长，而且是经过严格培训和挑选的专门人才，知识、文化、思想修养具有一定的水平，是国家承认的合格的专业教育者。而学生的知识、文化相对较欠缺，人生、社会的经验不足，更不成熟，他们正需要向较成熟、较有知识的教师学习。教师对学生负有积极教育和培养的责任，而不可以凭任何借口放弃自己的责任；在学校的教育、教学活动中，教师应担当起组织者与领导者的责任，对学生的学习方向、内容和方法起着主导作用。

与此同时，我们必须指出，肯定教师的主导作用并不意味着否定学生在教育过程中的主动性，学生的主动性是构成教师主导作用的主要任务和内容，是衡量这种主导作用的重要标志。离开了学生的主动性，教师的主导作用就失去了它的主要内涵，失去了它的对象和归宿。

此外，教师在学校教育、教学中的主导作用的存在也是有条件的。首先，教师主导作用的实现，从主观方面来考察，要依赖教师自身的条件。教师主导作用的发挥与他自身所具备的条件成正比例关系。教师本身所具备的条件越优越，他的主导作用就越能得到充分的发挥。正因为这样，不断提高教师本身的素质，使他们完全成为合格的教师，就成为学校教育工作中的关键所在。其次，教师主导作用的发挥还必须依赖一定的客观因素和客观条件。如果由于社会或其他某些原因，使教育过程、教育活动

难以正常进行，学校教育名存实亡，教师在思想上、政治上遭到歧视，社会地位得不到应有的肯定，其在教育过程中的主导作用就必然不能得到正确、充分的发挥。所以，对教师的主导作用决不能孤立地去认识，既不能离开教师本身所具备的条件，也不能离开社会所提供的条件。

总之，教师的主导作用不仅要看到它的合理性、必然性，还要看到它的条件性。教育事业是一种社会现象、社会事业，教育的客观规律在社会环境中的表现是不能脱离社会条件的制约的。

四、提高思想政治理论课教学实效性的关键在教师

高职院校思想政治理论课是大学生思想政治教育的主渠道，是对大学生进行系统的马克思主义世界观、人生观和价值观教育的主阵地，对青年学生的德育教育和成才发挥了巨大作用，在中国特色社会主义高等教育体系中占有十分重要的地位。能不能实现这一"主渠道"的既定教育目标是影响高职院校思想政治理论课教学活动价值的关键因素。思想政治理论课教学效果不够理想，会影响思想政治理论课对大学生进行思想政治教育主渠道作用的充分发挥。因此，要"不断增强高职院校思想政治理论课教育教学的针对性、实效性和说服力、感染力"，就成为从事高职院校思想政治理论课教学研究者以及教育主管部门多年来一直不断探索的重要实践课题。

（一）思想政治理论课教学实效性的实现有赖于教师

高职院校思想政治理论课教学的实效性，是指通过思想政治理论课教学，对学生进行系统的马克思主义理论和思想政治教育，帮助学生树立正确的世界观、人生观和价值观，提高学生运用马克思主义基本立场、观点、方法分析问题和解决问题能力的实际效果，主要体现在知识传授、能力培养和价值观教育三大功能方面的实际效果。这三大功能效果的实现都必须依靠思想政治理论课教师的辛勤劳动。

1. 思想政治理论课教学实效性的实现依靠教师对学生的知识传授

高职院校思想政治理论课教学实效性首先表现在知识传授过程的组织上，而知识传授过程的成功组织关键要看大学生对于马克思主义理论和思想政治教育的知识是否愿意接受，是否真心喜爱。这也是实现思想政治理论课教学能力培养和价值观教育的重要前提。因此，要充分实现高职院校思想政治理论课知识传授、能力培养和价值观教育的功能，提高思想政治理论课教学的实效性，就必须坚持用发展着的马克思主义理论武装学生，坚持理论联系实际，贴近实际、贴近生活、贴近学生，坚持开拓创新，不断改进教学的内容、形式和方法。这些都必须依靠思想政治理论课教师才能够实现。

第一，思想政治理论课稳定的教学内容需要教师加以传授。知识传授效果评价的一个重要指标，就是要有稳定的教学内容。"社会主义意识形态和马克思主义基本理

论作为高职院校思想政治理论课的教学内容,必须保持它的相对稳定性。从教育学角度讲,只有长期保持相对稳定的教育内容,才能使教育对象容易相信和接受。如果思想政治理论课教学的内容变换频繁,出现动荡化的状态,就不容易引起教育对象的遵从和思考,也就缺乏说服力和实效性。""05方案"所规定的五门必修课的教学内容就是大学生接受马克思主义理论和思想政治教育所必须掌握的内容。这些内容只有通过教师多种形式的课堂讲授,并辅之以丰富的社会实践活动,才有可能被大学生所接受。

第二,思想政治理论课教材体系向教学体系转化需要教师加以实现。教材是教学思想、教学内容的载体,是课堂教学中教师的教与学生的学的依据。一般而言,教材是关于一个学科的知识系统,具有较为严谨的理论体系。"05方案"编制的各门课程的教材都对原来的内容进行了创新性阐释,形成了从理论到实际、从抽象到具体的逻辑框架,具有较强的理论性和系统性。但好的教材要发挥作用、产生效益,还必须借助教学体系。教学体系是为了实现特定的教学目标,对教学过程诸要素之间的逻辑结构和教学活动运行的逻辑流程进行整体设计而形成的操作范型或操作样式。教材体系是教学体系的指导和依据,教学体系是教材体系的拓展和延伸。因此,教师应在教学中坚持教材体系和教学体系的统一,并使教材体系向教学体系转化。

实现思想政治理论课教材体系向教学体系的转化,一是要求思想政治理论课教师以教材为蓝本,围绕教材内容实施教学。二是要按照教学大纲的要求,结合学生的实际需求,提炼教材重点内容,着重讲清、讲透教材中的重点和难点,分析、讨论与学生成长、成才和发展息息相关的热点问题。三是要注重理论联系实际,力求用通俗的语言、典型的案例对理论进行分析,使学生加深对理论问题的理解。

2. 思想政治理论课教学实效性的实现依托教师对学生的能力培养

高职院校所开设的思想政治理论课是一种既着眼于解释世界,又关注制订行动方案、进而改造世界的理论体系,思想政治理论课教学的目的不仅仅是要学生掌握知识,懂得什么是正确的价值选择,更重要的是使学生学会运用知识,具有实践正确价值的能力。换言之,高职院校思想政治理论课教学不仅要"授之以鱼",更要"授之以渔"。

因此,思想政治理论课教学"不能仅仅把思想政治理论课当作一套单纯的知识体系和现成的结论来传授和灌输,教师既要讲授正确的思想观点,又不是简单地提供所有问题的答案,而是要着力于培养学生研究分析问题的能力和创新的能力,并鼓励学生对重大的理论问题、现实的热点难点疑点问题有研究兴趣。学生不仅实现了传统的'学会',同时还要做到'会学',提高在科学理论指导下提出问题、分析问题和解决问题的能力。也不仅仅是运用思想政治理论课的理论去解释现实,而应该让学生充分了解得出这些理论性结论的过程,真正掌握思想政治理论课中所包含的实践性智慧,培养大学生运用马克思主义立场、观点、方法解决实际问题的能力"。可以这样说,在思想政治理论课教学中，知识传授固然重要，但学生掌握了知识而不会运用，也是没有实际意义的。

要培养学生运用马克思主义基本立场、观点、方法去解决实际问题的能力，就需要教师在教学中，把学生对客观事物的感性认识转化为理性认识。列宁把感性认识到理性认识的转化称为"从感觉到思想的转化"。思想是大脑思维的产物。人的感官只能反映事物的外部表现、反映事物的现象。为了透过现象发现事物的本质、规律，了解事物之间的内在联系，就需要思考，就需要思维。思维通过分析与综合、抽象与概括、判断与推理，对大量丰富的感性材料进行去粗取精、去伪存真和由此及彼、由表及里的改造制作及逻辑分析，从中找出内在的规律和本质。所以，思想主要以抽象思维的形式表现出来。列宁认为："物质的抽象，自然规律的抽象，价值规律的抽象及其他等，一句话，那一切科学的（正确的、郑重的，不是荒唐的）抽象，都更深刻、更正确、更完全地反映着自然。"大学生的思想能达到这个境界，要靠教师在教学中有意识地培养。

3. 思想政治理论课教学实效性的实现依赖教师对学生的价值观教育

高职院校思想政治理论课教学内容的知识传授不同于其他学科的知识传授，应当突出其思想政治教育功能。当代各种思想文化激荡，人们思想活动的独立性、选择性、多变性、差异性明显增强，处在世界观、人生观、价值观形成阶段的大学生，容易在不良思想和社会负面因素影响下，消极对待思想政治理论教育。高职院校思想政治理论课教学要帮助学生树立正确的世界观、人生观、价值观和道德观、法制观，树立科学的理想信念，创造人生价值，协调个人与社会、自然的关系，锤炼社会主义所需的道德品质与修养，做"四有"新人。显然，高职院校思想政治理论课不能单纯对学生进行知识性、学术性的一般描述和讲解，而应该通过体系与章节内容的安排更加鲜明地凸显课程的思想性、政治性和阶级性，由此坚持高职院校思想政治理论教育的社会主义方向和人才培养性质，体现党和国家的意志。

因此，思想政治理论课教师在教学中不能把精力放在"是什么"的知识层面，而要把教学的重点放在"为什么"的理论层面，努力使教学过程不再是简单的传授知识，而是立足于帮助大学生树立正确的世界观、人生观、价值观。要通过深入开展马克思主义立场、观点、方法教育，开展党的基本理论、基本路线、基本纲领和基本经验教育，开展科学发展观教育，开展中国革命、建设和改革开放的历史教育，开展基本国情和形势与政策教育，启迪大学生的心灵，满腔热情地关爱、体贴和帮助大学生，促进他们健康成长，达到育人的目的，从而不断增强高职院校思想政治理论课教学的针对性、实效性和说服力、感染力。

（二）思想政治理论课教师有能力促进实效性的实现

高职院校思想政治理论课教师是高职院校教师队伍的重要组成部分，是马克思主义基础理论的传播者，是党的创新理论的宣传骨干，是大学生健康成长的引路人。提高高职院校思想政治理论课教育教学质量和水平，全面实现胡锦涛同志提出的高职院校思想政治理论课教学状况明显改善的目标，一个决定性的因素是教师队伍建设。高职院校思想政治理论课"05方案"实施以来，各地教育行政主管部门和各高职院校都十分重视思想政治理论课教师队伍建设。通过规范管理、加大投入、定期培训等方式，高职院校思想政治理论课教师队伍的状况有了明显改善，教师队伍的整体素质和能力得到提高，为增强思想政治理论课教学实效性奠定了坚实的基础。

高职院校思想政治理论课是知识性的课程，承担着对大学生传授马克思主义理论基本知识的任务。高职院校思想政治理论课又是意识形态性的课程，意识形态性不仅是思想政治理论课的根本性质，而且是思想政治理论课的本质要求，在帮助学生树立正确的世界观、人生观、价值观方面，在引导大学生坚定对马克思主义的信仰、对社会主义的信念，增强对改革开放和现代化建设的信心以及对党和政府的信任方面，在培养他们成为社会主义事业的合格建设者和可靠接班人方面，都具有重要作用。同时我们也要看到，高职院校思想政治理论课又不单纯是知识性的课程，也不单纯是意识形态性的课程，它是知识性和意识形态性的辩证统一。一方面，知识是载体，意识形态性融入和贯穿在知识性之中。思想政治理论课的所有教学内容既是知识性教育，也是意识形态性的教育，二者是水乳交融的。另一方面，意识形态性是前提和基础，以意识形态性引领和整合知识性的内容。因此，思想政治理论课教师需要具备较强的马克思主义理论把握能力和教学科研能力，才能很好地胜任思想政治理论课的教学工作。从整体上来看，高职院校思想政治理论课教师具备了促进思想政治理论课教学实效性实现的能力。

1. 理论把握能力

这里的理论把握能力主要是指对马克思列宁主义、毛泽东思想、邓小平理论和"三个代表"重要思想以及科学发展观等重要理论的把握能力。应该说，高职院校思想政治理论课教师对于马克思主义的立场、观点和方法的正确理解和把握是较为到位的，整体的马克思主义理论素养较高。他们能够意识到作为马克思主义理论和党的路线、方针、政策的宣讲者，社会主义意识形态和精神文明的传播者，大学生健康成长的指导者和引路人的责任和使命。面对一元化指导思想与多元思想意识的并存，传统思想与现代观念交融，本土文化与外来文化相互激荡，国际国内形势深刻变化，意识形态领域斗争尖锐复杂的新形势，思想政治理论课教师都能以敏锐的社会触角和政治触角，就一些社会现象、社会思潮、社会热点和社会重大问题，做好对大学生的释疑解惑和教育引导工作，表现出很强的理论理解能力和宣传能力，为大学生理想信念更加坚定，爱国热情持续高涨，社会责任感显著增强，道德素质和现代文明素质明显提升的可喜变化做出了积极的贡献。

2. 课堂教学能力

思想政治理论课教学实效性的具体体现就是课堂教学效果。思想政治理论课教师课堂教学能力的高低直接影响着思想政治理论课教学实效性的强弱。教师的课堂教学能力主要包括分析掌握教材的能力、选择最佳教学方法的能力、确定高层次教学目标的能力和创新能力。其中，最佳教学方法的选择和运用决定着课堂教学的实际效果。近年来，各高职院校鼓励思想政治理论课教师转变教学理念，积极采用启发式、研究式、参与式、互动式、案例式等更加灵活、多样、有效的教学方法，运用多媒体、网络等现代教学手段，探索开展社会实践活动的途径和方法，激发了学生的学习热情。同时，以教育部人文社科研究项目形式，设立了高职院校思想政治理论课教学研究课题专项任务，加强教学重点难点研究；组织制作并推广"精彩一门课"全程教学示范片，征集、评选"精彩一课""精彩教案""精彩课件"；推出思想政治理论课教学案例；开通思想政治理论课教育教学网站，促进了教学方式的多样化和教学手段的现代化，提高了教师的教学研究水平和教学能力，增强了教育教学的效果。

3. 科学研究能力

对于高职院校教师而言，教学和科研是两大重要任务。从教育学的一般原理和规律来讲，教学和科研如"车之两轮、鸟之双翼"，相互依赖，相互促进。思想政治理论课教师素质的高低，不仅取决于教师的知识结构和水平，也取决于教师的科研能力。从教师自身而言，随着社会形势的急剧变化，思想政治理论课教师除了要熟练掌握本学科的知识，还必须有计划地博览群书，扩大自己的知识面，多参加社会实践，关注学术前沿问题，不断加强学术研究，提升科研意识，提高科研能力。思想政治理论课教师科研能力的不断提高，有助于课程教学实效性的实现。应该看到，绝大多数思想政治理论课教师在教学的学科领域，都有着相应的科研能力，并且取得了一系列的科研成果。特别是在重大理论问题和实践问题的研究方面、大学生思想政治状况的研究方面、教育教学规律的研究方面都有较为突出的成果。很多教师把这些科研成果运用于课堂教学之中，为学生提供透彻的理论分析、丰富的现实素材、生动的教学案例，用自己经过研究思考的原创性观点去激发大学生思考、评判、辨析的兴趣，由此往复无穷，从而实现大学生认知能力的螺旋式上升，使得思想政治理论课讲出了学术性，也获得了实效性。

4. 社会实践能力

提及高职院校开展的社会实践活动，人们大多会联想到大学生社会实践，而高职院校教师尤其是思想政治理论课教师的社会实践活动近几年才逐步得到人们的重视。事实证明，高职院校思想政治理论课教师的社会实践活动是增强教学实效性和时代感的重要途径。

社会实践活动使高职院校思想政治理论课教师走出书斋，较好地解决了理论联系实际的问题。毋庸置疑，指导学生运用马克思主义基本原理正确认识和分析社会现实问题，是高职院校思想政治理论课教师的重要任务。因此，教学内容要注重理论联系实际，处理好理论与实践的关系。特别是要注重联系当前我国改革开放中出现的各种难点和焦点问题，增强教学的针对性和现实感。作为思想政治理论课教师，要对学生中普遍存在的一些疑虑和困惑做出正确的、合理的解释。这种解释不是蜻蜓点水的，也不是信口开河的，而是需要教师必须不断学习和充实新的知识和相关信息进行分析和讲授的。这就需要高职院校思想政治理论课教师走出校园、步入社会，切实感受社会发展的形势，增强感性认识，有效开展社会实践，并经过一番学习与思考，真正认识社会、了解国情，加深对教材以及其他书本知识的理解，再在课堂上对现实问题进行理论分析，这既会使学生感受到所讲授的理论具有说服力，也能增强大学生对当代中国的新情况、新问题的认识，并能更好地培养大学生勤于实践、勇于创新的能力。

社会实践活动拓宽了教学思路，为思想政治理论课案例教学的顺利开展打下了基础。丰富的教学内容以及生动活泼的教学形式，无疑会激发学生的求知欲，因此，高职院校思想政治理论课教师要密切关注时代提出的新课题，不断更新教学内容。俗话说"百闻不如一见"，亲身感受火热的社会生活，有针对性地开展社会实践活动，深化对社会、对国情和民情的认识和了解，不仅能够为思想政治理论课的教育教学提供生动的素材，丰富教学内容，增强感染力和吸引力，还可以拓宽教学形式的新思路，为案例教学的顺利开展及全面铺开奠定良好的基础。

通过几年的努力，高职院校思想政治理论课教师的社会实践能力正不断提升，他们更加注重联系实际，以社会实践的切身体会丰富教学内容，突出教学的实效性和针对性；更加正确认识当前社会主义建设所取得的成就和遇到的困难，坚定信念，紧跟形势，实事求是地分析问题，使思想政治理论课教学确实发挥马克思主义理论和思想政治教育主渠道、主阵地的作用，强化了教学的实效性。

第二节 高职院校思想政治理论课教学实效性中教师的综合素质目标

一、高职院校思想政治理论课教学必须坚持做到有的放矢、有针对性

在高职院校思想政治理论课教学中做到有的放矢、有针对性，才能克服在思想政治理论课教育教学中存在的"两耳不闻天下事，一心只教专业书"的现象。作为思想政治理论课的教师要适应社会发展的变化，以敏锐的政治眼光观察社会，以良好的政治嗅觉及时抓住各种思想苗头，采取灵活多变、形式有效的方法，以中国特色社会主义理论为引领，以社会主义核心价值观为抓手，开展行之有效的教育。

（一）摸清受教育者的思想状况对症下药

教育要起到作用必须在教育前摸清受教育者的思想状况，做到对症下药。有的放矢地开展教育教学活动，把教材上的理论知识和受教育者的思想实际紧密结合起来，把受教育者思想上的难点、疑点、热点搞清楚，在教育教学中结合教材和理论讲清楚是什么，为什么和怎么办。这样就可以避免教育教学活动空对空和漫无边际的"放空炮"，就比较容易引起学生的关注，也就容易做到入耳、入脑、入心，取得比较理想的教学效果。

（二）掌握国内外形势的变化对受教育者思想的影响，做好正本清源工作

教学中要掌握国内外形势的变化对受教育者思想的影响，做好正本清源工作。思想政治理论课不但要以教材为教学依据，也不能只讲有字的教材，还要结合国内外形势的变化和对人们思想影响的诱因及时讲好活生生的无字教材，及时有效地讲清楚现实社会中发生的历史事件是什么、为什么、怎么办，做好正本清源的工作，使学生能够及时明白事情的来龙去脉，及时澄清头脑中的模糊认识，及时消除社会上的流言蜚语的干扰。

（三）及时反馈教育教学的效果，提出解决的措施

要紧扣思想政治理论课的教学目标，有的放矢地做好学生的思想教育工作，消除疑虑、凝聚意志、发挥力量，创造性地把思想政治理论课的教学目的转化为学生的实际行动。

二、高职院校思想政治理论课教学必须坚持做到释疑解惑要有引领性

高职院校思想政治理论课教学中要做到释疑解惑有引领性，这是对高职院校思想政治理论课教师在教学活动中要做到与时俱进，适应时代的发展提出的更高的要求。怎样才能使高职院校思想政治理论教育教学活动做到释疑解惑，要有引领性呢？坚持做好以下三点是最基本的：

（一）教师首先要具备引领人的资格

教师的职责不仅是"传道、授业、释疑、解惑"，单纯地施教教材中的内容，更应该是学生健康成长的指导者和引路人。陶行知先生说："先生不应该专教书，他的责任是教人做人。"学校要建设好，关键在校长，一门课要讲好关键在教师。提高高职院校思想政治理论课教师的本身素质是提高高职院校思想政治理论课教学质量的关键和基础，忠于职守，把教书育人、立德树人的任务完成好。

（二）教师要敢于承担引领人的重担

现在的大学生思想教育的难度增加了，他们的主流是朝气蓬勃、积极上进的，但是在他们中间也有部分同学存在着下列问题：缺乏理想信念——只想钱；缺乏艰苦奋斗精神——只想玩；缺乏健康心理素质——走极端；缺乏辛勤劳动理念——只想一夜成名，这些人的理想信念和远大抱负未能正确确立。因此，教师必须加强理想信念教育和政治思想教育，使学生始终保持坚定正确的政治方向，在实现中华民族伟大复兴的征程中坚持做到"风吹不转向，沙打不迷航"，自觉地承担起授业解惑引领人的重担。

（三）教师要爱岗敬业，了解自己的教育对象

坚持释疑解惑有引领性，教师首先得了解学生。因为，了解和研究学生，做到释疑解惑有引领性是做好教学工作的前提条件。这就要求教师对自己的教育对象要全面地了解。坚持做到了解和研究学生，包括了解和研究学生个人和集体两方面的情况。看他们关心的是什么，疑点、难点、热点在哪里。在实际工作中，应当把了解学生与教育学生紧密联系结合起来，要全面深入地了解学生，防止教育工作存在盲目性和片面性。教师要做到真正了解学生，把握学生的思想动态，还要有爱岗敬业、乐于奉献的精神和吃苦耐劳的革命劲头。否则，是难以达到真正了解学生的目的的。

三、高职院校思想政治理论课教学必须坚持做到改革创新要有实效性

要使高职院校思想政治理论课教学具有实效性，就要坚持做到改革创新具有实效性。怎样才能做到改革创新具有实效性呢？

（一）坚持做到改革创新有实效性，就要树立不断学习创新的理念

只有教师不断学习，不断接受新理论、新知识，才能赋予思想政治理论课较强的生命力，创造无愧于时代发展要求的理论成果；使思想政治理论课上得生动活泼，富有感召力；使学生从思想政治理论课的教学中有更多的获得感。

（二）坚持做到改革创新要有实效性，就要树立不断改革开拓的理念

改革创新是推动社会发展的不竭动力，也是思想政治理论课不断提高教育质量的基础。我们在教学中紧密结合现实工作、学习、思想、生活中的矛盾和问题，不断摸索和改革教学方法和教学模式。不能一成不变的按照过去的模式和过去的教学方法，要根据教育对象的实际情况和社会发展变化的形势，与时俱进地改革创新教学方法和模式，使其更加具有时效性。

四、高职院校思想政治理论课教学必须坚持做到不忘宗旨，要有担当性

高职院校思想政治理论课教师要承担起历史赋予的历史责任，就是要切实按照党的要求，不忘宗旨，在教育教学工作实践中做到"四个要有"：要有坚定不移抓好理想信念教育的意识；要有坚守好思想意识形态领域的阵地意识；要有坚持与时俱进立德树人的责任意识；要有依法执教的法治思维意识。结合本职工作自觉担当起历史赋予思想政治理论课教师的历史重任，为祖国的教育事业做出应有的贡献。

（一）要有坚定不移抓好理想信念教育的意识

思想政治理论课教师要像习近平总书记讲的那样："希望广大教师认清肩负的使命和责任，努力为发展具有中国特色、世界水平的现代教育，培养社会主义事业建设者和接班人做出更大贡献。"当前，我国面临着前所未有的政治稳定、经济发展、国际威望空前提高的大好形势。但是，形势大好并不是没有问题，特别是在思想领域，我们必须正视。对于现在的大学生，我们不能一提到大学生，就讲主流是好的，存在的问题是支流。支流如果不注意引导，往往也会由量变到质变形成主流。面对错综复杂的意识形态领域的斗争，也给"教书育人、立德树人"任务带来了艰巨性。因此必须加强理想信念教育，提高学生对人生的意义的认识，确立正确的世界观、人生观和

价值观，以社会主义核心价值观为指导，做到明确为什么活着，怎样活着，加强心理素质教育，塑造良好的身心素质，使大学生在人生的征程中始终保持着一颗朝气蓬勃、奋发向上的进取之心。

（二）要有坚守好思想意识形态领域的阵地意识

高职院校能否培养出担当起历史赋予他们重任的大学生，这是关系到党和国家命运和前途的大问题，也是时代对高职院校所有教师提出的使命和要求。习近平总书记强调，"一个政权的瓦解往往是从思想领域开始的，政治动荡、政权更迭可能在一夜之间发生，但思想演化是个长期过程。思想防线被攻破了，其他防线就很难守住"。在新的历史起点上，坚持和发展中国特色社会主义是中国共产党面临的"赶考"的继续。形势越复杂、任务越艰巨，就越需要加强意识形态领域的工作，筑牢思想防线。尤其是高职院校的教师更要保持清醒的头脑，不能放松自己的警惕性、责任心和使命感。

（三）要有坚持与时俱进立德树人的责任意识

教育大计，教师为本。教师的工作是塑造灵魂、塑造生命、塑造人的工作。真可谓"三尺讲台大无边，立德树人是关键，甘当园丁做奉献，民族复兴永向前"。老师要用理想信念，用自己的学识、阅历、经验点燃学生对真善美的向往，把正确的道德观传授给学生，用扎实的学识，在学习、处世、生活、创新的机能、科学的智慧等各个方面给学生以帮助和指导，用辛勤的劳动培养出一批批德才兼备、又红又专的创新型、复合型、应用型人才，努力构建德智体美劳全面培养的教育体系，使高职院校真正办成培养一代又一代拥护中国共产党领导和我国社会主义制度、立志为中国特色社会主义奋斗终生的有用人才的摇篮，这是教育工作的根本任务，也是教育现代化的方向和目标。

（四）要有依法执教的法治思维意识

思想政治理论课教师要带头尊崇法治、敬畏法律，在建设社会主义法治国家中起模范带头作用。要站在时代的前列，站在党和国家利益的立场上，在进行教学实践活动中，在开展意识形态领域的工作中，要紧紧围绕党和国家的中心工作，保持高度的政治敏锐性。同时，思想政治理论课教师必须有严格的政治纪律观念，在授课中一定要严格遵守政治纪律，要有法律意识和底线意识，养成依法执教的法治思维意识。

（五）要结合新时代要求推进高职院校思想政治理论课建设

新时代对高职院校思想政治理论课提出了新要求，要结合新时代的特征、社会热点问题、大学生实际情况、教师专业发展、党的领导来推进高职院校思想政治理论课建设，以高质量的建设成果为高职院校思想政治理论课的发展提供有力支持。

高职院校思想政治理论课是对大学生进行思想政治教育的核心课程，必须关注大学生的思想实际和需求，弄清楚大学生的实际情况，教育教学才能做到有的放矢，取得实效。高职院校思想政治理论课教学必须遵循大学生的身心特点、适应大学生的思维特点，合理安排教学内容的难易度。针对高职院校思想政治理论课教学内容与大学生实际脱节、忽视大学生内在需求等情况，必须构建贴近大学生实际的思想政治理论课教学模式。

高职院校思想政治理论课的教师只有在实践教学实践活动中不断提高自己教学的"四性"才能把思想政治理论课上得越来越好，坚持落实立德树人的根本任务，不忘为党育人的初心，不改为国育才的立场，就一定能培养出一代又一代拥护中国共产党领导和我国社会主义制度、立志为中国特色社会主义事业奋斗终生的有用人才，担负起历史赋予高职院校思想政治理论课教师的神圣使命，为党和人民交出一份合格的答卷。

第三节 高职院校思想政治理论课教学实效性中教师的科研能力目标

高职院校思想政治理论课是哲学社会科学课程的重要组成内容。思想政治理论课教师在马克思主义哲学社会科学教师队伍中居于特殊地位，肩负着加强和改进大学生思想政治教育的重任。在全国加强和改进大学生思想政治教育工作会议上，党中央明确提出：要建设一支坚持正确的政治方向、学贯中西、理论功底扎实的马克思主义哲学社会科学教学科研骨干队伍。思想政治理论课教师要做到坚持正确的政治方向、学贯中西、理论功底扎实，就必须提高教育科研的能力。这是思想政治理论课教师应具备的基本素质。无论历史条件发生怎样的变化，高职院校思想政治理论课教学的实效都是以教师的学术水平为基础的。只有通过教育科研，才能提高思想政治理论课教师的马克思主义理论和社会科学、自然科学知识的素养，拓宽其专业知识和边缘学科、交叉学科的视野，进而提升学术与教学魅力。

一、思想政治理论课教师的教育科研

教育科研是思想政治理论课教师的生命力之所在。思想政治理论课教师的未来是和教育科研紧密联系在一起的。这是思想政治理论课教师面对新世纪、新实际必须具有的新的教育理念。在现代化、信息化、市场化、经济全球化的条件下，思想政治理论课教师必须探索面向新世纪的许多重大的理论与实践课题，必须探索教学过程中存在的各种问题并做出改进。这就要求思想政治理论课教师从"教书匠"角色中摆脱出来，成为具有教育科研能力的研究型教师。

所谓教育科研,是以教育现象和教育问题为对象,运用科研的原则和方法,探寻教育规律及有效教育的途径,并把教学的内容、观念、模式、手段理论化的一种活动。但是,思想政治理论课教师的教育科研既不同于一般的理论研究,也不同于一般教育学的科研,这与其特定的教学范围、教学任务及特殊的使命相关。思想政治理论课教师的教育科研要求教师不仅能传授马克思主义理论,而且能发展和创新马克思主义理论的成果;不仅善于在思想政治理论课教学中发现问题,而且善于在理论研究中解决问题;不仅是"教书匠",而且更重要的是研究者。但是,从目前全国思想政治理论课教师队伍的状况来看,能够通过研究发展和创新马克思主义理论的成果、在思想政治理论课教学中发现问题并善于通过研究解决问题、有较强的教育科研能力的人为数很少。思想政治理论课教学的内容陈旧、向学生单向进行理论灌输的现象普遍存在。因此,要解决思想政治理论课教学中存在的问题,要提高思想政治理论课教学的实效性,就应将教育科研能力作为衡量 21 世纪思想政治理论课教师水平的重要指标。

思想政治理论课教师的教育科研主要表现在三个方面:

第一,以思想政治理论课教学的内容为研究对象,对思想政治理论课教学中的重点、难点、热点、疑点进行研究。这是提高思想政治理论课教学实效性的基本要求。主要包括:对当前已经颁布的思想政治理论课四门必修课程的内在体系进行研究;对实施中可能出现的问题及如何避免进行探讨;对设立马克思主义一级学科及下属的二级学科等问题进行研究;对思想政治理论课教学实践中急需解决的问题进行研究;对思想政治理论课教学的特殊性、教学原则、教学规律做出探索等。显然,思想政治理论课教师的教育科研,既要有文本问题和基础理论的研究,更提倡对与教学实际、社会实际密切相关的问题的研究。

第二,以思想政治理论课教学的方式方法为研究对象,对思想政治理论课教学方式方法的一般规定性和特殊规定性进行研究。这是提高思想政治理论课教学实效性的根本要求。这一研究可以使教师在教学中,把抽象寓于具体、枯燥寓于生动、概念寓于形象、理性寓于情感;联系国际国内实际、社会实际和大学生思想实际讲理论,提高大学生的思想政治素质;以循循善诱、启发式、讨论式、研究性的教学方式讲理论,激发大学生独立思考和创新的意识;以平等的态度与大学生共同探讨理论热点、难点问题,把传授知识和培养大学生的能力、提高大学生的综合素质结合起来;通过探索信息化时代的教学方法改革,运用现代化的教学手段,做到文字与声像相结合,开创思想政治理论课教学的新模式。

第三,以对大学生群体之外的其他群体为研究对象,研究思想政治教育的内容与方式。这是思想政治理论课的拓展功能。对全社会不同群体进行马克思主义理论和公民道德的普及、宣传教育,用马克思主义理论引导全社会不同群体真正理解马克思主义的精神实质,掌握马克思主义的立场、观点和方法,也是思想政治理论课教师教育科研的内容之一。

二、提高思想政治理论课教师的教育科研能力

思想政治理论课教师要提高教育科研能力,首先,必须认真读书,读马克思主义经典著作,读马克思主义学者和资产阶级学者的著作,加强马克思主义理论修养,精通专业知识。学然后知不足,知不足然后学得更多,进入这个境界,就会使自己在理论上走向深入,也才能在对马克思主义理论与资产阶级理论的比较和鉴别中,提高明辨是非、评判正误的能力,加深对马克思主义理论的理解,加强马克思主义理论的坚定性。同时也必须汲取马克思主义理论之外的各学科的精华,不断调整、完善和优化自己的知识结构。通过理解马克思主义理论的真理所在,掌握马克思主义理论的逻辑力量,并将马克思主义理论准确地传授给大学生,使大学生们在思想深处与真理产生共鸣。

其次,思想政治理论课教师必须增强教育科研的意识。多年来,有的思想政治理论课教师教育科研意识淡薄,认为教师的任务就是教书,搞科研是额外负担,从而埋头于超负荷的教学工作;有的思想政治理论课教师把教育科研简单化,认为搞教育科研就是写文章、发表文章而已,忽视了教育科研的真正含义在于科研与教育教学的结合。在现今社会结构、生活环境、活动空间发生深刻而急剧变化的情况下,要使大学生能够接受马克思主义理论,用马克思主义的观点、方法去思考和分析现实问题,思想政治理论课教师就必须始终将自己看作教育科研的主体力量,自觉地把丰富的思想政治教育活动的经历和经验作为教育科研的源头活水,有意识地培养自己的研究习惯,学会在研究状态下进行教学。教育科研的意识是与创新精神、探索精神紧密结合在一起的。在教育科研中,教师要及时了解、掌握思想政治理论课教育教学的新信息、新动态、新趋向,选择具有创新性的课题进行研究,同时要有锲而不舍、执着奉献的精神,能够在十分繁重的教学任务中顽强探索。只有这样,才能将马克思主义理论寓于丰富多彩的各种新知识之中,寓于大学生感兴趣的知识之中,将政治性、思想性、意识形态性寓于知识性、学术性之中,才能使大学生在积极学习、主动学习中接受马克思主义理论。

最后,思想政治理论课教师必须掌握从事教育科研的方法。一般而言,课题的选择是教育科研是否见效的关键。思想政治理论课的教育科研课题来自教学实践。如根据教学的内容,结合当今社会经济发展的实际提出课题;根据课堂教学的现状及发展趋势,发现存在的问题并提出课题;根据自己在教学中的体验,关心教学理论研究的新进展,提出具有预见性的课题;根据教学方法和手段运用的现状,结合社会发展的

要求和学生的实际，提出具有实用价值的课题。对这些课题进行研究和探讨，就是教学与科研的结合，就是对第一手活生生的教育教学资料进行分析研究的过程。通过教育科研，不仅可以使思想政治理论课教学发生一些重要的变化，使思想政治理论课教师面对大学生有一种"问不倒"的优势，更重要的是使大学生在学习思想政治理论课中自觉地接受教育，提高自身的政治素质和道德素质，做有理想、有道德、有文化、有纪律的社会主义新人。

第六章 高职院校思想政治理论课教学实效性的网络资源建设

网络技术与思想政治教育的整合经过十多年的探索日臻成熟。与传统思想政治理论课课堂相配套的狭义的网络课堂不同，随着网络技术的发展及与思想政治教育结合的进一步深入，在网络平台上开展思想政治教育广义的网络课堂，正逐渐被思想政治教育工作者与思想政治理论课教师所接受和运用。从目前来看，广义的网络课堂属于"1+N"模式，即以传统意义上狭义的网络课堂为基础，在此基础上发展出多种模式，主要包括以翻转课堂教学模式为基础的思想政治理论课教育模式、以微信平台为途径的思想政治理论课教育模式和以慕课资源为载体的思想政治理论课教育模式。

第一节 高职院校思想政治理论课教学实效性网络教育的重要性

如今，网络已经渗入社会生活的方方面面，也潜移默化地影响着高职院校学生的道德品质、思想观念、价值取向。抓住网络的优势，积极应对挑战，充分发挥网络思想政治教育的积极作用，是高职院校思想政治教育的必由之路。

一、高职院校网络思想政治教育的优势

高职院校网络思想政治教育是指"教育者依照科学、规范、积极、向上的教育理念，运用现代信息网络技术、多媒体技术、移动互联网技术等多种媒介手段，对大学生的理想信念、道德情操、行为准则等进行有计划、有组织、有针对性的思想政治教育活动"。具体而言，高职院校网络思想政治教育是基于现代教育技术对思想政治教育的一次改革。

（一）实效性强

一般而言，传统思想政治教育的教学内容和信息传播速度较慢，这种状况会影响思想政治教育实践活动的质量和效果，也不能保障社会发展要求与学生需求相契合。网络是一个新的通信工具，具有极大的快捷性和庞大的信息储备量，信息的传播速度快且效率高，无论是教师还是学生，都能够迅速、高效、及时地通过多种途径和方式获取自己所需的信息资源，节省了中间环节，为思想政治教育工作的开展带来了极大的便利。

（二）信息资源多元化

教师通过课堂向学生讲授内容是传统思想政治教育的最大特点，但是网络思想政治教育就可以运用多种形式对教育者进行一定的思想观念、政治观点、道德规范等的教授，例如文字、语音、图片、视频等，它们都具有快速、直观、简洁等优点，并且对学生来说会有视觉和听觉上的冲击效果，对教授内容的印象也会更深刻；思想政治教育者还可以将优秀的教学成果通过专门网站、网页、栏目等形式上传于网络，使学生能够方便快捷地了解到多元化的信息资源。

（三）互动性强

高职院校的网络思想政治教育的互动性主要表现在以下两个方面：首先，在传统思想政治教育活动中，教师和学生需要面对面地进行交流，这样双方在思想上就会存在一定的保留，不能较好地反映思想政治教育的真实效果；但是在网络思想政治教育中，平台是开放的，双方可以在非常轻松的境况下敞开心扉，进行无压力、平等的、更深入的交流和互动，甚至可以探讨很多问题，教师也能够更深入地走进学生的内心世界。其次，学生在获取网络信息资源方面，可能要优于部分教师，他们搜集信息会更加迅速和全面，而且在搜集、浏览信息的过程中，学生也接受了相关思想政治教育知识，这样，教师和学生之间、学生和学生之间就可以进行交流和讨论，加强了彼此之间的互动性。

（四）模式的开阔

传统思想政治教育活动大多是在课堂中进行的，通过看得见摸得着的教学工具进行教学，与学生面对面地进行教育和交流，比较偏重于传统的"说教"模式，教育者、受教育者和一些教学工具也是相对固定的，所以思想政治教育活动经常会受到时间和空间因素的限制。而高职院校网络思想政治教育则是利用网络这一具有开放性的平台，因其所具有的虚拟性打破了时间、空间的模式局限，将思想政治教育工作融入网络媒介之中，教师和学生均可以在任何时间、任何地点获取网站上相关的信息，这增强了学生学习的主动性和自觉性，培养了他们独立思考问题的能力。所以，网络思想政治教育创新了高职院校的教学方式，也提高了思想政治教育工作的针对性。

二、高职院校网络思想政治教育的挑战

网络具有的开放性、虚拟性、互动性等特征，使高职院校学生的学习和生活发生了深刻的改变，所以高职院校在开展网络思想政治教育工作时，不得不考虑网络的特性给教育工作带来的挑战。

（一）部分网络信息与思想政治教育内容相背离

网络是一个具有开放性、自由性、虚拟性的信息传播媒介，其中包括社会生活各个领域、国内国际等庞大的信息资源，因为其信息传播速度快、覆盖面广等特点，它以强大的丰富性和及时性吸引着青年学生。但是我们不得不面对的是其内容的良莠不齐。部分互联网上发布的信息并未通过有效的审查和规范的管理，内容杂乱无章，其中不乏一些不利于青年健康成长的有害信息。青年学生的社会实践经验少，抵御和防范有害信息的能力不强，自身网络信息素养不高，所以一些识别能力较低的学生在面对如此纷繁复杂的网络信息时不能较好地辨别其有效性和真实性，甚至不能很好地选择健康向上、积极乐观的网络信息资源，很容易被不良信息所迷惑，更有甚者处于触犯法律红线的境地。这都是与国家的教育目标相背离的，会减弱思想政治教育工作的效果，不利于高职院校思想政治教育工作的开展。

（二）思想政治教育工作者的专业化程度不高

高职院校中的部分思想政治教育工作者存在网络信息技术不高、对网络教育方法掌握不全等现象。一方面，受知识化和技术专业的限制，部分老师只能通过十分简单的方式向学生开展思想政治教育活动，也有教师很少利用网络这一媒介，这就造成了教师与学生之间缺乏及时有效的沟通交流。另一方面，部分年龄较大的教师，面对一些复杂的计算机系统和英语网站往往会感到无能为力，而学生作为受教育者，掌握多种网络信息传播资源，能够及时、便捷、多途径地获取信息，所掌握的信息资源甚至超过了部分教师。所以为了适应学生的成长环境和社会的发展形势，提高思想政治教育工作者的素质迫在眉睫。

（三）高职院校网络思想政治教育的网站建设不完善

网络为高职院校思想政治教育的发展提供了一种新的途径和模式，但其网站平台建设依然有待完善。首先，在内容上，网络可以承载丰富多彩、多种形式的内容资源，但部分高职院校的网络思想政治教育网站依然是照搬课本上的教育内容，很少看到与大学生成长生活密切相关的道德教育、心理教育等内容。其次，在呈现形式上，网页的设计比较单一枯燥，缺乏动态性和新颖性，文字和图片居多，而视频和音频资料较少；缺乏互动咨询的平台，内容更新速度较慢。这样不仅学生不能很好地通过网络来加强自身的思想政治教育素养，没有达到预期的效果，也不能体现网络思想政治教育的优

势所在。

三、高职院校网络思想政治教育的优化建议

随着网络对受众群体的影响不断扩大,以及网络自身缺陷的显露,高职院校根据大学生的实际情况和特点,探寻适合大学生发展的网络教育方式就变得极其必要。

(一)营造健康的网络教育环境,增强学生的网络信息素养

在信息技术飞速发展的今天,网络信息纷繁复杂,致使部分信息在进入互联网平台之前没有经过严格的审核,造成在网络公共环境中出现大量色情、暴力等不良低俗信息,严重侵蚀着青年学生的精神世界。而网络作为高职院校开展思想政治教育工作的媒介,承载着思想政治教育的内容和信息,是能被教师所运用,促进教师和学生之间相互关系的一种活动形式和物质载体。所以,首先,高职院校要建立网络净化系统,尤其要加大对信息流入的监管力度,做好校园网络信息筛选和检查工作,并对有害网络文化信息及时进行清除,杜绝不利于学生健康成长的信息流入校园网络思想政治教育平台。其次,学校要加强学生的自律教育,需要向学生教授在虚拟的网络中如何有效地辨别和筛选信息,使其能够自觉地抵御不良信息的侵蚀和毒害,要求学生依法有效地使用资源。

(二)社会主义先进文化和价值观念占领网络阵地

我们要坚持用社会主义先进文化和价值观念占领教育阵地。充分利用视频、微博等网络资源大力宣传我国的指导思想,将思想政治教育工作充分融入网络资源之中。选取优秀的宣传纪录片,上传至教育网站,例如《感动中国人物评选》《国魂》《社会与法》等,这些视频资源对学生正确理解和认识党的方针政策、我国的优秀传统道德文化、社会主义核心价值观、基本法律知识等都有很好的效果,可以帮助学生逐步加强对我国社会主义制度的认知,增强对中华民族和国家的认同,帮助学生更好地理解和掌握法律知识,学会用法律知识保护自己,进而提高学生分析问题和辨别是非的能力。

(三)打造优秀的高职院校网络思想政治教育团队

首先,要扩大队伍。积极吸引具有网络技术知识和乐于从事学生工作的教师加入网络思想政治教育的队伍中,积极合作,建立符合校园文化特点、形式多样、时尚新颖的网络平台,充分发挥网络信息资源共享、更新传播速度快等特点,不断丰富网络教学资源,创新教学方式,探寻利用网络进行校园思想政治教育的新途径和新方法,努力提升网络教育的质量和实效。其次,相关教育部门也要不断加大对高职院校网络思想政治教育工作者的培训力度,开展丰富的培训活动,这对提高教师的专业水平和

教学质量都有很大的帮助，不仅能丰富思想政治教育工作者的专业知识储备量，而且拓展了他们的视野和教学思维，从而达到比较灵活地开展这项教育工作的目的。

（四）完善高职院校思想政治教育网络平台建设

要想吸引更多的学生参与网络思想政治教育学习，首先，要利用好网络这个平台，不断创新网页设计和制作，充分利用文字、图片、音视频等资源，增加与学生日常生活密切相关的时政评论和招聘信息，增加人格教育和心理教育等内容，以及开发相关的测评软件，不断开拓学生思维，开阔视野。其次，创新网络思想政治教育活动方式，组织网上教育活动，例如网上时事热点讨论、网络文化节、网络求职模拟等交流活动，也可以通过微博、微信、手机QQ等学生日常使用的网络资源做好网上宣传工作，需要注意的是宣传内容要有思想性、知识性、趣味性和服务性。

第二节 高职院校思想政治理论课教学实效性网络课堂的建设经验

高职院校思想政治理论课教学是高职院校对学生加强思想政治教育的主渠道和主阵地，是高职院校培养高级应用型新技术人才的一门重要课程。近年来高职院校不断加强教学改革，教学工作取得了一定的成绩，然而随着形势的发展，思想政治理论课教学存在着越来越多的不适应高职教育发展要求的情况，归纳起来不外乎四个问题：其一，思想政治理论课教学内容缺乏针对性、理论抽象、脱离实际；其二，思想政治理论课教学方法呆板、单一；其三，思想政治理论课教学手段落后；其四，思想政治理论课教学实效性差。以思想政治教育为内容的网站如雨后春笋般建立起来，这为解决当前思想政治理论课教学缺乏针对性、时代性和实效性提供了一个新的思路，因此认真研究思想政治理论课网络课堂，积极探索和寻找思想政治理论课网络课堂特点和规律具有重要的现实意义。

一、思想政治理论课网络课堂的含义和特点

思想政治理论课网络课堂就是指在因特网上建立一个网页（站）进行网上思想政治理论课教学，在网上宣讲思想政治理论课内容，在网上对学生进行思想政治教育的场所。思想政治理论课网络课堂是随着信息技术的发展而产生的，它与传统思想政治理论课课堂既有联系又有区别。

从联系上看：内容相同，都是宣讲思想政治理论课内容；形式相同，都是在一定

场所由教师讲授思想政治理论课理论，或者以教师提问，学生回答问题的形式进行思想政治理论课教学活动；目标相同，都是对大学生进行思想政治教育，培养学生树立正确的世界观、人生观和价值观，使学生具有崇高的理想和坚定的信念。

从区别上看：载体不同，传统思想政治理论课课堂是思想政治理论课教师利用思想政治理论课教材和黑板等工具以讲授的形式来展现思想政治理论课内容，而思想政治理论课网络课堂是通过网络虚拟环境来展示思想政治理论课原理。表现形式不同，传统思想政治理论课课堂是"一言堂"，只有教师的观点，而没有学生的观点，只有教师的活动而没有学生的活动，只有教师主导作用而没有学生主体作用；而思想政治理论课网络课堂除了思想政治理论课教师必须发挥主导作用之外，学生也要充分发挥主体作用，教师和学生互动明显。信息量不同，传统思想政治理论课教学由于受条件的限制，信息量较少，而思想政治理论课网络课堂由于是开放型的，能够与其他网站链接，获得信息较多。学生兴趣不同，学生认为传统思想政治理论课教学具有灌输性、呆板性的特点，不能很好地满足学生喜欢新鲜、丰富、生动、参与等要求。而思想政治理论课网络课堂场地大，获得信息的途径多，学生可以充分发挥主体性作用，可以自由地链接网站，获得新鲜和丰富的信息，可以自由地发表自己的观点和看法。

由此看来，网络课堂与传统课堂区别很大。总之，归纳起来思想政治理论课网络课堂具有以下几个显著特点：

（一）生动性

随着科技的发展，人们获得知识的途径日益增多，如凭借收音机、电视、VCD、网络等载体通过有声、有形的信息传递获得新鲜的、生动的、丰富多彩的知识和观点。学生对传统课堂中"一本教材、一块黑板、教师讲、学生听和作笔记"的模式不是很感兴趣，甚至很反感，因此经常出现学生打瞌睡、逃课等现象。思想政治理论课网络课堂克服了枯燥、不生动的缺点，网络通过声、图像传递信息，使思想政治理论课教学具有生动性，同时教师与学生、学生与学生之间能交相互动。另外，在思想政治理论课网络课堂中各种知识可以随时得到扩充、更改和完善，使思想政治理论课教学产生吸引力、感染力，具有实效性。

（二）丰富性

传统思想政治理论课课堂由于受条件限制，一方面教师掌握信息少，另一方面课堂内缺少多样化传递信息的载体，因此思想政治理论课课堂上学生掌握的信息量少，正如有些学生说："一节课中教师只是讲了一个概念，举了几个大家早已熟悉的例子，这样的课没有太大意义，真正是浪费时间。"思想政治理论课网络课堂凭借先进的科学技术能给学生带来丰富的信息，另外，网络资源和教育资源也能做到超越时空界限共同享用。学生觉得这些信息新鲜、有趣，收获很大。

（三）自主性

传统思想政治理论课课堂是教师"一言堂"，学生不能很好地发挥主体作用，而思想政治理论课网络课堂能克服学生处于被动状态的缺点，学生可以根据自己的情况安排学习进程，学生能主动参与发言，向教师提问、讨论，学生在聊天交流中确定自己的信仰，选择自己的世界观、人生观和价值观。

二、思想政治理论课网络课堂开设的必要性

目前，网络已经成为学生学习生活中不可或缺的一部分。高职院校思想政治理论课教育要做到与时俱进，就必须占领"网络课堂"阵地。

（一）建立思想政治理论课网络课堂是中央精神所决定的

高职院校思想政治理论课是对大学生进行正确的世界观、人生观和价值观教育的主渠道和主阵地，因此必须借助先进科学技术完善思想政治理论课教育手段，建立思想政治理论课网络课堂能更好地贯彻中央精神，使思想政治理论课教学落到实处。

（二）建立思想政治理论课网络课堂是改革传统思想政治理论课课堂所决定的

传统思想政治理论课课堂的特征是"一块黑板、一本教材、一支粉笔、一张嘴巴"，教材及教师讲授的理论听起来显得枯燥抽象。教师单向讲授，只是单纯灌输的过程。这种模式最大的不足就是缺乏吸引力和感染力。思想政治理论课网络课堂匠心独运，它集文字、图片、声音、影视资料于一体，具有图文并茂，视听并用，声情融会等特点，它用电子课件代替传统的板书，它用电视教学片代替教师的讲解，有利于学生集中注意力，有利于提高学生兴趣，有利于双向交流，从而使思想政治理论课真正发挥育人的功能。

（三）建立思想政治理论课网络课堂是网络发展和学生的特点所决定的

邓小平曾说过："政治工作的根本的任务、根本的内容没有变，我们的优良传统也还是那一些。但是，时间不同了，条件不同了，对象不同了，因此解决问题的方法也不同。"21世纪是网络化、数字化的时代，网络技术快速发展，网络具有更先进的特点，可以同时传输文字、图片、声音，网络信息涉及政治、经济、文化、科技、体育、卫生等领域，它开阔了人们的眼界，活跃了人们的思想，使思想政治教育形式发生了很大变化：①由课堂延伸到课外，由于网络不受时间限制，教师可以随意安排时间进行学生思想政治教育工作；②由校内延伸到校外，由于网络发展教师可以走出校园到校外了解学生关注的热点、难点、疑点问题；③由国内延伸到国外，网络的出现使教师不再局限于国内信息,可以放眼全球。另外高职院校是全社会信息化程度最高的场所，

大学生群体是与互联网接触最紧密的群体，学生对上网有一种强烈的好奇心，上网时情绪特别好，精力较集中，没有老师在场的压抑感，因此学生在思想上更容易接受"网络课堂"的形式，其中主要原因是：①高职院校大学生是网络发展时期成长起来的，习惯于网络形式的信息交流；②网络交流比传统课堂交流更具有个性化、私密性的特点，有利于师生之间进行思想沟通。

三、思想政治理论课网络课堂开设的作用

开设高职院校思想政治理论课网络课堂有如下几个作用：

第一，可以充分利用网络技术，改革思想政治理论课教学手段，使思想政治理论课教学具有吸引力、富有实效性。利用先进科学技术，把网络与思想政治理论课教学结合起来，突破传统思想政治理论课教学模式，形成师生远程互动、实时对话的交流平台，实现网上、网下互补的思想政治理论课教学的新局面，达到提高思想政治理论课教育针对性、时效性的目的。

第二，可以整合网上思想政治理论课教育资源，从而克服传统思想政治理论课教学资源缺乏的弱点。网上思想政治理论课资源十分丰富，覆盖政治、经济、文化、外交、体育、卫生、军事等方面，有效地利用网上资源，有助于增强思想政治理论课教学的感染力和说服力。

第三，可以提高大学生学习思想政治理论课的兴趣，提高大学生参与思想政治理论课教学的频率，扭转思想政治理论课教学的被动局面。思想政治理论课网络课堂，以其教学内容丰富、教学手段新颖、教学方法多样等特点吸引着广大学生，使思想政治理论课教学增强了吸引力和感染力。

第四，可以充分发挥网络的优势，克服高职院校思想政治理论课师资不足和教育手段落后的缺陷。网络资源丰富，网络教育范围广泛，同时思想政治理论课网络课堂开设的成本小，信息更新快，易操作，易管理，有助于克服师资不足和教育手段落后的弱点。同时可以弥补思想政治理论课教师与学生接触机会不是很多的缺陷。

第五，可以作为思想政治理论课教师授课的辅助工具，增强思想政治理论课教学的力量。传统思想政治理论课教学只能利用课堂来进行。随着网络的发展，对传统思想政治理论课课堂教学模式进行改革成为必然趋势。利用网络技术建立思想政治理论课网络课堂，可以增强思想政治理论课的教学力量。

四、思想政治理论课网络课堂开设的方法和途径

思想政治理论课网络课堂是随着网络技术的发展和学生自身发展的需要而建立的，开设思想政治理论课网络课堂可采取的方法如下：

第一，提高认识，改变观念，高度重视开设思想政治理论课网络课堂的作用。思想政治理论课网络课堂是进行思想政治理论课教育的新阵地，也是新形势下学生特别喜欢的形式。只要在网络课堂中提高思想道德和科技文化的含量，就可以让大学生在潜移默化中接受教育，达到"润物无声"的效果。因此，我们必须改变观念，提高对思想政治理论课网络课堂作用的认识。

第二，按网络要求设置思想政治理论课课程，重视思想政治理论课电子教材的运用，在内容设计上突出重点难点疑点问题。运用现代教学手段，采用文本、声音等多种表现形式表述教学内容，力求整个课件动静相宜、声像结合、图文并茂，使学生获得直观、生动、具体的体验，促进学生手、耳、眼、口并用，学会自主学习，激发学习的积极性、主动性和自律性。网络课件覆盖面广，习题丰富多彩，案例库全面，可以充分发挥网络优势，以文字演示为主，辅以声音解说、图表和照片，结合资料阅读与点评。

第三，重视交流、疏导、化解。教师不搞"一言堂"，不回避社会、网络上传播的负面信息，引导学生运用正确的观点分析这些现象，积极开辟第二课堂，融知识性、趣味性、思想性、娱乐性于一体，寓教于乐、寓教于学、寓教于管，使学生在潜移默化中接受教育。

第四，建立思想政治理论课教育综合性网站。所谓"综合性网站"是指网站既有学术和专业内容，也有新闻、娱乐、交友、讲座、BBS论坛、心理咨询等板块，内容全面。综合性网站有助于吸引学生登录。思想政治理论课教育具有特殊的地位，不需要用更新潮的名字来命名。以网站为依托，由名师在网上授课。只要给学生很多实惠的知识，网站就会办得很出色。

第五，内引外联，扩大思想政治理论课网络覆盖面。思想政治理论课网站一方面与校园社团和学生网站建立友情链接，如湖南环境生物职业技术学院思想政治理论课教育网站可与含笑湖文学社网站链接，进行文档交换使用，从而使思想政治理论课教育深入学生的思想和活动领域。另一方面与名校校园网站链接，与其他高职院校达成网上课堂研究和资源共享协议。

第六，制定详细的网站制度和规程，确保思想政治理论课网站的安全。为了保证思想政治理论课网站政治性、思想性，应制定制度和规程严禁学生在网站上传播不良思想。建立和完善监控机制，防止不良信息向学校传输。思想政治理论课网页设置主要栏目有：课程设置、精神家园、教学改革、答题解惑、原著导读、试题汇编、专题讲座、时政热点、马列研究、聚焦伟人、影视回放、讨论专栏、焦点话题、休闲一刻

等各具功能又相互联系的栏目,主要内容包括:马克思主义的经典著作、中国共产党的历史及党的文献、改革开放的成就及党的方针政策、理论动态和难点热点问题、中共党史人物、革命英烈及英雄模范人物的生平事迹、有关革命文物和纪念地、国际时事等。

第三节 基于翻转课堂的高职院校思想政治理论课教学实效性拓展研究

一、翻转课堂的内涵及其特点

翻转课堂是由"Flipped Class Model"翻译过来的术语,也被称为"反转课堂式教学模式",简称翻转课堂或反转课堂、颠倒课堂。传统教学模式的特点首先是老师在课堂上讲课,之后给学生布置作业的学习过程。翻转课堂与传统的课堂教学模式不同,是颠倒过来的模式,先布置任务,让学生在家完成知识的学习,遇到学习的疑难点以后再回到课堂中进行学习。翻转课堂教学模式的课堂是师生之间互动的场所,在这个场所中教师解答学生自学中的困难,交流学习心得,拓展学习的深度,从而达到更好的学习效果。

翻转课堂的特点是鲜明的:首先,翻转课堂不同于传统的教学模式。以教师为中心的传统的教学模式,是根据教师的教学计划安排课程学习内容,学生仅需根据教师的步调在课堂上学习新知识,在课后运用学到的知识和技能自主学习。而翻转课堂则是让学生课前自主学习,课堂中教师因材施教,帮助学生掌握和运用在课前学到的新知识与技能。其次,翻转课堂颠倒了传统的教学理念。目前不少课堂里依旧是"以教师为中心","以学生为中心"很难落到实处,而颠倒课堂做到了真正的"以学生为中心",做到了"因材施教"。再次,翻转课堂颠倒了教师和学生的角色。传统教学中,知识的拥有者和传播者是教师,而学生是被动地接受学习。但在翻转课堂里恰好相反,学生是主动地自主学习,教师是根据学生的学习情况有针对性地进行个别指导。最后,翻转课堂颠倒了传统的教学模式。往往学生在传统教学中有依赖心理,依赖老师在课堂上传授知识。而翻转课堂则巧妙地运用在线学习与面对面的教学,采用混合式学习模式来学习新知识与技能,并且将其应用和迁移有机地结合起来。

二、翻转课堂的推广价值

第一，翻转课堂可以满足我国高职教育创新体系建设的需要，满足大学生的学习需要。翻转课堂翻转了传统的教学理念，真正做到了"以学生为中心"，因材施教。教师不是讲台上的主角，而是配角。翻转课堂实现了从"关注理论"到"关注学生"、从"课上"到"课下"、从"教"到"学"、从"传统教学"到"创新教学"的转变。翻转课堂更加注重学生互动，注重学生实践，注重学生主动学习，注重学生合作学习，注重学生独立思考。

第二，翻转课堂适应了教育信息化的国际发展趋势。高职教育要通过教育信息化带动教育现代化，尽可能地使更多的大学生获得满足个人需要的个性化定制教育，最终实现大学生的自由和全面发展。翻转课堂的在线教学内容可以被永久保存，可供学习交流查阅更新修改。国外大量网络教学资源的涌现，促进了翻转课堂的发展。当前，国家也在做顶层设计，分别就未来国家教育改革和教育信息化等问题进行总体战略部署和具体定位，以新思维应对这个信息技术高度发展的时代。

第三，翻转课堂采用微课、数字化信息交互平台，将知识理论转化为生动的实践运用，可以有效地提高课堂的吸引力和参与度。近年来，我国也陆续举办了微课大赛，推进公开课、精品课程建设网站、爱课程网等的建设与应用，积极推动我国高等教育信息化的发展。

三、引入翻转课堂的途径

如何让思想政治理论课课堂活跃，摆脱理论性强、枯燥、洗脑的思维定式，让学生积极主动融入课堂学习，这是所有高职院校思想政治理论课教师面临的共同课题，因此要在充分了解和把握翻转课堂的基础上，找到翻转课堂与思想政治理论课程相通的契合点，制定思想政治理论课堂翻转方案和严格的课程制度，精益求精地完善知识学习过程中的每个细节，吸引学生在"宜居"的学习生态中持续投入、不断学习。

（一）课下在线学习实践设计

课下在线学习设计包括整合思想政治理论课教学内容、确定教学目标、知识点微讲授、布置作业和任务项目、学生学习情况监测五个环节，具体包括制订新的人才培养方案，整合学习内容，制订新的课程标准和授课计划表，组织思想政治理论课教师集体备课，分工合作，搜集资料，明确教学信息，重构学习流程，创建短小精悍清晰的教学微课视频，上传学生学习资料、布置作业、制定任务项目、复习检测等内容。要考虑思想政治理论课教师的执教能力和不同专业班级的差异，以适应不同学生的学习需要。学生在课下通过网络在线学习微课视频，浏览学习资源。学校提供数字化教学平台并做好维护工作。教研室组织教师共同创建课程学习网站，及时监测学生学习动态和学习效果，在线答疑等。建议可先制作一门课程进行试点，通过效果验证后再进行其他课程推广。

（二）课上合作交流设计

课上合作交流模块包括互动交流和评价反思两个环节。把翻转课堂与任务学习结合起来，通过任务驱动、问题导向、行动引导、探究学习，课堂上更多的时间用于组织学生进行新闻播报、问题评论、辩论赛、主题演讲、模拟法庭、小型讲座会议、角色扮演、个别辅导等，学生根据在线教学中老师布置的任务主题，在课下收集大量资料，拍摄视频短片，通过走访、社会调研和"三下乡"社会实践等方式完成调研报告、微采访、微电影并在课上展示汇报点评，让学生成为课堂的主角，让学生动起来。学生也可以建立学习团队，自己设计交流内容和互动话题，提高学生的积极性和课堂把控能力、提高学生信息化学习能力、翻转学习能力、行动学习能力、独立思考和解决问题的能力；提高学生沟通和团队合作能力；提高学生道德素质和政治素养；提高学生政治敏锐度，增强社会责任感。构建有成效的课堂交流，实现合作共赢。

四、翻转课堂教学模式的探索

第一，深刻解读翻转课堂，充分考虑学科适应性和学生发展规律。高职院校思想政治理论课翻转课堂应慎重对待，要抓住翻转课堂的关键点，不能为了翻转而翻转。要在充分理解、研究翻转课堂的内涵，以及是否适应思想政治理论课课堂后再进行实践操作，不能念歪翻转课堂这部经。翻转课堂要想取得理想的教学效果，必须充分考虑学科的适应性和"00后"大学生的身心发展规律。其实，高职院校思想政治理论课课程改革中真正难啃的硬骨头是大学生的向学之心。如何提高当代大学生自主学习能力，如何提升当代大学生学习思想政治理论课的自觉意识和自信意识，如何提高政治敏锐度和明辨是非的能力是思想政治理论课教师一直在探索、一直需要攻破的难题，当然也涉及思想政治理论课教师整体的教学能力、良好的道德水平和较强的责任意识的提升，更关系到国家高等教育体制改革。当然无论使用何种教学方式，都要先了解当代学生的学习需求。

第二，转变观念，做好师生角色转换。除了课堂结构，更重要的是转变观念，要树立思想政治理论课教育变革的坚定信念，做好师生角色转换。从学生角度来看，翻转课堂的模式是否真正解决了因材施教的问题还有待观察，不能"一刀切"。翻转课堂虽然将学习的主动权给了学生，但应意识到我国高职院校学生在传统教育束缚下不善于独立思考和依赖性强等状况会直接影响翻转课堂的效果。翻转课堂的教学效果尚需较长时间的检验。翻转课堂对教师的挑战也很大，教师必须走出过去传统的教学模式。对教师而言，首要的挑战是提升教学能力，这无形中给予了教师巨大的压力，使其需要付出更多的精力，必须要做出足够好的课程。教师不能故步自封，要设计课堂，引导学生主动学习、主动交流、主动思考、主动寻求答案。

第三，建立强大的师资队伍和教学评价体系以带动思想政治理论课翻转课堂建设。翻转课堂首先应该是教师的翻转，翻转课堂对教师要求更高。教师要摆脱传统课堂的教育负担、痛苦和压力，授人以鱼不如授人以渔，给学生知识，不如给学生方法，教师要向导师转变。教师要善于使用在线教育平台指导学生。当然，翻转课堂建设仅靠个别教师是难以完成的，必须充分发挥整个教研室的团队合作精神，共享优质教育资源信息。组织教师参加专业系统的培训，以老带新，加强对年轻教师的指导，使思想政治理论课教师全面了解翻转课堂的内涵，把握翻转课堂的教学规律，不断提升学习能力，增强高等教育信息化素养。

第四，适合自己的才能做好，注重中国特色，不能完全照搬照抄。鞋子合不合脚，只有脚知道。网络信息化形势下还有很多挑战，同时还存在很多局限性，需要更多专业人士参与。我们未来教育的发展中，课程体系、知识结构或教育结构是否也要相应地做出调整也值得商榷。我们要以新思维应对网络信息化时代，以教育信息化带动教育现代化，让教育产生革命性影响。翻转课堂出自美国，能够被广泛学习和推行，是因为有能使其茁壮成长的土壤。翻转课堂能否与我国高等教育教学相契合，实现翻转课堂中国化还有待进一步研究与探索。高职院校思想政治理论课翻转课堂的建立不能完全模仿，更主要的是学习国外的敢于创新的精神，在不断借鉴和学习外国先进经验的基础上，主动探索我国的高职教育教学改革，全面提高我国高职院校思想政治理论课教学的吸引力和实效性。

五、翻转课堂的应用实践

第一，研究掌握学生的思想特点，运用翻转课堂方式在课堂上可以有针对性地开展思想政治教育活动。现在"00后"的大学生大部分都是独生子女，自我意识强、合作意识差、抗挫能力弱，采取传统的强压式教学模式会适得其反。鉴于学生思想多元化的特点，利用翻转课堂采取"个性化"思想教育方式。"个性化"就是针对不同个性的学生，采用不同的教育和管理手段，促使不同学生个体之间形成优势互补、取长补短，促进学生个性优化并和谐的发展。在翻转课堂中，学生可以根据自己的学习情况提出个性化问题，老师逐一解答。

第二，多调查了解学生当前关心关注的问题，针对学生感兴趣的话题进行探讨，使学生不爱逃课，爱"淘课"。高职院校中有少部分大学生是典型的"逃课王"，总会找各种理由逃课，辅导员也做了很多思想工作，但都没有效果。对于此类学生，可以采取多方调查的形式了解他们关心关注的问题并以此作为切入口,做到"课中无课,心中有课",让他们多接触国外名校的精品视频公开课,从探讨人生开始学习,比如哈佛大学泰勒·本·沙哈尔教授的《幸福课堂》。通过这样的课堂学习可以了解人生应该如何追求幸福,从而端正自己的学习生活态度。

　　第三,利用翻转课堂的方式加大宣传力度,将精品视频公开课引入高职院校思想政治教育课堂,扩展学习范围。精品视频公开课的引入,已经让思想政治教育不局限于本校学习,还包括了国内各高职院校之间的学习,甚至引入了国外名校的公开课,开放引导学生到世界名校公开课中寻找人生答案,如包括《幸福》《人性》《西方世界的爱情哲学》等在内的网络视频,给高职院校大学生带来近距离接触世界名校的机会。对于他们来说,精品视频公开课带来了全新的课程和思想,不仅增长了见识,还弥补了因为种种原因不能到世界名校学习的遗憾。

　　第四,运用翻转课堂方式丰富实践教育,引导学生学以致用。在翻转课堂中,学生不仅只是满足于课堂的学习,更多的是参加社会各个方面的实践,让学生多加思考、树立正确的人生观。实践主要包括校园内实践和校园外实践两种形式。在校园中,鼓励他们多到图书馆查资料,到心理访谈中心去放松心情,到网络中看思想政治教育的精品视频公开课等;在校园外,多关注来自生活中、网络上、报纸杂志上、电视广播中的事件,在课堂上一起分享和探讨,既可以开阔视野,也可以正确引导学生对社会中不良现象的看法,及时发现和解决问题。

　　第五,翻转课堂方式基于高职院校思想政治教育建立健全保障机制。面对多元化社会,思想政治教育必须多元化。高职院校思想政治教育不仅仅是思想政治理论课教师的事情,思想政治教育队伍不仅只限于辅导员队伍,多元化主要体现在思想教育不能局限在思想政治教育课堂上,而应该和本校学工处、教学系部、心理访谈中心、图书馆、现代教育技术中心等部门紧密联合,建立健全保障机制,打造一个多元化的思想政治教育环境,形成良好的文化氛围,让学生真正在学习工作生活中潜移默化地接受积极向上的思想热潮。通过翻转课堂的学习,转变教学模式,学生可以根据自己的学习情况进行选择性学习,同时可以和教师很好地交流互动,使得高职院校思想政治教育变得生动有趣。

第四节　基于微信的高职院校思想政治理论课教学实效性拓展研究

中共中央、国务院办公厅印发的《关于进一步加强和改进新形势下高职院校宣传思想工作的意见》中明确提出："要创新网络思想政治教育，开展高职院校校园网络文化建设专项试点工作，建设一支由学生和青年教师骨干组成的网络宣传员队伍，推进校园微信公众账号等网络新媒体建设。"这表明思想政治教育工作已开始向网络化发展。作为思想政治教育工作宣传的重要依托平台之一，微信平台拥有强大的优势。

一、微信的基本内涵及其特点

微信目前的注册号分成两种，一种是针对普通用户的个人微信号，还有一种是针对个人和企业认证用户的公众号。普通个人用户通过朋友圈用户数量的增长可以使微信变成小众甚至是大众媒体，一些公众微信号的订阅和服务用户已经超过百万，其大众传播属性和影响力已经十分明显。越来越多的传统媒体在微信上建立了自己的微信公众号，微信成为传统媒体进行全媒体平台转型的"新宠"。

微信短时间内取得如此辉煌的成绩与其客观特性发挥的重要作用密切相关。微信作为一种更快速的即时通信工具，具有零资费、跨平台沟通、显示实时输入状态等功能，与传统的短信沟通方式相比，更灵活、更智能，且节省资费。具体而言，微信的主要特点有：

第一，网络社交支出成本较低。通过相关资料显示，我国网络信息流量逐年递增，并成为信息流量使用最大的国家，这为微信的免费聊天功能奠定了使用基础。传统的网络社交软件，通常被开发商设置了较高的使用限制，成本高，而微信可以通过计算机或手机客户端直接免费下载，而且使用过程中只会收取低廉的流量费用，因此通过微信开展社交活动的成本自然非常低。

第二，微信的传播有效性更高。微信用户来源基于已有的QQ好友信息列表，同时还可以实现跨平台的好友添加，微信用户可以通过访问手机通讯录、扫描二维码、微信号码或昵称搜索等方式来添加已开通微信业务的朋友和家人。微信建立起来的人际网络是一种熟人网络，遵循信息的"一对一"直线传递，更有针对性，更精准有效，信息传达率更高。手机是用户随时都会随身携带的工具，借助移动端优势，用户可以随时随地浏览信息传递消息，碎片化的时间得以充分利用。微信的用户手机绑定、信息群发、触发彩蛋、相册功能、朋友圈和微信应用平台等，大大扩展了信息传播的横向纵向空间，以娱乐性、大众化保障了相关思想文化信息的有效传播。

第三，情感表达、沟通和分享更及时、便捷。新媒体相比传统媒体的一个显著特点就是移动互联网技术的应用。微信适应了移动信息网络技术发展的需要，其最大的特点是沟通方式的变革带来了更好的互动性。它帮助人们实现了在有信息网络的任何时间、任何地点，都可以即时进行拍照、点评，记录自己的情感、生活。同时，微信特有的对讲功能，使得社交不再限于文本传输，而是图片、文字、声音、视频的多样媒体传播形式，更便于分享交流自己的所见所闻。就大学生而言，随着微信社交软件的不断更新，其结合成熟的网络信息技术和社会交流现实，形成了大学生个人意志表达和情感交流的最流行的移动平台，为大学生自身成长成才提供了一条全新的具有挑战性的道路。

二、微信对高职院校思想政治教育的影响

作为一种新生的技术力量，微信是当今大学生普遍使用的社交媒体之一。根据腾讯官方公布的信息，微信用户年龄和职业分布中，20岁到30岁之间的青年占了74%，其中大学生占了64%。微信是一把"双刃剑"，在实现其强大服务功能、给大学生思想政治教育提供难得机遇的同时，也给大学生的学习生活和人际交往带来一些负面影响，成为高职院校思想政治教育工作者必须面对的新挑战。

（一）微信给大学生思想政治教育带来的新机遇

微信作为一种网络文化现象，由于其独特的自主性、时效性、共享性和平等性满足了大学生个性发展的需要，成为大学生开阔视野、更新知识、提升能力的重要渠道，同时也对大学生的思想观念与行为方式产生了重大的影响。一些思想政治理论课老师、高职院校辅导员、班主任纷纷开通微信账号，借助微信平台，挖掘丰富的思想文化资源，积极主动地传播正确的思想、言论，突破了场所与环境的限制，也易于被大学生接受。同时，微信具有较强的互动功能，大学生可以随时对某一新闻事件进行评论、交流，这有利于实现大学生之间以及师生之间的双向交流和情感互动，而有效的沟通能在认识上产生认同，情感上引发共鸣，思想上实现升华，从而实现正确舆论主导和正能量的强效传播，达到其他手段所不能达到的育人效果。

（二）微信给大学生思想政治教育带来的新挑战

在智能手机、iPad等移动终端日益普及的今天，微信具有的文字、图片、语音、视频等立体化传播方式以及更加灵活、无时空限制的位置服务功能，为大学生们提供了方便、快捷的互动交流方式，特别是"对讲机"式的聊天方式让沟通变得更加有趣、实用。微信增加了大学生的信息交流量，扩大了人际交往范围，增加了大学生敞开心扉、与人交流的空间与机会，使大学生的社交意识、社交愿望不断增强，社交生活变

得更加丰富。微信在吸引大学生、渗透大学生生活的同时，某种程度上也侵占了他们的碎片时间，使他们渐渐忽视了现实中的人际交流。如今，无论是大学的教室、图书馆还是餐厅、运动场，"低头族"的身影无处不在，低头玩手机俨然已不只是一种现象，而更像是一种生活方式，每天去微信的"朋友圈"里"逛一逛"，成为大学生生活中不可或缺的一部分。这种对微信的过度投入和沉浸，容易加重大学生对网络社交的依赖度，与现实生活越来越远。如果一味沉浸在虚拟世界里无法自拔，则必然会逐渐把自己封闭起来，隔断与现实世界的联系，有碍对现实问题的处理。特别是微信与互联网紧密相接，微信的零门槛、密集化、随意化、私人化而"信息过滤网"缺失，使各种社会思潮和价值观念无障碍地大量涌入。网络信息良莠混杂，网络中的不良信息很容易透过微信渗入我们的生活，潜移默化地影响大学生的健康成长。大学生由于阅历浅，好奇心强，思想不成熟，对一些有害信息往往缺乏警惕性和辨别能力，容易受到负面的、阴暗信息的腐蚀，并在一定程度上诱发他们的认知偏差和价值偏离，从而影响对社会主义核心价值观的学习践行，甚至对核心价值观产生怀疑和动摇而误入歧途。此外，为了在添加好友的时候更容易被老朋友认出来，大学生往往会使用自己的真实姓名、照片头像、联系资料来申请账号。不少人更是喜欢将穿衣、吃饭、交友、聊天、应酬，甚至偷拍、偷录的内容上传到微信中，这在有意无意间超越了道德甚至法律的"界限"，给他人带来了伤害，也给自己平添了麻烦，甚至带来人身危害。手机微信"身份验证"功能薄弱，一旦大学生的微信账号被盗，注册时的许多真实有效的信息容易被不法分子利用。强化对涉世未深的大学生进行相应的安全防范教育是高职院校思想政治教育工作者一个迫切需要解决的问题。

三、利用微信加强高职院校思想政治教育的对策

微信的出现给大学生思想政治教育带来了挑战，如何积极应对微信的挑战，充分利用微信的优势开展思想政治教育工作显得尤为重要。

（一）构筑大学生思想政治教育工作的微信平台

面对大学生普遍使用微信的现实，我们要积极作为，改进教育方式方法，加强科学疏导和平等交流，积极利用微信，使其成为工作的新平台和新载体，抢占思想政治教育和主流思想文化宣传的制高点，确保大学生身心健康成长。为此，高职院校及高职院校各部门应建立专门发布与学生学习生活工作相关的信息的微信圈，利用微信更好地服务学生。辅导员、班主任和思想政治理论课教师也要通过建立完善的微信平台，为及时与学生进行沟通交流，进而更好地宣讲党的路线、方针、政策和开展教育引导工作提供保障。

（二）不断完善微信管理制度建设

要进一步制定相关的法律法规加强对微信的监督、管理和规范，完善大学生微信应用的外部法律环境。要建立大学生的微信管理信息交流与意见反馈制度，不断改进对大学生使用微信的管理水平，充分发挥高职院校与微信运营商的管理、监督职能，做好正面信息的引导和有害信息的过滤工作，阻止各种不良网络信息进入校园，真正建立起网络安全的"防火墙"。学校要建立大学生的微信管控制度和舆情信息研判制度，收集、分析和管理学生使用微信的相关信息，通过微信了解学生的思想动态，做好微信热点难点问题的处理和舆论引导工作。

（三）加强大学生思想政治教育队伍建设

和学生相比，大学生思想政治教育者对微信的了解和掌握程度明显不足，尤其是年长的教师没有开通或者即使开通微信也不会很好地使用，不能与学生的思想发展保持同步。针对这种情况，从事思想政治教育工作的干部和教师在思想认识上，要提高对微信等即时通信工具平台的重视。要学习微信知识，了解微信的特性、功能及其传播优势，努力掌握驾驭微信等新媒介的技能，转变工作模式，密切关注学生动态，关注他们的具体现实生活，将工作做到细处，深入生活细节，融入日常生活。要学会把思想政治教育和微信技术结合起来，解决微信条件下思想政治教育工作面临的挑战和问题。通过微信发起和组织丰富多彩的虚拟和现实世界的思想政治教育活动，虚实结合，创新思想政治教育的内容和形式，吸引大学生的注意力，利用微信作为工作的新平台和新载体，抢占网络思想政治教育阵地。

（四）加大对大学生的教育引导力度

微信的多样化功能，固然丰富了当代大学生的业余时间，也使他们感受到了更多、更精彩的掌上娱乐。但面对微信这个有着双重影响的新事物，要培养大学生自身良好的信息分辨能力和正确使用微信的理念。引导大学生树立正确的价值观，在获取信息的时候自觉远离不良信息，以避免其对自身造成不必要的伤害。要教育引导学生对微信有一个客观理性的认识，既能利用其通信、交友、娱乐等功能丰富我们的生活，但又不能让微信主导我们的生活。通过教育活动，要让学生在具体的使用过程中遵守道德操守和行为规范，不利用微信去做违法乱纪的事情。同时要增强大学生自我保护意识，合理安排时间，不依赖、沉溺于网络而荒废学业，合理调节与控制自己的行为，拒绝做"低头族"，而要做一名文明、理性的微信使用者，过更加绿色健康的生活。总之，微信是一款新兴的即时通信软件，而大学生是其主要使用群体之一，微信的出现对当代大学生的生活和学习产生了巨大的影响。只有深入研究分析微信对大学生思想政治教育的影响，提出相应的对策，才能够发挥微信这个新的社交媒体的优势，将高职院校思想政治教育工作推向新的高度。

第五节 基于"慕课"的高职院校思想政治理论课教学实效性拓展研究

在信息全球化的今天,基于互联网技术的发展和"开放共享"理念的传播,开放教育资源(Open Educational Resource, OER)运动成为全球教育发展的重要趋势。可以说,"慕课"是开放教育资源运动的新发展和新突破,体现了开放教育资源从单纯资源到课程与教学的转变。今天,以Coursera、Udacity、ed X等为代表的"慕课",以其高质量课程内容、短视频设计、新型测评方式、大规模学习者群体、强辐射性等特征,引起了教育、科技、商业等领域的关注。慕课的产生推动了全球开放教育运动的新发展,标志着人类文明传承和知识学习方式将发生革命性的变化。那么,作为国内大学必修课程的思想政治理论课,如何去适应"慕课"所引发的教育变革,抑或说,这一场基于网络的教育改革和创新,又会为思想政治理论课带来什么样的挑战和机遇?

一、基于"慕课"开展思想政治理论课的紧迫性和必要性

技术的进步在现实中改变着教育的方式,并促进教育的革命。互联网技术的发展与普及,其意义在一定程度上并不亚于蒸汽机带来的影响全球的工业革命,而以互联网为代表的信息技术已经延伸到教育领域。从早期的采用多媒体方式进行教学,到现如今的"慕课"在全球遍地开花,我们深切感受到技术变革给传统教育带来的挑战和机遇。作为意识形态工作的重要领域,高职院校思想政治理论课必须与互联网技术相结合,积极参与教育领域的技术变革,变被动为主动,变消极为积极,让互联网和信息技术的发展更好地服务于思想政治理论课的发展和马克思主义在青年大学生中的传播与影响。而基于"慕课"改革思想政治理论课,更重要的原因在于占领和巩固意识形态阵地的紧迫性和必要性。

冷战虽然已经结束,但在文化教育领域对意识形态的文化渗透和侵蚀从未停止。西方国家凭借强大的资金支持和先进的科学技术,在文化领域对社会主义国家的意识形态进行解构。在经济全球化的背景下,西方国家最为看重的就是在意识形态领域的争夺,互联网无论在技术上还是话语体系上,都是被西方主导甚至垄断的。在这样的条件下,"慕课"的发展必然会对我国的教育特别是思想政治教育带来巨大的冲击。

随着互联网技术的发展和大规模的应用,互联网技术、人工智能技术已经深入大学校园。在校园里,笔记本计算机、智能手机等几乎是每个大学生的必备工具,微博、微信、人人网等"微平台"已经成为大学生获取信息、了解世界的主要渠道。但这些"微平台"上传播的内容与传统媒体传播的内容有很大的出入。而所谓的公共知识分

子以及一些与我国主流意识形态不一致甚至相左的观点往往在"微平台"上占据主动的话语权。有研究者认为，在微博上有三种思潮需要引起重视，即政治上的宪政主义、经济上的新自由主义和历史上的虚无主义。有学者提出："微博等互联网平台的出现，为各种社会思潮的传播和交锋提供了新的媒介和技术条件。无须谈虎色变，但必须注意把握社会思潮交锋在我国的特殊内涵和意义。"

高职院校是党和国家意识形态工作的前沿阵地，思想政治理论课作为高职院校意识形态工作的第一课堂和最前线，必须用更加积极主动的态度应对"微时代"的各种变化，适应新技术引发的教育变革。传统的话语内容与宣传方式逐渐对"00后"大学生失去了吸引力，甚至产生了副作用，良莠不齐和纷繁芜杂的微博内容分散和转移了他们对我国社会主义主流意识形态的关注视线。要对思想政治理论课进行适当的改革以及与"慕课"的配合，就必须要先了解微博等自媒体的传播特点。以微博为例，自其诞生以来，便以其积聚的网民数量、多样化的发布方式、裂变式的传播速度、强大的信息渗透、强势的舆论引导、广泛的即时交流等特点，在我国得以迅速发展。微博的迅速发展塑造了新媒体时代的传播模式，同时也改变了媒介生态，大大缩小了信息传播的时空界限，将新媒体传播效能更大化，深化了人际传播、群体传播、网络传播的内涵，其自主传播个性日益明显。简而言之，"微时代"的传播有以下特点：多终端互联、发布方式多样化；信息的传播脱离了传媒机构；碎片化的信息、不完全语境下的信息理解；广泛的即时交流；议程设置更容易、强势的舆论引导。

在这样的背景下，思想政治理论课面临着诸如轻松活泼的内容需求与刻板严肃的理论之间的矛盾、多元对话的表达需求与统一单向的理论灌输的矛盾、生活休闲的形象需求与庄重正式的形象塑造之间的矛盾等挑战。虽然"翻转课堂"能够在一定程度上应对这样的挑战，但由于高职院校学生现在已经在很大程度上受社会上碎片化生活的影响，很多时候也习惯了碎片化的生活方式：学习和工作并不一定是在课堂上，可以是拿着计算机或智能手机在公交车、地铁上，也可以是在会议或活动的间隙，学生需要在各种场合"抽空"来学习。同时，信息时代的"快"不仅仅体现在知识的更新速度上，同时更体现在信息的传播速度上，学生为了适应这种"快"，会采用更为便捷的学习和阅读方式。而反观现在的思想政治理论课教学，通常是数百人的大课堂，在这样的课堂中，不可能安排每个学生来发言或者参与课堂互动，教师基本采用一讲到底的方式，而学生能否有效地学习吸收知识，则几乎无法进行有效地考察。从上述分析中已经不难看出，微博、微信等新的社交媒体的出现，已经让人人都有了"麦克风"。有研究表明，现在的微博依然是一些"大V"的天下，而这些人中的许多人正是本书所指出的宪政主义、新自由主义和历史虚无主义的鼓吹者，在这些人的影响下，青年大学生如何能获得正确的价值观？微平台已经成为舆论的又一个中心，如果正确的舆论不去引导，则必然后患无穷。思想政治理论课作为青年大学生意识形态工作的重心，有责任在互联网的舆论场上占据优势地位。在"慕课"平台开设思想政治理论课则是一种有益的尝试，一方面是占领舆论阵地、引导青年大学生树立正确导向的需要，另一方面则是适应现代化教育变革的需要。

二、基于"慕课"的高职院校思想政治理论课开展的意义

思想政治理论课是马克思主义传播的重要渠道和途径。众所周知，马克思主义作为无产阶级解放和全人类解放的理论工具，本身就具有大众化的特征和内在要求，而互联网的广泛使用和快速发展，则为马克思主义的更广泛传播提供了有力的技术支持和保障。可以说，基于"慕课"改革思想政治理论课是马克思主义大众化的新渠道和新途径，是思想政治教育工作的新尝试和新突破。

不可否认，互联网和信息技术的发展已经深入教育的各个领域，从象牙塔里的实验室走向了普通课堂。伴随着互联网和信息技术的发展，教育和教学在方式以及理念上也必然会出现一些新变化。许多同学反映，一些思想政治理论课在同学们心目中是"满堂灌"式的说教，但一些教师和学者已经尝试着将多媒体技术和"翻转课堂"的教学模式引入思想政治理论课的课堂，取得了较好的教学效果。在思想政治理论课课堂上，少数教师不分析学生的心理特点，不了解学生的学习兴趣与动机，不掌握学生的思想状况，不联系学生在学习生活中遇到的问题，不能帮助学生将理论与现实生活相结合，这种教学方式，实际上是忽视和背离了马克思主义大众化的特点和基本要求。马克思主义的生命力源于它是科学的理论体系，在人民中广泛传播并得到认可。为了使现实中的思想政治理论课更加有效地在学生中传播马克思主义，让学生们认同并接受马克思主义，教学方式亟须改进。基于"慕课"平台开设思想政治理论课，在一定程度上能够解决这个问题。"慕课"的大规模、开放式、在线的特点，在一定程度上加速了知识传播的速度、深度和广度。在"慕课"的平台上，虽然传统的教室变成了线下的自主学习，但学习的要求并没有降低。学生们要拿到相应的学分，必须严格按照既定的程序学习相关的演示文稿、视频等内容，而学习过程中，课程制作者会设计若干相关题目供学生自测，只有在回答正确的情况下，学生才能进行下一步的学习。而基于大数据技术的应用，每个学生的学习进度将会被记录，每个学生都能在了解个人的学习进度的同时与其他同学进行比较。

首先，将思想政治理论课与"慕课"联系在一起符合马克思主义大众化的需要，"慕课"及相关技术为马克思主义大众化的传播，尤其是在青年大学生和群众中实现有效传播搭建了一个网络化和信息化的平台。其次，现在大学生基本上离不开网络，绝大部分信息都是通过网络来获取而不是通过传统的教科书、报纸、广播电视等媒介来获取，

将教学内容网络化是技术发展和社会进步的必然选择,自然,思想政治理论课也不例外。最后,"慕课"可以通过相关程序的设定,使思想政治理论课的内容更符合学生的学习习惯,有利于学生学习、吸收和消化知识。"慕课"为思想政治理论课提供了新的更为广阔的平台,通过一系列的技术手段,课堂不再受到时间和空间的限制,学生可以随时随地学习,通过一系列的测试,又能保证学生的学习效率和效果。

三、基于"慕课"的高职院校思想政治理论课开展的方法与路径

"慕课"为思想政治理论课的变革提供了可能性和可操作性,如何将思想政治理论课与"慕课"结合起来以实现教育的目标和功能,一般认为要做到三个结合:线上教学与线下教学相结合、第一课堂的教学与第二课堂的活动相结合、纸质教材与电子教材相结合。

线上教学和线下教学相结合,指除了学生的自主学习外,还应该借助翻转课堂等教学方式开展线下的教学活动,包括小班讨论、辅导报告等环节。学生的自主学习主要由观看视频、学习课件、完成作业、参加测试和线下见面、线上交流等几个环节组成。首先,学习的第一个环节是学生通过优质教育视频来完成自我学习,而不是以往的通过阅读教科书来"预习"。这就要求教育机构能够提供相关的视频。在具体形式上,我们可以借鉴国外"慕课"的经验,采用微视频、云课堂等方式,将书本上的概念和理论形象化为音视频,而这些音视频既可以作为学生在课前学习的材料,也可以作为教师在课堂上为加深印象或总结而采用的材料。制作视频是"慕课"的第一个重要环节,视频可以在教师上课时直接录制,也可以采取其他的情景化的方式进行录制,但这种方式与以往上课的方式并不相同,必须采用不同的逻辑进行设计。简单而言,就是要将教学的内容拆分成一个个单独的知识点,而不是以逻辑线条串联起来的知识点组合,以方便学习者在不同的场合与时间进行学习。在思想政治理论课上,微视频可以是最近流行的"几分钟看懂   "等视频制作方式,比如,可以制作"十分钟读懂《资本论》""五分钟理解剩余价值"之类的视频,将核心理论或概念通过形象化、生动化的表达,让学生更好更快地接受并消化。当然在观看视频的同时,也要采取相应的激励措施,例如采用答对题目后才能继续观看下一段视频等方式来督促学习者认真学习。学习课件则是学习者在观看视频的同时需要完成的内容,这需要教师将课件的内容与视频的内容同步设计并相互补充,提供参考书目和网站等。在观看完视频并学习了相关课件后,学生要完成一定量的作业,这里的作业难度通常会比视频中遇到的测试题目困难一些,也更能考察学习者的知识迁移和应用能力。这种作业对于理工科的课程来说可能是解答一道题目或者编写一个程序,但对思想政治理论课程来说,

可能是让学生用学到的知识来分析一个案例或者就某个观点发表自己的看法。例如，教师可以设计如"用剩余价值理论来分析为什么现在很多白领要加班""谈谈你对共同富裕与共产主义社会关系的理解"等问题。"慕课"给学习者和教师提供了更好的交流空间，很多教育者都坦言，中国的学生相较于西方的学生往往更愿意在线上与老师和同学进行讨论，而不是与老师在课堂上面对面进行讨论。"慕课"事实上给学习者和教师提供了更多的讨论空间，同时也给学习者提供了相互讨论的空间。在"慕课"中，教师可以在线为学习者答疑解惑，同学们也可以彼此交流学习经验，分享观点——这种互动和讨论对人文类课程来说尤其重要，很多时候不同的观点在网络空间上的碰撞就会激发出新的灵感和火花。而在线上的讨论与发言也可以成为学生最终成绩的重要组成部分。依照过来人网站等推广"慕课"教育机构的调查以及教学经验，有了分数的激励，学生会很积极地发言。同时这种交互平台上还可以有交流社区，社区交流中，学生可以看到自己的学习进度和其他同学的学习进度以及完成作业的情况，这样可以督促学生积极学习。但是，学生难免有一些问题难以解决，这就需要通过"翻转课堂"的方式进行解决。将翻转课堂的教学模式应用于思想政治理论课，一定要转变教学理念，从以"教"为中心转变为以"学"为中心。这一点有三层含义：第一层含义是从原来的以教师为中心的课堂转变为以学生为中心的课堂。这主要依赖于教师观念的转变，思想政治理论课的课堂不再是"满堂灌"，而是转变为以学生自主学习为主的学习课堂。这在前面已经有过详细的论述。第二层含义是将原来课堂上大部分用来讲授的时间变为以学生讨论、探究和自主学习为主。传统的思想政治理论课课堂基本上以教师的"灌输式"教学为主，学生的参与有限，难以做到让所有学生在每堂课上都能主动参与课堂教学活动，这也使教学效果受到了不利影响。但如果将翻转课堂的理念融入思想政治理论课的教学，学生在课堂上必须要经过小组讨论和共同探究等环节，这就迫使学生提高其课堂参与度，而这也能促进学生们思想激荡、观点交锋，相较于令人昏昏欲睡的灌输式教学，无疑提高了教学效果，促进了学生思考。第三层含义是要将培养学生的主观能动性、培养学生主动参与的精神融入教学中。思想政治理论课的一个重要特点就是与现实生活的紧密结合。翻转课堂的运用，能够在课堂这一学生学习生活最重要的平台上教给学生民主参与意识、合作互助精神等品格，相较于照本宣科的道德教育更有现实意义。总之，在"慕课"条件下，课堂不再是灌输知识和理论的地方，而是教师和学习者交流的平台，在这里，一方面是学习者与教师交流、答疑解惑的平台；另一方面更是学习者展示学习成果的地方。

第一课堂与第二课堂相结合，指将第二课堂的一些活动直接融入线下教学的环节，如社会实践活动、系列的专家辅导报告、辩论比赛、事实热点比赛、知识问答等，使得线下教学环节更加有趣、生动和多元。现在的大学生生活在更加丰富的世界里，他们有相当充足的学习和研究资源,这其中就包括了社会实践活动、专家讲座和报告等。实践活动是大学生了解社会的一个很好的途径。以清华大学为例,"马克思主义基本原理概论"(以下简称"原理")课程安排在大二第一学期,正好承接了大一暑假的全校大一学生参加的暑期实践活动。如果将"原理"课的内容与学生的社会实践相结合,能为学生提供相关的实践选题。同时,大量的学术报告和讲座也在大学中开展,学生平时大多是基于自己的兴趣选择性地听一部分讲座,但如果将一些与课程相关的讲座纳入课程的考核体系中,则会督促和激励学生去听讲座和报告,从而拓宽学生思路,丰富知识。此外,学生之间的交流也是学习的重要环节,在课程设计上,除了小组内的讨论与交流之外,还可以进行小组间的辩论赛,例如对马克思主义价值观和非马克思主义价值观分别进行准备的小组就可以针对一些具体问题进行辩论。辩论的过程中不仅使这两个小组成员收益,针锋相对、唇枪舌剑的辩论也会让课堂更有趣味,吸引学生的关注。同时,时事热点比赛和知识问答等活动形式也能达到类似的效果。

纸质教材和电子教材相结合,是指除传统的纸质教材外,还应该提供大量的电子教材和阅读材料,以满足学生线上阅读的需要和习惯。现在学生看书的时间远不如看计算机和看手机的时间多。在信息技术已经深入每个人每时每刻的生活中的条件下,我们很难要求学生去读系统性很强的教科书,相反,我们需要将系统化的知识体系拆解为单个的知识点,通过一些社交媒体发布。除了课堂展示之外,小组准备的展示材料和演示文稿也会放在社交媒体上供所有选课同学甚至没选课的同学一起学习和参考。此外,课程还可以借助微信公众平台发布课程消息,这其中既包括了一些知识点的基本内容介绍,也包含与知识点相关的争论等内容。在这样的情况下,学生可以随时随地接受相关知识,而不仅局限于第一课堂中。

四、"慕课"在高职院校思想政治教育中的应用

长期以来,如何增强高职院校思想政治理论课的实效性,一直是摆在教育界、学术界乃至宣传部门面前的一大难题。相比本科院校,高职思想政治理论课的教学面临更大困境:高职院校思想政治理论课学习年限较短,课程体系不完整,师资力量薄弱,教改科研难以深入;学生普遍文化基础较差,学习热情不足,缺乏自律性。为扭转这一不利局面,有关各方也进行了不懈探索,但收效都不是很明显。

(一)教学资源:从有限资源走向海量资源

平台上云集了众多名校的大量课程与主讲教师,相关教学视频难以计数,涵盖了理工类、通识类、人文类等课程。学生人数上千万,无论身处全球任何角落,只要能够上网,就可以免费注册学习感兴趣的课程。

第一,为高职学生接受名校名师的教育提供了平台。思想政治理论课作为全国所

有大学的必修课程，拥有庞大的教师群体，包括一些业内知名的专家学者，也不乏某些具有全国性影响的"明星"教师，其教学水平显然是现有的大多数思想政治理论课教师无法相比的。本科与高职思想政治理论类课程总存在大量共性内容，如果随着思想政治理论类课程"慕课化"的进展，能够将更多名校名师的授课视频推上"慕课"平台，包括高职生在内的所有大学生，就可以如临其境地感受名师风采，分享国内最顶尖的教学资源，从而更好地实现教育公平。

第二，应该尝试开发高职院校思想政治理论课自己的"慕课"。高职院校具有自身的特点，教育方式与内容更强调职业性、应用性、岗位性，与地方经济社会发展的联系更紧密。同一行业、发展状况相似的地方，对学生的政治素质、职业操守方面有着相同或相近的要求。因此，个体力量薄弱的高职院校思想政治理论课教师，可以尝试团队开发、协同攻关、分工负责，按照本行业、本地方对应用型人才素质的要求，重新组织教学内容，探索个性化的教学方式，开发富有高职院校特色的思想政治理论类"慕课"课程。此外，也可以与本科院校合作，将他们开发的普适性课程内容与高职院校特色性内容重新组合，打造完整的、高职院校适用的思想政治理论课"慕课"。

第三，有必要探索工学结合内容与慕课的双向渗透。工学结合是"高等职业教育人才培养模式改革的重要切入点"，也是高职教育的特有优势，强调"做中学""学中做"。真正成功的工学结合需要企业对学生进行大量有效的培训，但企业对此极易产生畏难、抵触情绪。采用慕课模式，我们就可以将大量国内外优秀企业的员工培训内容作为工学结合的思想政治理论课"慕课"的有机组成部分。

第四，以此为契机优化高职院校思想政治理论课师资结构。高职院校思想政治理论课教师普遍教学任务较重，而将"慕课"提升为学生主要的学习方式后，就可以将教师从大量重复的备课、授课工作中解放出来，从而投入更多精力在更具有创造性的互动答疑、启迪学生思维上。而教师利用名校、名师、名企视频参与教学，于自身也是一种培训。

（二）教学场景：从封闭时空走向开放时空

传统的高职院校思想政治理论课教学，在封闭的时空中展开，采用班级教学制，通常由2~3个自然班合并，每次课时为45分钟或连续上90分钟。对于生性活泼好动、注意力难以持久集中的高职院校学生而言，能坐在课堂上安安静静已近乎一种奢望，提高教学实效性简直无从谈起。再加上某些教师陈旧落后的教学手段和内容，更使得上思想政治理论课成为一种煎熬。"慕课"时代的到来，有可能从根本上改变这一尴尬局面。

首先，国内关于翻转课堂（Flipped Classroom）的实践已经取得积极的成果。所谓翻转课堂，就是将过去主要由教师讲课的课堂变成答疑、讨论、测验的场所，而学生学习知识则主要在线上进行，以实现课堂教学流程的再造。"00后"学生被称为"数字原住民"，每天利用手机、计算机在网上获取信息、联络感情、享受休闲娱乐是他们的主要生活方式。而传递正能量的思想政治理论课"慕课"，基于开放的在线学习的特征，也可以成为他们"数字化生存"的一部分。适应"微时代"的文化传播特点，"慕课"所有教学视频都实现了片段化，一般5~10分钟即可看完。学生甚至可以利用一些边角时间，等车、排队乃至上卫生间的时间完成学习。至于场所，学习"慕课"也无特殊要求，能流畅上网即可。不同于传统课堂的"一过式"教学，"慕课"的视频可以无限次播放，如果学生理解能力有限或有所疑问，可以在网上无限次播放视频，反复推敲，直到弄懂为止；如果有疑问，"慕课"还提供交流论坛、教师答疑等板块，学生可以寻求来自各个方面的帮助；更由于充分的线上交流，学生的问题意识会不断被激发，大量新的知识、观念得以生成或传播。从教学论的角度看，传统高职院校思想政治理论课陷入困境，根本原因并非其内容不具实用性，而是思想政治理论课结构化的知识体系本身所具有的强烈理论乃至哲学色彩，与学生迫切需要的社会与人生的具体指导之间存在巨大的鸿沟。实践远比理论丰富，企业对学生思想素质的全方位要求也一定会超出课本的范围，但对于学习能力有限的高职生而言，教师必须联系生活实际进行细致入微的讲解，他们才能体会课程的实用价值。这在课时十分有限的传统课堂上是不可能实现的，只有在突破时空限制的"慕课"方式下，针对学生所需增加教学容量、扩充知识点，方能实现从教材体系向教学体系的切实转化。纯粹的在线学习（E-Learning），容易引发人们对于学生作弊的忧虑。所以"慕课"的翻转课堂，会联动线下实体课堂来进行测验，以考查学生学习的真实效果。如上海的"思修""慕课"，就是网上学时为总学时的四分之三，其余学时安排在线下。该做法的优点，除检验学生学习效果外，还可以将问题讨论引向深入。因为学生的网上学习已经比较充分，基本理论已经掌握，甚至产生了初步的讨论，在实体课堂上教师就可以"以学定教"，创造性地引导学生做更深入的讨论或解决复杂的疑难问题。

　　其次，"慕课"方式有助于工学结合的顺利开展。如何划定理论课与实践课的比例，是困扰工学结合有效实施的一大难题。在实践中，打着工学结合的旗号，包括思想政治理论课在内的理论课往往被一再压缩或变相压缩。其结果是学生沦为工厂的廉价劳动力，从事一些浅易的工作，虽然动手机会增多，但理论知识被忽视，高职之"高"的特性被掩埋。采用"慕课"模式，学生就可以利用工作之外的业余时间进行理论学习，这样既有利于扩大工厂实践在整个高职学习过程中的比重，又无损于理论知识的学习，同时增强了理论学习的时效性，即工作中遇到的思想问题等能够以最快的速度得到解决，从而使"工"与"学"的结合变得更为紧密。

　　最后，教学时空的转换，也使得"大数据"（BigData）分析成为可能。所谓"大数据",不同于随机分析法即抽样调查的传统方式,是基于信息网络技术对统计对象的尽可能的多数据(数量、类型)加以分析,其结果具有高度准确性。在学情评估中,从汇总的大数据中可以分析学生学习的轨迹,综合评价其知识掌握与应用能力。如分析其观看视频时的停留时间、重播次数、作业解答的正确率、易错点等,可以发现学生对不同知识点的反应,确定他们学习的难点、兴趣点;还可以通过数据统计、直接投票等方式,对来自"慕课"平台各个位置上学生的问题进行排序,确定其普遍关心的重要问题,以便教师在后续教学中做集中解答,乃至调整与重设课程教学目标。除此之外,这些也为对学生进行有针对性的指导、实现差异化教学奠定了基础。基于大数据技术的应用,所有学生的学习进度也被记录,每个学生在了解自身学习进度的同时还可以与他人进行比较,明确自身定位。此外,由于网络课程、任课教师资源十分丰富,统计学生的选课情况,包括选课率、好评度等,并与教师的业绩考核挂钩,也可以对教师改进教学形成倒逼机制,对评估整个学校的办学水平也有重要参考价值,有利于不断推动教改的深入进行。

(三)教学对象:从被动客体走向积极主体

从"要我学"转为"我要学",学生的学习无须推动而转为主动是所有教育工作者的梦想。不同于"一支笔、一张嘴"的传统方式,"慕课"以视频教学为主,除短小精悍以外,视频内容要求具备生动性、趣味性,有些还添加了动画、情景剧等元素,一般禁止简单直接地将教师授课从线下搬到网上。"慕课"还模仿电子游戏,在视频播放进程中设计了闯关环节,学生只有回答正确弹窗中出现的障碍问题,才能观看后续视频。这些对厌恶长篇大论的理论灌输形成的高职生而言都极具吸引力。另外,"慕课"可以提升学生自信心。在"慕课"中,高职学生与国内外名校学生接受相同的教育。作为高考中的失利者,很多学生进入高职院校情非得已,在面对其他本科乃至名校同学时容易觉得低人一等。在"慕课"的"自媒体"上,所有人一同学习、一起交流,高职生也有灵感爆发、让人眼前一亮的机会,这对其成就感和自信心必然带来极大的提升。满足高职院校学生表现欲、增强其成就感、提升其自信心的方法还包括:鼓励学生以作业的形式自行拍摄一些微视频,并与大家分享;提倡有疑问的同学在"慕课"的交流社区提问;鼓励其他同学尝试解答或参与热烈讨论等。

由于课程具有强烈的政治属性,为维护自身"政治正确",很多高职生在思想政治理论课课堂上并不愿意暴露自己的真实想法,但这并不意味着他们相信老师所讲述的全部内容,在私底下仍然固执己见,将错误进行到底,"台上讲一套、台下不对号"。而在"慕课"平台上学生普遍使用昵称,具有相对的匿名性,教师和其他同学一般不了解其真实身份,学生就可以提一些比较尖锐的问题,甚至毫无顾虑地进行辩论。对于思想政治理论课教师而言,解答学生这些问题其实并无太大难度,有些问题甚至会被消弭在学生群体内部。

　　工学结合下的高职院校学生，比本科生更早进入真实的社会，相应地，也可能会更早、更多地产生各种思想问题和心理困惑。但思想政治理论课教师在场会减少他们很多独自的可能是错误的摸索，并助其完成正确的意义与价值建构，实现更高水平的态度与情感认同。不同于以往"围墙式"教育下教师主导的"压缩饼干式"的课程结构，思想政治理论课"慕课"坚持以问题为中心而非以理论体系为中心，着眼于学习的个性化需求，强调学生问题链与教学问题链相对接，其大量教学视频可以有针对性地用以解答学生各种学习与生活上的困惑，在学分制下学生甚至可以对授课教师、学习内容进行一定的自主选择和组合。此外，在"慕课"交流社区中，教师还可以与学生做更为细致的互动，这是对"贴近实际、贴近生活、贴近学生"准则的真正贯彻。但是，在慕课的教学交互策略下，教师所提供的问题解决方案必须力求超脱于琐碎的生活层面，将马克思主义的立场、观点和方法充分渗透其中。马克思主义理论为我们解决一切社会、人生问题提供了科学的指南。学生暴露的思想问题越充分，教师运用理论解答其问题也就越充分，学生主动学习的精神被发扬得也越充分，高职院校思想政治理论课教学实效性的展现也越充分。同时，学生主动性、探究式学习习惯的增强，往往也使教师工作量得到了减轻，其角色亦由过去"舞台上的智者"（Sage on the Stage）逐步转变为"边上的向导"（Guide on the Side）。更重要的是，这既促进了马克思主义理论的大众化，也不断促进教育以学生成长为中心、向服务转变的根本性变革。

第七章 高职院校思想政治理论课教学实效性教学方法的创新

第一节 高职院校思想政治理论课教学方法科学创新的原则

思想政治理论课是立德树人最重要的一环，思想政治理论课在立德树人中起着不可替代的关键作用。因此，新时代思想政治理论课改革创新的方向就是以德为先，立德为要，实现立德铸魂。

针对思想政治理论课在课程内容、教学形式、课堂创新三方面遇到的困难，习近平总书记提出坚持的"八个相统一"，为新时代思想政治理论课实现立德铸魂提供了更为系统、科学的原则。

一、课程内容：增强理论的解释力，说服力

（一）坚持政治性和学理性相统一

思想政治理论课主要进行社会主义意识形态的宣传教育。一方面，社会主义意识形态具有政治性，体现了无产阶级执政党的立场、观点、理念。我们的高职院校是党领导下的高职院校，思想政治理论课是马克思主义和中国特色社会主义的思想政治教育，在新时代背景下必须继续坚持社会主义的发展方向。另一方面，思想政治理论课的课程内容又是系统的、科学的理论体系，需要有相对应的科学性或学理性表现。

毛泽东要求党员干部要"又红又专"，习近平总书记要求好干部必须具有德才兼备的品质，共同点都是在强调要坚持政治性和学理性相统一。

（二）坚持价值性和知识性相统一

思想政治理论课的内容包括知识内容和价值内容，既要传递知识也要传递价值，

但重知识还是重价值,在不同的时期有着不同的倾向。小学阶段的思想品德课偏重于培养学生良好的品德养成和学生的社会化发展,大学的思想政治理论课则偏重于形成对国家、民族发展历史经验以及占主导地位的社会核心价值观念的高度认同,实现培育健全人格的目标。现实中存在着思想政治理论课教学将两种教学内容分离的情况,这会严重影响思想政治理论课的实际成效。因此,无论是处于哪一个教学阶段,都要坚持价值性和知识性的统一性,两种教学内容都是思想政治理论课教学中不可缺少的因素。

(三)坚持建设性和批判性相统一

近些年来"中国奇迹"逐渐走向国际舞台的核心地带,中国作为最大社会主义国家和发展中国家正处于风口浪尖之上。世界范围内各种文化思潮交织影响,严峻的文化冲击态势在所难免。高职院校是思想最活跃,思潮最激荡的关键领域,错误思潮严重影响大学生的价值观判断,企图歪曲甚至攻击新时代中国特色社会主义理论体系,在高职院校思想政治理论课教师群体中也产生了不良影响。

要解决这一问题,单纯依靠思想政治理论课教师群体是不够的,需要在思想政治理论课教学改革中形成党委统一领导、国家统筹、有关部门协同配合、全社会共同参与的工作格局,推动形成上下联动、合力办好思想政治理论课的良好局面,以此来破除社会错误思潮对思想政治理论课带来的制约与不良影响。

二、教学方法:遵循认知规律,全面育人

(一)坚持理论性和实践性相统一

长期以来,思想政治理论课给人以说教课、"满堂灌"的刻板印象,如何更好地提高思想政治理论课的亲和力和针对性,真正地入人心,有成效,是思想政治理论课教学面临的重大课题。思想政治理论课的出现就是为了解决这一现实问题,将各类课程与思想政治理论课进行有机结合,专业课教师与思想政治理论课教师协同配合,在传统思想政治理论课基础上增加实践环节,将思想政治理论课转变成"思想政治实验课""思想政治社会实践活动",让学生在实践中发现真理。

(二)坚持统一性和多样性相统一

思想政治理论课是关系到学生人生观、价值观、世界观等多项内容的关键课程,正是因为如此,对于思想政治理论课就有着极其严格的要求。从教材大纲的修订到教师备课讲授,都要坚持正确的政治导向,讲好中国特色社会主义的思想政治理论课。与此同时,出现了思想政治理论课教师积极性和主动性不足,授课方式枯燥陈旧的情况,甚至出现了部分教师的教学课件从来没有更新的情况。

（三）坚持灌输性和启发性相统一

灌输式教育是我国思想政治教育的基本原则和教育理念，也是高职院校思想政治理论课最主要的教学方式。这种灌输式教育延续着中国共产党在革命和建设时期的成功经验，在很长一段历史时期中发挥着培育社会主义建设者和接班人的作用。习近平总书记曾强调青年价值取向对于整个社会乃至国家的重要性。因此，新时代思想政治理论课教学要继续坚持灌输式教育，在学生群体中牢固树立社会主义核心价值观。

与此同时，要了解新时代学生群体的特点。青年处于价值观形成和确立的时期，思维活跃敏捷，需要抓住这一时期的特点进行价值观的塑造。孔子有云："知之者不如好之者，好之者不如乐之者。"运用启发式教育，情感式教学等新型教学方法，引导学生发现问题、分析问题、思考问题，在思考中解决问题。

三、课堂创新：多元课堂一体化，形成协同效应

党的十八大特别是全国高职院校思想政治工作会议以来，许多高职院校尝试挖掘其他课程中蕴含的思想政治教育资源，开发多元课堂联动育人功能，已经取得初步成效。思想政治理论课从"单一的思想政治理论课"逐步变为"多元的思想政治理论课"，从"一花独放"到"百花齐放"，新时代的大思想政治教育体系开始构建。

思想政治理论课改革创新任重道远，我们办中国特色社会主义教育，就是要理直气壮地开好思想政治理论课，推动思想政治理论课改革创新，实现立德铸魂。在新时代背景下，思想政治理论课要继续贯彻党的教育方针，落实立德树人的根本任务，用新时代中国特色社会主义思想铸魂育人，培养立志为中国特色社会主义事业奋斗的有用人才，为实现"两个一百年"奋斗目标、实现中华民族伟大复兴的中国梦提供强大精神力量和舆论支持。

第二节　高职院校思想政治理论课教学方法科学创新的方式

高职院校思想政治理论课教学要体现对学生的人文关怀。高职院校思想政治理论课教学中的人文关怀要以大学生发展为本，把大学生看作是具有独立个性和特定观念的教育主体，尊重大学生的主体地位和个性需求，调动并激发大学生的积极性、能动性和创造性，促进大学生的健康成长和全面发展。高职院校思想政治理论课教师在教学中要积极探索教学改革的有效途径。

一、改革教学内容，强化教育的针对性和实效性

高职院校思想政治理论课教学面临着教学内容滞后，对社会热点、难点和疑难问题的针对性不强等问题。高职院校思想政治理论课教学要体现"以人为本"就要真正从学生的个体需求出发，对教学内容做结构性的调整，选择并突出那些社会急需的、具有针对性的教学内容，比如要突出职业道德教育、创新教育、就业创业教育等内容，培养学生敬业爱岗、乐于奉献的优良品质。

思想政治理论课教学内容的改革是抓好形势与政策教育的核心。在教学中，教师要把学生学习的重点难点问题与世界形势变化、与我国改革开放及和谐社会建设中大家普遍关注的社会问题结合起来，体现教学内容的时效性、针对性。

思想政治理论课的教学不能局限于单一学科领域就政治讲政治，应广泛汲取其他人文社会学科、自然科学学科的新知识、新成果，融各种知识于一体，发挥整体育人的功能。在教学中，教师要引导学生树立科学发展观，要紧跟形势，努力形成知识链条的多维教育模块，帮助学生形成历史发展的、全局整体的、正确处理各个层面利益关系的认识方法和价值观。

思想政治理论课教师要加强教学研究，完善内容相对稳定和规范的教材，并结合形势的变化和教育的需要，灵活地为学生提供系统的带有研究性评述的指导性读物，引导学生分析形势、理解政策。在高等教育逐渐市场化的今天，大学生就业问题十分突出，高职院校思想政治理论课教学面临极大的挑战。对此，必须采取有效措施，更新理念，提高教师素质，调整和充实教学内容、改进教学方法。

二、创新教学方法，调动学生的主动性和积极性

改革教学方法是提高高职院校思想政治理论课教学质量的客观要求。课堂是思想政治理论课教学的主阵地，课堂教学要正确理解和灵活运用思想政治理论教育的灌输原则，注重启发式、参与式、互动式、案例式、研究式教学，充分发挥教师在课堂教学过程中的主导作用，充分调动学生学习理论和探索真理的积极性、主动性。

思想政治理论课教师要坚持理论联系实际的原则和方法，在帮助学生了解和掌握课程基本内容的前提下，紧密联系思想理论研究实际、经济社会发展实际和大学生思想及生活实际，精心选择影响大学生的理论难点问题、社会热点问题和大学生关心的生活、就业等问题，积极耐心的为大学生解疑释惑。通过座谈、讨论、辩论等多种教育方式，引导大学生独立思考，发挥学生参与教学过程的积极性，以增强思想政治理论课的针对性和说服力。

在教学过程中，除了教师课堂讲授形式外，还应为学生提供一个可供其抒发思想

观点、宣泄情感、施展才华的多维时空的教学平台，采用多样化的教学形式。具体如当堂即时提问；学生主讲，教师总结；课堂讨论和辩论；学生自学并写学习心得；组织参观实习活动；建立课外理论学习小组。充分利用现代信息网络技术，丰富思想政治理论课的教学手段。教学手段现代化是实施教学方式方法改革的一种有效手段。思想政治理论课应积极开发和充分利用一切有助于教学的新技术，开展网上网下教学互动、校内校外资源共享，优化教学效果，实现思想政治理论课的教学培养目标。

三、改革考试方式，创新对学生学习质量的评价标准

高职院校思想政治理论课教学效果不够理想，与现行考试模式存在的一些弊端有着一定的关系。传统的思想政治理论课考试方式对学生学习质量的评价存在着缺乏全面性评价标准，缺乏多样性考核方式等问题。出现了"五多五少"现象，即闭卷多，开卷少；笔试多，口试少；理论考试考核多，实践综合能力考核少；一卷定结论多，数次考试考核分段评价少；统一要求多，照顾差异少。这样的考试考核方法重视共性，强调统一，漠视个性，扼杀特长，制约创新。

高职院校思想政治理论课教师应转变传统的考试观念，采取多种考核方式，增强考试的督促和导向功能；丰富考试内容，增加能力考核的内容；加强过程性考核，督促和引导学生重视平时学习；积极探索反馈途径，促进思想政治理论课的教学改革。

四、建构民主式师生关系，促进学生良好个性的健康发展

把人文关怀和心理疏导引入思想政治理论课教学，营造良好的心理环境是学习实践科学发展观的重要举措。21世纪社会对人才素质提出了更高的要求，学生不仅需要具有丰富的知识、高尚的品德、更需要具有创新精神和健康人格等良好的个性品质。

人本主义心理学强调人的"自我实现"，即充分、完善地发挥人的潜能。我们在思想政治理论课教学中应重视大学生的心理健康教育，并把这种心理健康教育同德行教育结合起来。

竞争压力的增大及思维方式的变化，使大学生在学习、生活、人际交往和自我意识等方面可能会遇到或产生各种心理问题。长期以来，我们比较注重对大学生进行政治信仰和道德原则的灌输，却忽视了对个体的心理品质、人格结构及社会适应性等方面的培养和引导。过去大学生思想政治教育侧重讲理论，注重"灌输"，形成了以"教师为中心""教材为中心""课堂为中心"的情况，很少考虑学生的精神和心理需求，往往造成工作缺乏针对性，收效甚微，甚至使学生产生逆反心理。大学生的逆反心理是思想政治理论课教学效果偏低的主要原因，思想政治理论课教师必须树立为学生健

康成长服务的观念，努力探求科学应对逆反心理的策略，最大限度地消解大学生的逆反心理。

在教学中建构民主型师生关系具有重要的意义。师生关系实质上是一种心理关系，师生心理互动的和谐有利于构建新型的师生关系。教师要善于发挥师生关系中的人际情感因素在促进学生发展中的巨大作用，建构民主式师生关系，促进学生良好个性的健康发展。

第三节　高职院校思想政治理论课教学方法科学创新的基本保证

一、思想政治理论课的支撑力量：新时代中国特色社会主义思想

在中国已经迈入新时代的背景下，对高职院校思想政治理论课立德树人的作用提出了全新的更高要求。新时代中国特色社会主义思想的理论研究还处于发展过程中，思想政治理论课教师能否尽快学习掌握理论，如何准确地向学生解读新时代中国特色社会主义的理论精神，讲授新时代中国面临的现实问题，是当前摆在思想政治理论课教师面前最大的挑战。

二、思想政治理论课的深厚力量：中华民族优秀文化

在党的十九大报告中，习近平总书记强调："没有高度的文化自信就没有中华民族伟大复兴。"中华民族几千年来形成了博大精深的优秀传统文化，蕴含着中华民族深层次的情感认同、价值取向和精神追求。我们党带领广大华夏儿女在革命、建设、改革过程中浴血奋战，开拓进取，锻造出的革命文化和社会主义先进文化，同样是中华民族优秀文化的重要组成部分，是对传统文化的批判、继承和发展，是与时俱进的时代文化。

中华民族优秀文化中的爱国情感、人民情怀都是与社会主义核心价值观不谋而合的。在思想政治理论课教师谈及社会主义核心价值观时，可运用传统文化中的历史典故和红色革命时期的英雄史诗来进一步印证，以加深育人效果。思想政治理论课要想富有时代朝气和活力，就要将文化自信融入日常的教学实践中，用中华民族优秀传统文化、革命文化以及社会主义先进文化培育学生的爱国情操和人民情怀。

学校教育肩负着传承弘扬中华民族优秀文化的使命，思想政治理论课更是承担着加强学生对中华民族优秀文化自信心的责任。高职院校思想政治理论课改革创新的关键就是要讲好中国故事，传播好中国声音，把中华民族五千年文明史，近百年以来的屈辱与苦难史有效地融入高职院校思想政治理论课中。

三、思想政治理论课的基础力量：思想政治理论课建设规律性认识和成功经验

思想政治理论课是高职院校课程体系中非常重要的一部分，不仅承担着传达党和国家大政方针的职责，更是支撑着马克思主义理论学科和专业的发展。

改革开放以来，思想政治理论课建设得到了很大发展。经历了名称上从"政治课"到"两课"，再到后来确定为"思想政治理论课"的转变；经历了从重点讲授历史知识到倾向思想政治理论教育的内容改变；经历了党的教育方针从培育"有社会主义觉悟的有文化的劳动者"到"德智体美劳全面发展的社会主义建设者和接班人"的全面升华。多年的探索和创新，将思想政治理论课的定位确立得更加精准，适应了新时期我国社会的变化。

思想政治理论课建设规律性认识和成功经验是思想政治理论课建设守正创新的重要基础，这一系列的发展也促进了思想政治理论课建设质量和成效的提升。

四、思想政治理论课的关键力量：思想政治理论课教师队伍

上好思想政治理论课，关键在教师。教师的积极性、主动性、创造性是思想政治理论课教学改革创新的关键因素。在全国高职院校思想政治工作会议上强调了师德的重要性，提倡广大教师要以德立身、以德立学、以德施教。

有信仰的人才能与学生讲信仰，教师队伍在教学过程中扮演着传道授业解惑的重要角色，传道者自己首先要明道、信道。思想政治理论课教师由于承担着培育学生世界观、人生观、价值观的重要使命，与其他科任教教师相比，具有更高的要求。归纳起来就是要做到政治强，情怀深，思维新，视野广，自律严，人格正。各中小学以及高职院校需要根据要求来选拔培养一批素质优良的思想政治理论课教师队伍，建设一支能赢得学生信任、敬重、值得学生依靠的思想政治理论课教师队伍，锻造出一批乐为、敢为、有为的思想政治理论课关键力量。

第八章 高职院校思想政治理论课教学实效性之"三维课堂"建设探索

高职教育占据我国高等教育的半壁江山。但长期以来，由于高职教育的职业教育特征，素质教育长期以来得不到应有的重视。目前，在高职院校思想政治理论课教育理论课堂、实践课堂、网络课堂，即"三维课堂"改革与发展的背景下，有必要针对高职院校的特点，着重探索在高职院校范围内"三维课堂"建设的新趋势、新特点。

第一节 基于职业特征的高职院校思想政治教育探析

高等职业教育是一种高等教育新类型，兼有高等教育与职业教育的双重性，其办学定位、办学模式、人才培养目标都有别于普通高等教育，具有明显的职业特征。高职院校应正视这一特征，在对学生的思想政治教育中融入必要的职业元素，提升学生思想政治教育的针对性和有效性。

一、高职院校思想政治教育要服务于人才培养目标

明确培养目标是思想政治教育的前提。高职院校学生思想政治教育是高等院校大学生思想政治教育的一部分，高职院校要在高等院校大学生思想政治教育基本方针指引下，根据人才培养目标和人才培养模式，大胆创新学生思想政治教育的思路，对学生思想政治教育的内容、重点、方法、途径以及思想政治教育队伍建设等做相应的调整，更好地为人才培养目标服务。《教育部关于全面提高高等职业教育教学质量的若干意见》中指出，高等职业教育肩负着培养面向生产、建设、服务和管理第一线需要的百千万高素质技能型人才的使命。高等职业教育人才培养目标的核心：一是高技能，二是高素质。高技能系指具有较扎实的专业知识和较熟练的职业技能；高素质系指具有良好的职业素质。目前，高职院校所培养的技能型人才并不尽如人意。一方面，许多高职院校仍沿用以前的人才培养模式，所培养的人才动手能力差，专业技能与职业岗位有

较大差距;另一方面,不少高职院校的学生思想政治教育脱离职业教育的人才培养目标,所培养的人才的职业素质常受到用人单位的批评。因此,高职院校在深化教育教学改革的同时,要以培养高素质的职业人才为目标,构建凸显职业教育特征的学生思想政治教育体系。

明确成才目标是学生成长的基点。长期以来,受我国传统文化的影响,高等教育在大众心目中始终是"精英教育"或"白领教育",多数考生以及家长对上大学的期望值过高。由于高等职业教育的发展历史不长,许多考生及其家长对高等职业教育的办学定位及人才培养目标不了解,入学后"大学梦"与职业学习之间,"远大理想"与职业岗位之间的落差,使部分高职院校学生产生了诸如自卑、厌学、消极、失落等思想问题。因此,高职院校学生思想政治教育要把帮助学生了解职业教育,了解技能型人才在社会主义建设中的地位与贡献,帮助学生树立正确的成才观、人生观与价值观,使学生明确自身的成才目标,作为高职院校学生思想政治教育的重要任务。

二、思想政治教育应具有职业教育的特征

众多高职院校经过近年的探索与发展,转变了办学思想,明确了办学定位,将"校企合作,工学结合"作为高职院校教育教学的基本模式。这一办学模式的特点是办学的开放性、职业性和实践性。这对高职院校的学生思想政治教育提出了新的要求,即高职院校学生思想政治教育必须与办学模式相适应。

(一)学生思想政治教育的开放性

高等职业院校多依托行业办学,或与企业合作办学。学生在校期间,大约有一年或更多的时间是在职业岗位上学习和生活的。这一开放式的办学模式扩大了学生思想政治教育的空间,同时也增加了思想政治教育的复杂性。

第一,学生走出狭小的校园,进入社区、企业,地点分散,时间不一,长时间"脱离"了学校学生思想政治教育的"视野"。为了不出现学生思想政治教育的"盲区",高职院校要树立"大校区"的概念,将学生思想政治教育的外沿延伸到有关社区、企业,学生思想政治教育要随着学生走进社区、走向实习实训岗位,建立起大校区学生思想政治教育网络。

第二,学生进入社区、企业实习、实训,进入一个开放式的思想空间,在接触社会、认知社会的过程中,各种思想、人生观、价值观发生碰撞,学生的思想容易发生多层面、多样性的变化。高职院校的学生思想政治教育应密切关注这些变化以及产生这些变化的外部与内在原因,着力于解决学生的实际思想问题。

第三,应充分挖掘企业丰富的思想政治教育的人力资源和先进的企业文化,为学生思想政治教育服务。可采用选聘兼职德育辅导员、建立德育实践基地等方式,使这

些合作企业成为技能型人才培养的稳固的思想政治教育基地。

（二）学生思想政治教育的职业性

高职院校学生思想政治教育的职业性是由其办学属性所决定的。因此，高职院校学生思想政治教育要增加职业理想、职业精神、职业责任、职业道德等有关职业素质教育方面的相关内容。在理想信念、社会主义核心价值观以及爱国主义教育中，要融入必要的职业元素，使之更加贴近学生的思想实际，这样才容易得到学生的思想共鸣与认可。同时思想政治教育要贴近学生、贴近职场、贴近社会，要避免空洞的说教与"高音调"的理想教育。在校期间，学生最关心的是就业与职业发展，但大多数学生对职业生涯了解甚少，缺乏职业选择意识，难以确定职业发展的方向，有很强的依赖性。因此，高职院校学生思想政治教育应把帮助学生根据社会需求，以及个人的能力、兴趣、价值、专业等思考自己的职业定位与职业发展方向，作为思想政治教育的一项重要内容。

（三）学生思想政治教育的实践性

高职学生有长达一年甚至更多的时间在社区、企业参加社会实践和职业实践，高职院校应充分关注社会实践和职业实践对学生正确的人生观、价值观的导向作用，使实践活动成为学生践行社会主义核心价值观和培养良好职业素质的孵化器。学生在企业中参加职业实践，在企业环境下，学生承担着企业人、职业人和社会人的角色，通过角色的承担和思考，学生的职业认知、职业情感得到了锻炼。他们承担职业责任，履行职业行为，从而在工作中发展个性，发挥才能，实现自我，达到知行合一的效果。

三、把职业素质教育作为思想政治教育的重点

职业素质是职业人才培养的主要标准。职业素质是职业人所具有的适应职业岗位需要的素质，包括职业人的职业精神、职业态度、职业责任、职业道德、职业技能以及职业所需要的人文素养等"职业性"元素。这些素质是劳动者对社会职业了解与适应能力的一种综合表现，是职业人自身必须具备的条件。随着社会经济发展和企业需求的不断变化，企业需要的人才不仅要有熟练的专业技能，更要有良好的职业素质。因此，高职院校要把职业素质作为技能型人才培养的主要标准。

实施职业素质教育是培养职业人才的需要。一名接受高等职业教育的学生，经过2~3年的学习，逐渐完成从一名学生到一个职业人的转变，要实现这一转变，除了学习并掌握一门专业知识和专业技能外，还必须具备适应其职业岗位需要的综合素质，即职业素质。高职院校实施职业素质教育的目标，就是通过开展丰富多彩的职业教育活动，使受教育者的思想、政治、品德、精神、意识等方面达到职业岗位的要求。为了实现这一教育目标，高职院校应充分利用合作企业在职业素质教育方面的潜在优势，

充分利用企业人才、企业文化、企业人的事迹，对学生实施职业素质教育。学生在职业实践中，与企业员工密切接触，在真实的职业场景中，接受企业文化的熏陶，通过亲身参加职业活动，去认知职业人的职业素养，去感受职业精神、职业情感，从而提升自身的职业素质，逐步实现从学生到职业人的转变。

四、以就业教育作为思想政治教育的切入点

以就业教育为切入点，培养学生的主体意识。以人为本是科学发展观的核心。大学生思想政治教育坚持以人为本、尊重和体现学生的主体地位，关注学生的成长、成才与就业，有利于调动学生参与思想政治教育过程和自我教育的主动性和积极性。只有结合大学生学习和生活的实际，关心大学生的合理需求和实际困难，做学生的贴心人，切实解决他们的实际问题，大学生思想政治教育才能落到实处，思想政治教育工作才具有说服力和感召力。就业是高职院校学生最大的实际问题，以就业教育为切入点，以人生导航为目标，容易激发学生的主体意识，引导学生把自身作为教育对象，构筑以学生为主体的教育平台。

以就业教育为切入点，解决受教育主体的实际问题。就业教育是一种富有职业特征的思想政治教育，其内涵是十分丰富的。它以社会主义核心价值观教育为核心，以职业素质教育与职业生涯规划为主要内容，以成为一名合格的职业人为目标，把思想政治教育落到实处。由于就业教育与学生切身利益紧密相连，以前许多学生不爱听、不想听的思想政治教育内容变得亲切，学生容易接受与认同。通过就业教育，把社会对人才素质的要求、人生价值的实现、高职学生的成才目标、职业岗位的选择、职业发展的方向等结合在一起，使学生认识到，如果没有良好的思想道德素质，没有过硬的专业知识与专业技能，没有勤奋、诚实、守信、守纪、敬业的工作态度，就难以受到用人单位的青睐。引导学生在了解社会需求的基础上，根据自身的专业特点、能力和爱好规划职业生涯，并在学习过程中不断对职业生涯规划进行调整、修正，实现顺利就业，实现其职业理想。

五、建设专兼职结合的思想政治教育队伍

高等职业教育需要"双师型"的兼职德育辅导员。高职院校应把从企业中选聘兼职德育辅导员作为思想政治教育队伍建设的一项重要工作。每一个优秀的企业都拥有一支现代化的企业管理队伍和高素质的专业技术队伍，不乏为企业建设与发展做出突出贡献的建设者、管理者、技术骨干。他们对企业有着浓厚的感情，有扎实的专业知识技能，有优良的职业素质。聘请这些优秀的职业人作为高职院校兼职的德育辅导员

是对高职院校学生思想政治教育队伍的补充与优化。但兼职德育辅导员主要来自生产第一线,对学生思想政治教育专业知识了解不多,需要较系统地学习大学生思想政治工作的相关理论和业务知识,学习相关的政策法规、心理健康教育等知识。学校可邀请兼职德育辅导员参加学校有关活动,使他们贴近校园、贴近学生、贴近学生生活,进一步了解大学生思想政治教育的内涵与育人功能,促使他们从"外行"变成"内行",成为"双师型"的学生思想政治教育工作者。

加强专职辅导员的"职业"培训。现阶段辅导员队伍主要是由青年教师组成,他们社会阅历浅,缺乏社会经验及职业教育中十分重要的职业经历与体会。这一欠缺减弱了他们实施职业素质教育的能力,在帮助学生进行职业生涯规划或进行就业教育时,显得力不从心。因此,高职院校应加强专职辅导员队伍的"职业"培训。这里所指的"职业"培训是指高职学生所学的专业和他们即将选择的职业。高职院校可选择一些企业作为辅导员的职业培训基地,可选派专职辅导员到培训基地学习、实践、调查,了解企业的发展史、企业的现状与前景;了解从业者的人才结构、知识结构、思想状况、素质要求;了解职业岗位的需求与变化;了解从业人员的工资待遇。通过职业培训,促使专职辅导员成长为"业内人士",成为"双师型"的学生思想政治教育工作者。

第二节 高职院校思想政治教育的有效途径

一、巩固高职院校大学生理想信念,牢固树立社会主义核心价值体系

第一,把加强理想信念教育放在更加突出的位置。高职院校大学生思想政治教育工作必须以理想信念教育为核心、以爱国主义教育为重点、以思想道德建设为基础、以大学生全面发展为目标,培养德、智、体、美全面发展的社会主义合格建设者和可靠接班人,这是新时期高职院校大学生思想政治教育的核心任务。当前,高职院校必须紧紧围绕这一核心任务,切实转变观念,改进工作方式。首先,要从思想上高度重视。思想是行动的先导,只有认识到了理想信念教育的重要性,了解到了理想信念教育的重要意义,才能将其做好。其次,要加强高职院校思想政治教育工作者的责任感。高职院校的思想政治教育工作者肩负着引导学生、教育学生的重任,必须增强爱岗敬业精神,加强自身师德建设,以自身言行为学生做出榜样。最后,不断探索理想信念教育规律,寻找适合当代大学生自身特点和需要的有效途径,尤其是要将理想信念教育和丰富多彩的学生活动相结合,如以国庆、建党纪念日等节日为契机,在活动中对

第八章 高职院校思想政治理论课教学实效性之"三维课堂"建设探索

学生进行潜移默化的教育。

第二,进一步培养高职院校大学生社会主义核心价值观念,加强社会主义核心价值体系建设。社会主义核心价值体系包括马克思主义指导思想、中国特色社会主义共同理想、以爱国主义为核心的民族精神和以改革创新为核心的时代精神、以"八荣八耻"为主要内容的社会主义荣辱观四个方面的基本内容。这四个方面相互联系、相互贯通,共同构成辩证统一的有机整体。在高职院校大学生中加强社会主义核心价值体系建设是当前思想政治教育工作的重要任务。首先,坚持正确的舆论导向,实现社会价值和个人价值的统一。其次,加强"两课"教学,更新教育教学方法,从身边事例与实际案例出发,提升学生的感性认识,从单一的课堂教学到多渠道、多角度教学,以社会实践等形式将核心价值观灌输到学生头脑中。最后,树立社会主义核心价值观,除了学校、社会的教育帮助外,学生更应该具有自我提高、自我发展的成才意识,积极主动地通过各种途径,加强自身修养,提升自身素质,从而树立社会主义核心价值体系。

第三,合理利用网络这一平台,实现教育手段现代化。高职院校思想政治教育工作者要充分利用网络这一现代化技术手段,占领这一思想政治教育平台,充分挖掘网络资源以对大学生进行思想政治教育。如通过网络、BBS论坛等了解学生的思想动态,为BBS论坛提出有意义的、具有导向性的讨论主题,引导论坛舆论方向,把握学生思想脉搏,并科学合理解答学生的困惑与不解;通过电子信箱、QQ等网络手段与学生进行思想交流,掌握学生的真实想法,使思想政治工作更具成效。

二、围绕转变高职院校大学生就业观念,做好思想政治教育工作

转变高职院校大学生就业观念,是高职院校做好大学生就业工作与实现高职院校大学生充分就业的前提。而转变高职院校大学生就业观念首先要做到以下两点:

第一,要加强国家就业政策的舆论宣传。为缓解大学生就业压力,进一步做好大学生就业工作,国家出台了一系列优惠的政策措施促进大学生就业,如"三支一扶"政策、大学生志愿服务西部政策、大学生到村任职政策、大学生应征入伍政策等,这些政策中绝大多数都要求学生们面向基层,去基层就业。高职院校要加大对这些政策的宣传力度,让学生们真正了解国家出台这些就业政策的目的意义以及时代背景,了解这些就业政策给大学生提供的一系列优惠措施,提升这些就业政策的吸引力;尽量避免大学毕业生在大中城市过独木桥,而中西部和农村地区人才严重缺失的现象;珍惜国家为大学生创造的就业机会,促进大学生就业。

第二,通过职业生涯规划和就业指导课程的开设来转变大学生就业观念。在开设职业生涯规划和就业指导课程时,应与学生的专业实际紧密联系,帮助学生制定科学

合理且与自身实际相吻合的职业生涯规划，让其真正意识到职业生涯规划对自身职业发展的重要性，让他们从大学一年级开始严格按照自己的职业生涯规划安排好自身学习与生活，完善自身人格、技能和职业素养，了解毕业生就业的工作流程，积极为自身的就业工作做准备，努力实现"人职匹配"。

三、贯彻落实科学发展观，牢固树立"以学生为本、为学生成长成才服务"的工作理念

以学生为本、加强人文关怀。高职院校大学生的思想政治工作必须着眼于促进人的全面发展这一目标，使高职院校学生的价值、潜能和个性能够得到充分体现，真正把"以人为本"的教育理念和全面发展的教育目标融为一体，贴近实际、贴近生活、贴近学生，提升思想政治教育的针对性和实效性。要加强对学生的人文关怀，实施情感教育。所谓情感教育，是指教育者对学生的一种发自内心的关心、爱护、尊重、信任、期望、赏识的美好情感。思想政治教育工作者只有对学生付出真感情，学生才会"亲其师、信其道"，自觉愉快地接受老师的教诲，师生之间才会心心相印、达到情感上的共鸣，才能把思想政治教育工作做到内心深处，取得良好的教育效果。

以人为本，加强对大学生的心理健康教育。加强思想政治教育工作者对学生的心理辅导，是思想政治教育工作者的一项基础性教育工作，也是促进大学生全面发展的重要方面。做好心理健康教育有利于思想政治教育工作者与学生之间建立一种良好的接受教育的心理状态，使思想政治教育工作更加适合学生特点，更加符合教育规律。目前，很多高职院校思想政治教育工作者担任着心理健康教育相关课程的讲师，心理咨询的理论和方法有助于思想政治教育工作者加深对学生的认识与了解，增强思想政治教育工作的针对性。心理辅导不仅能够帮助思想政治教育工作者全面深入地了解学生的共同特点，同时也能使辅导员更加深刻地了解学生不同的性格特征，理解学生，缩短思想政治教育工作者和学生之间的心理距离，达到共鸣，从而为增强教育的针对性和实效性创造条件。

四、完善工作机制，提高大学生思想政治工作水平

高职院校需要进一步重视思想政治教育工作者队伍的建设和培养，为其成长创造条件。要培养一批政治合格、思想过硬、热爱大学生思想政治教育工作的思想政治教育工作者，给予他们相应的工作环境和工作待遇，在其职称聘任、评奖评优、年终考核等方面予以优先考虑，落实国家、省、市的各项政策，为辅导员更好地开展工作创造良好的职业环境，调动他们的积极性、主动性和创造性。只有这样，才能够进一步

凸显大学生思想政治教育工作的成效。

　　形成家庭、学校、社会三位一体的教育格局。思想政治教育由学校教育、家庭教育和社会教育三部分组成。因此，高职院校大学生思想政治教育工作也需要这三种教育的有机结合，形成合力。首先，全社会需要为大学生思想政治教育创造良好的教育环境。学生在高职院校受到教育之后，社会应对其思想观念、价值取向等予以相应认可，从而让学生在社会环境中得到思想道德上的满足，进而更容易让学生们"亲其师、信其道"。其次，思想政治教育不能忽视家庭教育的育人功效。家庭教育在大学生思想政治教育中具有重要作用。家庭教育中的思想政治教育其实很多是无形的教育，父母的思想道德状况、为人处世方式、仪容仪表、谈吐举止都潜移默化地影响着学生。同时，父母是学生最信任的人，他们的教育更容易被学生接受。所以，高职院校思想政治教育工作者应当重视家庭教育的重要作用，加强和家长之间的沟通和交流，主动和学生家长建立紧密联系，将学生在校表现及学生的思想状况及时反馈给家长，从不同角色、不同角度有针对性地对大学生进行思想政治教育。这样，大学生的思想政治教育效果将会更加显著。

　　举办丰富多彩的文体活动，加强思想政治教育实践，充分发挥第二课堂的育人功能。第二课堂是高职院校大学生思想政治教育的主阵地，它通过让学生参与丰富多彩的文体活动来达到教育效果。因此，它更具有针对性、主动性、灵活性和时代感，它不仅把学生当作一个知识的学习者，更重要的是把学生看成一个有丰富的内心世界、独立的人格尊严以及巨大潜力的生命体。在文体活动中，让学生们独立思考，并在此基础上，教师加以引导，使学生自身在不断实践中将思想道德观念内化，在潜移默化中接受教育，从而达到提高思想道德水准的良好效果。如以重大节庆日、节假日为契机，以文体活动为载体，在学生中广泛开展以爱国主义、集体主义、职业道德为内容的主题教育活动。与简单的说教相比，第二课堂更加符合学生自身发展规律，符合新时期大学生思想政治教育工作要求。总之，在新形势下加强和改进高职院校大学生思想政治教育工作，就要求广大思想政治教育工作者解放思想、实事求是、与时俱进，根据时代发展要求不断在观念、内容、方法和体制等方面进行改革创新，不断总结改革和创新经验。同时，积极探索新形势下大学生思想政治教育工作的新途径、新方法，并加以总结、扩展、落实，从而使高职院校的思想政治教育工作得到又好又快的发展。

第三节　工学结合模式下高职院校思想政治理论课教学探析

工学结合是当前高等职业技术教育人才培养模式的成功经验和实践形式。工学结合是适应我国经济社会发展，应对市场需求，把教学活动与生产实践、社会服务、技术推广及技术开发紧密结合起来，提升人才培养质量的一项重要教育改革。在工学结合模式下，思想政治理论课的教学面临新的挑战和机遇。高职院校倡导"以服务为宗旨、以就业为导向"，立足于服务区域经济，走产学研一体化发展的道路，大力推行"校企合作、工学结合"的人才培养模式和教学模式。在此背景下，推进高职院校思想政治理论课教学改革，以适应高等职业教育的发展需求，成为一项十分重要而紧迫的任务。

一、高职院校思想政治理论课的新思考

思想政治理论课作为高职院校德育教育的主渠道、主阵地，发挥了自身的优势和作用。然而，由于种种因素的影响，高职院校思想政治理论课教育教学实效性不容乐观，如教育教学对象定位不准，教学效果不理想，学生学习兴趣不浓厚，教学内容时代感和针对性不强，教学方法传统单一等。因此，对高职思想政治理论课教学的思考就十分必要。

（一）高职院校思想政治理论课的定位

1. 高职院校教育的定位

高职院校教育的高等性有别于本科教育的高等性，高职是在社会对生产一线劳动者素质要求越来越高，社会呼唤技术应用能力更强的专门人才的背景下产生的，用本科教育作为高职教育的参考系可能会造成误导。高职教育的职业有别于本科教育的专业，本科教育培养的是宽基础、适应性强的"知识通才"，而高职教育培养的是能解决岗位综合的、复杂实际问题的"职业通才"。

2. 思想政治理论课学科教育的定位

思想政治理论课一向被认为是高职生思想政治教育的"主渠道"，是帮助高职生树立正确的世界观、人生观和价值观的重要途径，其价值不容忽视。多年来，在广大教师和学生的共同努力下，思想政治理论课建设取得了一定的成效，广大任课教师的努力也得到了高职生的认可。然而，面对社会发展的新形势，高职生对思想政治理论课的要求也越来越高。他们希望这类课堂的内容是开放的而不是封闭的；内容是发展的，而不是停滞的；态势是兼容和汇集百家之长的。他们不希望千篇一律的"原理加例子"的教学"汉堡包"和关系到现实利益的中式餐。他们也理解这门课的政治属性，任何

方面都"太政治"而缺少亲切亲近感，那种"非白即黑"全盘肯定论，不太受高职生欢迎，高职生需要的是实事求是的中肯分析。

3. 高职生认识规律的定位

高职学院的学生由于受其本身学识条件的限制，不可能对教师讲授内容的广度和深度提出过高的要求。因此，高职院校对高职生思想政治理论教育既不能降低要求，也不应不切实际地盲目拔高，必须科学把握高职院校实施思想政治理论教育在人才培养目标、层次上的合理定位。

（二）思想政治理论课理念的思考

1. 立足于"以人为本"的教育观

"以人为本"的教育指的是以人的和谐发展为目标，希望人的本性、人的尊严、人的潜能在过程中得到最大的实现和发展的教育。树立"以人为本"的教育观，关键是要明白：人是主动的、不断优化和自我负责的，能在实现既定目标的过程中进行自我反馈，不断完善的；人的发展潜能是无限的，人的发展需要是多方面的。"以人为本"的教育观，体现在高职院校课堂教学中就是"以学生为中心，以发展为目标"；反映在思想政治理论课教学中，就是把思想政治理论课当作关系到学生能力、个性、发展前途的大事抓紧抓好。思想政治理论课教育教学必须着眼于社会的变化发展和学生应对社会的需要，不仅仅是向学生传递理论知识，更重要的是使学生形成一种政治道德观念，进而内化为固有的政治道德品质。思想政治理论课教育教学还须重视情感教育，通过情感教育促进学生智商情商的同步提高，最终达到知识习得、思维训练、人格健全的协同，实现人的发展目标的融合；重视情感交流，激起学生相应的情感体验，增强学生的理智感。

2. 立足于"启发式教学"的教学观

孔子有言："不愤不启，不悱不发。"郭齐家认为，"愤"就是学生对某一问题正在积极思考，急于解决而又尚未弄懂时的矛盾心理状态；这时教师应对学生思考问题的方法适时给予指导，以帮助学生开启思路，这就是"启"；"悱"是学生对某一问题已经有一段时间的思考，但尚未考虑成熟，还没有抓住要领，处于想说又说不清楚的另一种矛盾心理状态；这时教师应帮助学生由感性认识上升至理性认识，使学生不仅知其然而且知其所以然，即弄清事物的本质属性，然后才有可能用比较准确的语言表达出来，这就是"发"。

3. 立足于人文和科学的基本素质

曾有这样一个争论，美国宇航员说在太空上看到了中国的长城，我国小学教科书上就有了相关描述。但是，我们中国的宇航员杨利伟却说在太空中没有看到长城。如果我们的思维只能接受一个所谓"正确"的说法，要么看见，要么看不见，那么，如果看得见，杨利伟肯定错了；假如杨利伟的话是正确的，美国宇航员就错了。这将使我们陷入"非对即错"这样一个判断是非的怪圈当中，这是不符合科学精神的。思想政治理论课教师要做的是把事实告诉学生，而且这个事实是在一定条件下才能成立的。否则，我们看问题容易极端化、片面化。

二、工学结合模式下高职院校思想政治理论课教学面临着新的挑战与机遇

（一）面临的挑战

1. 教学安排的挑战

在工学结合模式下，高职院校更侧重于学生职业能力的培养，更加注重学生就业竞争力的培育。为提高学生的就业竞争力，许多高职院校为加大顶岗实习、工学交替的工作力度，往往缩短了思想政治理论课等基础课的教学课时。同时，在思想政治理论课的教学安排上，也要求注重实践教学，强调理论教学以职业岗位要求为目的，以"必需、够用"为度，不追求学科体系的系统性和逻辑严密性，突出与职业岗位紧密联系的职业道德、职业精神等职业思想道德素质的培养。这些给高职院校思想政治理论课的教学提出了新的、更高的要求。

2. 教学方式的挑战

在工学结合模式下，课程教学的组织方式发生了重大变化，学生往往需要离开学校到社会，到工厂、车间、田间地头去实习。各专业各班的实习有些是在教学计划中安排的，有些则是临时安排的，实习的时间有长，也有短，学生实习的地点较为分散。这使得采取合班集中教学的思想政治理论课授课进度难以保持一致，给教学带来诸多不便。

3. 教学环境的挑战

传统的人才培养模式基本都是在校园里实现的，学生所接触的教学环境比较单一，容易管理、教育和引导，即使碰到问题也能及时采取有效措施，具有可控性。然而，在工学结合模式下，学生有更多的时间进入社会和企业，对学生的教育和管理存在一定程度上的不可控性。面对这样的教学环境，如不及时加以正确引导，对学生的成长非常不利。因而，教学环境的挑战是工学结合教学模式下思想政治理论课老师时刻需要高度关注的重大问题。

（二）面临的机遇

工学结合的实施给思想政治理论课教学带来难得的机遇。

第一，有利于促进思想政治理论课实践教学的落实。社会实践是大学生思想政治

教育的重要环节，对于促进大学生了解社会、增长才干、锻炼毅力、培养品格、增强社会责任感具有不可替代的作用。然而，在现实的教学中，思想政治理论课实践教学环节有被泛化和虚化的情况，思想政治理论课老师多数只能从主观能动性出发，用活用足课堂实践教学（采取课堂演讲、辩论交流、案例教学、情景模拟等方式）。而工学结合的实施为思想政治理论课教学实践提供了平台。有的职业院校探索出与学生顶岗实习、实训重合的方式，将之称为思想政治理论课实践的"叠加教学"。因而，工学结合为思想政治理论课提供了一条便捷且具有可操作性和可持续性的实践教学发展之路。

第二，有利于促进大学生的自我教育。大学生思想政治素质的提高，既有赖于思想政治理论课的理论灌输和教师的教育引导，也有赖于学生的自我教育。学生到企业顶岗实习，企业规章制度往往能够直接规范和约束学生的思想与行为。这对学生思想品德的发展、职业素质的养成、能力的提高、行为的规范等方面都具有潜移默化的约束和规范作用；也使学生提前明白社会对自身的要求，促进学生的自我管理和自我教育，以主动适应社会发展要求。其教育效果往往超出课堂的教育效果。

第三，有利于促进高职人才培养目标的实现。高职教育是以培养面向生产、建设、管理、服务第一线需要的，实践能力强、具有良好职业道德的高端技能型人才为目标。思想政治理论课和专业课都有育人的功能，但两者的侧重点不同。前者侧重于思想道德素质和法律素质方面的培养，从根本上解决学生"为什么做""为谁做"的问题，教会学生"做人"的道理，实现的是"育人"的教育目标；而后者侧重于专业知识与动手能力的技能培养，解决的是"能做"的问题，教会学生"做事"的能力，实现的是"育才"的教育目标。思想政治理论课"育人"目标的实现，有赖于专业课的"技能"培养；而专业课"育才"目标的实现，也离不开思想政治理论课"做人"教育的正确引导。工学结合模式下，思想政治理论课的教学既解决了为什么而学的问题，也让学生在顶岗实习（实训）过程中，学会求真求实，克服困难，勇于创新，提升学生的职业能力，更好地促进高职人才培养目标的实现。

（三）可行性

在校企合作、工学结合的人才培养模式下，高职院校可以充分利用校内外的教育环境和教育资源，把以理论教学为主的学校教育和获取直接经验的校外工作有机结合在一起，为高职生思想政治教育搭建新的平台。因此，高职院校思想政治理论课教学改革是可行的。一方面，高职院校可以利用合作企业的教育教学资源，让教师了解专业，将企业文化融入教学，让学生了解企业、了解社会，解决理论与实际脱节的问题；另一方面，高职院校可以通过专业实习、实训和顶岗实习，结合思想政治教育内容，让学生亲身感受工作过程，提升职业道德和职业综合素质。

三、工学结合模式下高职院校思想政治理论课的教学探索

教育部《关于推进高等职业教育改革创新引领职业教育科学发展的若干意见》(教职成〔2011〕12号)中明确指出：高职院校要坚持育人为本，德育为先。要把社会主义核心价值体系、现代企业优秀文化理念融入人才培养全过程，强化学生职业道德和职业精神培养，加强实践育人，提高思想政治教育工作的针对性和实效性。高职院校思想政治理论课教学要根据高职教育人才培养的目标要求，积极探索课程教学的新思路、新方法，寻找教学的新途径和新举措。

第一，调整课程的教学计划，整合、创新教育内容，提高教学的针对性。高职教育的职业性特点以及就业导向的驱动性，使不少高职院校往往片面强调学生实践能力的培养，忽视思想政治理论教育。思想政治理论课在学校的课程体系中地位不高，课时被削减、大班授课、师资队伍建设及教学投入不足等现象普遍存在，思想政治理论课教学得不到应有的重视和有力的支持。面对困难和阻力，高职院校思想政治理论课教师要主动适应工学结合的职业化育人发展趋势，根据高职教育人才培养目标要求和学生的特点，压缩超越高职生接受能力的抽象理论内容，不断整合、创新课程的教学内容，切实从学生日常生活及未来职业所需要的思想道德要求出发，突出职业道德教育。教学内容应充分体现职业性和实用性，在以全国统一教材为参考依据的基础上，以学生就业和职业发展需要为出发点，合理安排教学内容，把解决思想问题与解决实际问题结合起来，着力探寻思想政治理论课教学与就业教育的有机结合，使思想政治教育和就业能力培养教育得到有机的结合，突出其就业的导向性，提高教学的针对性。

第二，发挥工学结合优势，把思想政治理论课实践教学与专业实训、顶岗实习结合起来，提高教学的实效性。高职教育强调教学过程的实践性、开放性和职业性，把实验、实训、实习作为教学的三个关键环节。在思想政治理论课教学中开展实践教学并将其作为课堂理论教学的有机延伸，既符合高职教育的要求，也满足思想政治理论课教学的需要。近年来，各高职院校都十分重视思想政治理论课的实践教学，通过校内主题实践活动、参观考察、撰写调查报告、志愿者活动等形式让学生获取知识，弥补课堂理论教学的不足，加深学生对理论的理解。但由于受时间、经费、师资及组织困难等因素的制约，实践教学开展缺乏连续性，学生参与缺乏广泛性，教师缺乏主动性，存在着重形式、轻实效等问题。在工学结合模式下，思想政治理论课可以利用校企合作、工学结合的优势，将思想政治理论课实践教学与学生的专业实训、顶岗实习等结合起来。思想政治理论课教师要利用学生到企业顶岗实习的机会，结合各专业特点，有针对性地给学生布置实践任务，如设置相关调研专题，使学生在实习过程中通过观察和分析受教育、长才干、强素质。也应会同专业课教师加强对实习生的跟踪指导，邀请实习单位领导和实习指导人员与实习带队教师共同管理学生实习期间的学习、生活、工作，

加强学生思想政治教育。把学校的思想政治教育延伸到实习企业，使思想政治理论课教学不仅不受专业课实践教学的影响，而且有利于促进学生将学到的政治理论知识转化为学生的实际行为，有效地解决思想政治理论课实践教学针对性不强、实效性差的问题。

第三，建设专兼结合的思想政治教育队伍，提升学生职业素养的支撑性。高职教育能否办出特色，办出水平，关键是师资。高职教育的发展，需要大批从事高职教育的教师，需要建立一支与高职教育相适应的师资队伍。工学结合的实施有助于建立一支以思想政治理论课教师为主，以企业的管理人员、技术能手、专业实习指导教师为补充的高素质的思想政治教育队伍。一方面，思想政治理论课教师通过参与工学结合，与企业人员交流学习，进一步了解社会、了解企业，有利于提高教师教学的能力和水平，提高教学的针对性和实效性；另一方面，聘请企业人员担任兼职教师，可充分利用他们丰富的实践知识，充分发挥企业的育人作用，以弥补教师数量及其实践教学能力的不足。

第四，建立健全思想政治教育网络阵地，增强教育的有效性。当前，互联网已成为人们了解社会、接受教育、进行日常交往的一个重要组成部分。网络已深入人们的生活，给大学生带来的影响日益凸显，对青年学生的思想产生了越来越大的影响。高职院校应主动适应现代信息技术的发展，找准高职院校德育与高科技的结合点，充分运用网络平台对学生进行思想政治教育：通过学校校园网建立思想政治理论课教学专栏，设立信息资料库，广泛收集各种思想政治教育信息，如古今社会成功人士个人信息、社会热点难点问题、优秀影视作品、教师课件等，并及时地将其传递给学生；设立论坛，通过网络开展师生互动交流，及时回答学生关心、关注的问题，充分发挥网络的开放性、交互性特征，拓展教育的时间、空间，克服学生实习分散、学习时间不统一给思想政治教育带来的困难，提高学生思想政治教育的影响力、渗透力和覆盖面，增强思想政治教育的有效性。

第五，构建工学结合的思想政治理论课考核评价体系，增强学生学习的主动性。工学结合突破了以学校和课堂为中心、以理论讲授为主的传统封闭式教学组织形式，强化了学生校内学习与实际工作的一致性。积极探索新形势下高职思想政治理论课教学考评体系，对于指导工学结合下高职院校思想政治理论课教学改革，正确引导学生学习思想政治理论课，增强学习的自觉性和积极性，提高思想政治理论课教学效果具有重要意义。工学结合下高职院校思想政治理论课教学内容、教学方式及教学目标的改变，使学生学习成绩考核不能仅局限于课堂考试成绩，而应把学生的理论课考试成绩和在现实生活中以及在实验、实训、实习三个关键环节中的思想道德行为表现结合起来进行综合考查。将学生的企业调研报告、实践教学的态度、任务完成情况、课堂学习表现与期末考试等考评综合起来确定成绩，既要考核学生的知识认知，更要考核学生的日常行为表现，促进学生"知"与"行"的统一。同时，将思想政治理论课考核成绩与学生的评优评奖、学生党员的发展等结合起来，努力把思想政治理论课教学和学校思想政治教育、学生管理结合起来，更好地发挥思想政治理论课教学的作用。时代在变化，人才需求也在变化。工学结合是当前高职教育人才培养的有效途径，作为育人主阵地的思想政治理论课，也应适应这一变化和需求，创新教育形式，提高教学实效，完善评价体系，为中国特色社会主义事业培养合格的建设者和可靠的接班人。

第四节 高职院校思想政治理论课实践教学定位的理性思考

高等职业教育是以培养应用型和复合型人才为目标的高等教育，其职业性特色决定了实践教学是高职教育的重要环节。高职院校思想政治理论课实践教学成了研究热点。然而，现实中实践教学状况并不理想。应理性思考高职院校思想政治理论课实践教学的定位，包括明确高职院校思想政治理论课实践教学的内涵、内容侧重点及目标，这对提高高职院校思想政治理论课实践教学的实效性有指导性意义。

一、出发点：理性认识高职院校思想政治理论课实践教学的内涵

要推进高职院校思想政治理论课实践教学环节，首先，要对思想政治理论课实践教学的内涵有正确的理解。思想政治理论课实践教学是根据思想政治理论课的教学任务，围绕其教学内容，紧密结合当前的社会形势和学生的思想实际，以课堂教学为基础，在教师的指导下，由学生个人或集体参加的、有目的、有计划、有组织的学生活动和思想教育活动。它是思想政治理论课不可或缺的重要教学形式，对于提高学生的思想政治素质和观察分析社会现象的能力具有重要的意义。因此，实施实践教学活动，让大学生走出课堂，接触社会，参与实践教学，在实践教学中提出问题、思考问题、解决问题，目的是使大学生达到"知"与"行"的统一。然而，我们在把握高职院校思想政治理论课实践教学的内涵时还存在一些认识上的误区。

（一）高职院校思想政治理论课认为实践教学与课堂教学对立的认识误区

很多人认为实践教学就是课外教学、校外教学，是相对于课堂教学而言的。实施实践教学就是要组织和带领学生离开课堂，走出校门，开展校外与思想政治教育有关

的见习或实习活动。这种理解是把实践教学与课堂教学对立起来，认为实践教学是区别于思想政治理论课课堂教学的一种教学模式。然而，高职院校思想政治理论课实践教学环节是高职院校思想政治理论课教学中一个非常重要的环节，不能把它与思想政治理论课课堂教学环节割裂开来。把握和判定思想政治理论课实践教学不是以教学场所是否"在社会"为标准，而是以教学内容是否"在社会"为标准；不能返岗实践教学简单理解为"社会实践中的教学活动"，而应理解为"教学内容中的社会实践问题"的教学。因此，高职院校思想政治理论课的实践教学不是教育教学途径和方法意义上的范畴，而应是教育教学理念和内容意义上的范畴，它不仅不与"课堂教学"相对立，而且主要是通过"课堂教学"实施的，是课堂理论教学的一个延伸。

（二）高职院校思想政治理论课认为实践教学与专业实践教学完全分离的认识误区

高职院校的专业实践教学模式是让学生走出教室到车间、实验室、农田、实习基地和校内外合作企业等实验、实训、实习的第一线，边教、边干、边辅导，通过实践教学，学生能把教师所传授的专业知识转化为技术应用能力和操作能力，从而能迅速形成社会职业所需的操作能力、应变能力和开拓能力。

然而，许多高职院校在开展思想政治理论课实践教学时没有充分利用专业实践教学的各种实践基地，在选择思想政治理论课实践教学基地时，多以传统革命圣地和纪念馆类型的基地为主，认为只有这样才更能体现思想政治理论课的革命性、思想性。其实，高职院校的专业实践教学不仅是学生实践专业知识的好机会，也是开展思想政治理论课实践教学的良机。在实施专业实践教学的同时开展思想政治理论课实践教学，可以把思想政治理论课对学生的思想政治素质的基本要求与学生将来就业的专业岗位所要求的思想政治素质联系起来。例如，在讲授职业道德时，把职业道德的要求与学生将来从事岗位的职业道德的具体要求联系起来，并在学生的专业实践教学中强调职业道德的遵守。同时，学生也能在生产、企业等第一线学会运用马克思主义的立场、观点和方法看待中国革命和建设，尤其是改革开放的历史与经验，尊重社会发展的客观规律和创造人生价值的基本规则，养成优良的个性品质。因此，这两种实践教学的结合具有很强的针对性，学生既能通过专业实践形成社会职业所需的操作能力、应变能力和开拓能力，也能形成专业岗位所需的思想政治观念。

二、主要内容：突出高职院校思想政治理论课中的职业道德教育

如前所述，思想政治理论课的教育目的在于提高大学生的政治素质和道德修养。然而，高职教育职业性特征又决定了高职院校思想政治理论课实践教学除了要让学生悟出人生之"道"外，还应养成他们规范的"岗前"职业道德。基于此，高职院校思想政治理论课实践教学应利用专业实践这一平台，在学生进行专业实习、实训时着重培养以下几方面的职业素养。

（一）树立正确的职业价值观

在市场经济环境下，高职大学生的价值观呈现多元化倾向，积极健康向上是主流，但也确实存在消极颓废的成分。他们通过填报志愿、选择专业，已有着对未来职业的美好憧憬，但是在这种美好憧憬和愿望背后，又隐藏着他们对将来所从事职业的困惑。有些学生并不真正了解自己今后职业的地位、权利、义务，不知道如何正确处理个体与行业、与服务对象、与同行之间的利益关系，价值目标存在着个人主义和功利主义的倾向。因此，高职院校思想政治理论课实践教学首先应帮助大学生树立正确的职业价值观，形成敬廉崇洁的价值判断，并将敬廉崇洁的价值观内化为学生的修养和素质，从而使他们能正确对待今后职业的地位和待遇、苦和乐、奉献和索取，摆正个人和国家、个人和集体的关系，以奉献社会为最高职业目标。

（二）培养高职大学生的职业诚信素质

诚信不仅是做人的准则，也是高职大学生步入职业殿堂的"通行证"。在职业生涯中，缺少了诚信就会失去人们的信任，失去社会的支持，失去成长和发展的机会。然而，高职大学生诚信缺失的现象在一定范围还客观存在，例如考试作弊、拖欠贷款和学费、毕业推荐弄虚作假、任意变更或撕毁就业协议等不良现象还时有发生，遗憾的是这些现象在现在的一些大学生看来并非是耻辱。如果任凭这些思想生根发芽，在大学生成长过程中不断强化，将来他们步入社会接触到实实在在的公共权力和利益时，后果就会不堪设想。因此，在高职院校思想政治理论课实践教学中应当立足于诚信教育和诚信教育规律的探寻，着力培养大学生的诚信素质。

（三）培养高职大学生的职业法律规范意识

任何职业都有其相应的法律法规，职业法律法规是为了调节、约束甚至制裁从业人员的职业活动而形成和制定的行为规范。一个社会的正常运转有赖于体系化规则的存在。一个人的职业行为安全、心理安全既有赖于体系化的职业规则的保障，更有赖于自己对职业规则的自觉遵守。教育学生自觉遵守的法律法规和社会道德规范，首先应当包括学校的校纪校规，但高职院校思想政治理论课实践教学应更侧重于学生踏入

社会后的职业法律法规教育。一方面，要让学生掌握现代职业道德和职业法律法规要求的基本内容，掌握我国廉政建设和反腐败方面的政策法规，明确职业中的基本规范和目的，从而增强他们的职业法律意识；另一方面，要让学生养成遵守法律法规的习惯，掌握遵循道德和法律规范来处事待人的原则和方法，无论对人对己都要公平公正，实事求是。

三、归宿：学生心灵与人格的完善

（一）正确理解高等职业教育的目的

高等职业教育是高等教育的重要组成部分，它在层次上属于高等教育，在教育性质上属于专业技术教育，注重培养技术应用型人才。由此可知，高等职业教育的首要任务应是"教育"，其次才是"职业教育"。因此，要通过教育使学生的人性得到提升，能力得到发展，即"使学生成为人"；要通过职业教育使学生获得某些职业岗位群所需的技术应用能力和操作能力，即"使学生成为某类人"。我国职业教育的奠基人黄炎培曾对职业教育的目的有比较完备的阐述："职业教育的目的，一是谋个性之发展；二是为个人谋生之准备；三是为个人服务社会之准备；四是为国家及世界增进生产力之准备。"

（二）理解高职院校思想政治理论课实践教学的"学以致用"

很多人认为高职思想政治理论课实践教学就是把所学理论知识运用到实践中，使之能"学以致用"，并以专业实践课看得见摸得着的实践过程来要求思想政治理论课实践教学环节。这是社会普遍存在的实用主义在大学课堂中的反映。在市场经济条件下，为用而学的思想并不是过错，尤其是当前就业压力越来越大的情况下，强调实用也是合情理的，但不能以专业工具之用来要求思想政治理论课实践环节之用。高职院校思想政治理论课实践教学表现为"智慧之用"，通过实践，不仅向学生传授作为指导思想和理论武器的马克思主义理论知识，对学生进行人生观、价值观教育，而且要让学生感悟、体验、践行，将其内化为良好的思想政治素质和道德品质，使学生的思维方式和行为方式得到训练，最终使学生的人格和心灵达到完善。即，学生通过思想政治理论课的实践悟出的是人生之"道"，而通过专业实践悟出的是生活之"术"。两者既有本质区别，又相辅相成。

第五节 教育信息化条件下高职院校思想政治教育的创新

一、教育信息化条件下高职院校思想政治教育的机遇与挑战

（一）教育信息化为高职院校学生思想政治教育提供了新机遇

首先，从整个社会来看，用于教育信息存储、处理和传递的教育信息环境正在不断完善。其次，从高职院校来看，随着教育信息化建设的深入开展，信息技术在高职院校已经得到广泛应用。广大思想政治理论课教师在现代教育理念指导下，积极使用先进的教育手段和丰富的教育资源，积极学习制作和应用多媒体课件进行教学。这既改变了传统的教学模式，增加了课堂教学信息量，解决了教学内容多、学时不足的矛盾，大大提高了思想政治教育信息的传播效率，又使严肃、抽象、深奥的理论讲解变得形象生动、深刻有趣，从而使教学的质量以及学生的学习兴趣和积极性都得到显著提高，大大增强了思想政治理论教育的实效性和感染力。

（二）教育信息化使高职院校学生思想政治教育面临新的挑战

随着教育信息化建设的深入开展，对高职院校学生思想政治教育工作者的教育理念、教育模式、教育手段和教育方法的转变提出了更高的要求。但是，由于受主客观因素所制约，一方面，在高职院校学生思想政治理论课教学实践中，固守或不同程度地停留在传统的教育教学理念上和主要靠"一支粉笔、一张嘴、一块黑板、一本书"来传递教育教学信息的落后状况依然没有得以彻底改变。对现代信息技术在教育教学中的运用、多媒体课件的制作和使用等方面，还处于低水平状态。高职院校中无论是教育信息化硬件建设的水平，还是教师在思想政治教育教学中运用现代信息技术的能力，都还远远赶不上现代信息技术发展的速度，达不到现代信息技术发展的要求。特别是在教学实践中，教师还没能从根本上改变以教师为中心的传统教学模式，多媒体课件的制作和使用只是作为教师讲课的辅助演示工具；教材依然是教授学生知识的主要来源和载体；课堂讲学仍是由教师组织、监控教学活动的全过程。教师依然是知识的主动传授者，而学生只是知识的被动接受者。另一方面，在当今信息社会，学生的学习空间已经不再简单地局限于教室或学校，还包括大众媒介。上网已成为现代大学生基本的学习、工作和生活方式。但网络既是一个信息的宝库，同时也是一个信息的垃圾场，其负面因素对高职院校学生的思想影响更为明显。这就给高职院校学生思想政治教育带来了最严峻的挑战。我们必须积极利用现代信息和传播技术，大力推动教

育信息化，促进教育现代化的实现，在加强课堂教学内容和教材知识讲授的同时，还应通过网络和多媒体技术的运用等多种渠道，使学生获得更具针对性的思想政治教育信息。

二、教育信息化条件下高职院校思想政治教育的创新

第一，进一步加强和改进思想政治理论课的教学，提高在教学过程中运用现代信息技术的水平和教育教学的效果，充分发挥思想政治理论课的主渠道作用。要坚持育人为本是中心，抓好课堂教学是关键。在思想政治理论课的教学过程中，我们既要充分发挥教师的主导作用，又要充分体现育人为本、以学生为主体的理念，不断提高教师利用现代信息技术的水平，进一步加强和改进高职院校学生思想政治理论课教学，把丰富的教育教学资料的检索与获取、多媒体课件的制作与使用、案例教学的图文声色意并茂等的作用发挥到极致，将思想政治教育的理论内容以学生喜闻乐见的形式表现出来，将传统的"灌输"转变为吸引学生自觉主动地积极参与，真正实现用科学理论武装大学生，用优秀文化培育大学生，用高尚的思想政治素质和道德风范影响教育大学生，不断提高思想政治理论教育教学的针对性、实效性、吸引力、感染力，努力把高职院校思想政治理论课建设成为大学生真心喜爱、终身受益的优秀课程，真正发挥大学生思想政治教育的主阵地、主渠道作用。

第二，进一步重视和加强高职院校德育网站的创建和管理工作。校园网站既是网络思想工作者的教育手段，也是网络德育的战斗武器。在当前网络已经成为大学生接收信息的重要渠道的条件下，亟须对思想政治教育工作拓展进入网络进行积极探索。要高度重视和加强贴近现实、贴近生活、贴近学生实际的网络思想政治教育新阵地的院校德育网站创建工作。通过网站，在教育内容上，可开辟具有较强思想性、教育性的"大学生活、大学学习、人际交往、竞争合作、恋爱婚姻、心理健康、择业创业、成功成才、道德模范、法律案例、名著欣赏、热点关注、视频播放"等丰富多彩的主题教育栏目，以及具有互动性的"释疑解惑、学习园地"等各具特色的思想教育栏目和工作信箱，全方位地及时根据学生关心的或存在的问题提供帮助和指导，以增强思想政治教育工作的针对性和实效性。在教育对象上，做到既面向全体，又重视个体，体现以学生为本，为学生服务的理念，增强思想政治教育工作的亲和力、吸引力和感染力。在教育方式上，要采取教育为主、预防为辅的适时超前提醒的方式。在教育效果上，实践证明，网络思想政治教育是一种符合大学生年龄特点的思想政治教育方式，可达到润物细无声、育人全方位的效果；有效地改革了以教师为中心的传统型育人模式，逐步向以学生为中心的现代育人模式转变；不仅是在内容时空有限的课堂内，还包括在内容时空无限的课堂外，都始终把大学生作为学习知识的主体，充分调动大学生自

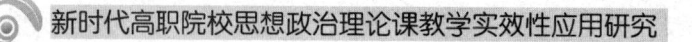

我教育、自我管理、自我服务的主动性、积极性，逐步引导大学生自觉加强思想政治修养。

第三，进一步重视和加强QQ群和微博文化的建设和管理，营造良好的网络环境，为师生良好互动提供全新的途径。高职院校要积极开展生动活泼的网络思想政治教育活动。目前，QQ群的广泛普及和利用，已经成为大学生喜闻乐见的联系沟通方式。QQ群里往往人气很旺，信息传播便利快捷，影响非常强大。我们通过互联网、QQ群和微博文化的建设和管理，可以密切关注学生网上动态，适时地传播社会主义先进文化，及时掌握网上舆论主导权，有效引导学生文明办网、文明上网、慎独自律、自我调节，塑造健康的网络人格，净化网络环境，牢牢把握网络思想政治教育的主动权。我们通过互联网、QQ群与大学生网友随时在线沟通与交流，可以及时了解大学生的思想状况，及时解答他们提出的各种问题，有效地拉近老师与广大学生之间的情感距离，产生共同的语言，及时地发现学生对学校工作的意见和要求以及亟须获得帮助的问题，广泛地汇聚学生的建议和智慧，真正做到想学生所想，急学生所急，助学生所需。QQ群和微博文化的建设和管理，作为"面对面"思想政治教育工作方式的又一个补充和辅助，可大大提高学生思想政治教育工作的针对性、时效性和亲和力、吸引力、感染力。

第四，充分调动全校各方面的积极性、主动性，形成强大合力。首先，现代信息技术在思想政治教育中的应用，离不开教育思想、教育理念、教育行为的转变和创新。加强学生思想政治教育工作，既要建设好既定的学生工作专职队伍，又要树立全校教职工教书育人、管理育人、服务育人的全员育人理念；既要高度重视、充分肯定和大力支持既定的传统的有益的思想政治教育方式方法，又要注重利用网络开展学生思想政治教育工作；既要重视和支持学校部门工作网站的建设，又要高度重视和支持由教师主办的面向学生的思想政治教育网站的建设；既要注重发挥思想政治理论课的主阵地、主课堂、主渠道的作用，切实担负起加强和改进大学生思想政治教育的责任，又要积极创建贴近实际、贴近生活、贴近学生的网络思想政治教育新阵地，积极开辟体现时代性、把握规律性、富于创造性的网络思想政治教育新渠道，真正形成全校上下、网下网上、课内课外、现实空间的"面对面"与虚拟空间的"微博控"、课内的普遍性教育与课外的特殊性指导等思想政治教育方式的有机结合，与时俱进地把学生思想政治教育由"平面"引向"立体"，由"单向"引向"多维"，由"机械和单调"引向"交流和互动"，增强思想政治教育的活力。这是形成加强和改进高职院校学生思想政治教育工作的强大合力的基础。其次，现代信息技术在思想政治教育中的应用，离不开领导的重视、支持和长效机制的建立与完善，包括人力（专人负责）、物力（技术支持）、财力（经费投入）、精力（时间保证）、权力（机构完善）、动力（激励措施）。这是实现加强和改进高职院校学生思想政治教育工作的强大合力的保障。最后，现代信息技术在思想政治教育中的应用,离不开思想政治教育工作者应该具有的热心、恒心以及对学生的爱心和责任心。这是实现加强和改进高职院校学生思想政治教育工作的强大合力的关键。

第九章 高职院校思想政治理论课教学实效性的管理与保障

第一节 高职院校思想政治理论课教学实效性的教学环境建设

一、思想政治理论课实践教学的组织

增强实践教学的实效性,就必须在高职院校思想政治理论课实践教学的过程中贯彻一系列的思想政治教育的原则,包括理论联系实际、学校教育和社会教育相统一、指导性教育和自我教育相统一的原则,在具体的实施过程中还应规范运行、保障有力、建立基地、形式多样、整合资源、考核科学,按照一定的步骤,科学、规范的组织和实施实践教学,使实践教学真正成为大学生进行思想政治教育的有效方式。

（一）实践教学组织和实施中应坚持的基本原则

1. 实践教学组织和实施应贯彻理论联系实际的原则

理论与实际相结合的原则,揭示了实践教育与理论教育互为条件、不可分割的关系,通过理论学习指导实践,通过实践教学加深对理论的认识,这是一个循环往复不断深化的过程。人的思想品德一般由知、情、意、行等心理要素构成,通过课堂理论教学,传导思想政治观念,可以提高受教育者的思想道德认知水平；通过实践教学,学生以"行为主体"的身份去行动,则可以培养受教育者的思想道德情感和锻炼受教育者的道德意志,引导受教育者实现从品德认识到行为的转化,从而完成思想政治教育过程运行的基本任务。因此,实践教学和理论教学是思想政治理论课教学过程中两个相互联系的环节,理论教学是实践教学的前提和方向,实践教学是理论教学的延伸和拓展,二者相辅相成,协调发展,才能达到功能的整合。贯彻理论与实际相结合的思想政治教育原则,要求在思想政治理论课实践教学的组织和实施过程中注意实践教学内容与

理论教学内容的衔接，做到实践内容与教学大纲的具体统一。因此每一次实践主题、实践内容、实践目标、实践方案、实践考核等的确定，都应围绕教学大纲的要求来进行。

2. 实践教学组织和实施应贯彻学校教育和社会教育相统一的原则

现代社会环境对人们主观世界的影响越来越复杂和突出，马克思早就明确指出："人创造环境，同样环境也创造人。"相对于一定的教育过程和受教育者而言，思想政治教育环境包括家庭、学校和社会三个现实的层次。要培养当代大学生正确的思想政治观念，思想政治教育不能在脱离社会的真空中进行，必须把社会教育与学校教育有机结合起来。高职院校思想政治理论课理论教学的课堂在校内，实践教学的课堂则在社会，但社会并不会自发地成为实践教学的课堂，因为社会生活中既有许多有益的教育资源，也有许多可能对大学生产生不良影响的因素，那么就要对社会教育资源进行取舍。对社会教育资源进行整合就是把学校生活变成一种典型的社会生活，这是让学生参与社会生活的有效办法之一。通过实践教学把学校教育与社会教育有机结合起来，是一种有效的明示教育与暗示教育相结合的方法，在此过程中有利于大学生把外在的教育因素向内在转化，促进受教育者的自我教育，有利于整合各种教育资源，形成思想政治教育的合力。

3. 实践教学组织和实施应贯彻指导性教育和自我教育相统一的原则

指导性教育是教育者通过一定的教育方法，把社会所要求的思想道德规范转化为教育对象的自觉行为的实践活动。自我教育就是教育对象自己教育自己，通过自我认识、体验、控制，完善自己的思想品德的行为。指导性教育和自我教育是互相联系、互相促进的两个方面。一方面，人们的思想道德水平的提高靠学校、社会和家庭的指导性教育，否则受教育者思想政治素质的发展就是自发的、盲目的。另一方面，思想政治教育价值的实现，最终还是要通过受教育者的自我教育得到内化和接受。自我教育是衡量教育是否有效的一个标志，是思想政治教育最终落实的归宿，正如我国著名的教育学家叶圣陶所说"教育的目的就是为了不教育"。这里的"不教育"，可以理解为自我教育。

高职院校思想政治理论课实施实践教学，是教师根据学生身心发展和社会需要，并按照课程教学内容和要求，有目的地引导大学生主动参与实践生活，获得思想道德方面的直接经验，从而提高大学生思想道德素质的教学方式。实践教学首先需要学校和老师的指导性教育，需要学校制定规章制度和纲领性文件，而思想政治理论课教师在实践教学的过程中则可以以扎实的理论功底和较强的社会问题分析能力，抓住学生求解的迫切时机，适当地进行点拨和引导。高职院校开展的实践教学活动也是实现大学生自我教育的重要途径，在实践中，许多学生通过接触社会实际，发现了自己的不足，认识到了自身价值，找到了实现自我价值的正确途径。在为他人服务的过程之中，能使学生树立正确处理个人与他人、个人与社会的关系以及为全民服务的观念，陶冶他们的情操，教会他们如何选择正确的人生道路。实践教学对实现自我教育的四个阶段，即自我认识、自我检验、自我评价、自我发展，有着独特的意义。总之，实践教学在组织和实施的过程中应有效地贯彻指导性教育和自我教育相统一的思想政治教育原则。

（二）高职院校思想政治理论课实践教学组织和实施的长效机制

高职院校在进行思想政治理论课实践教学的过程中，要规范运行、保障有力、建立基地、形式多样、考核科学、整合资源，才能建立长效机制，使实践教学长期坚持下去，发挥其在增强学生学习主动性、提高教学的实效性上的重大作用。

1. 加强制度建设，使实践教学规范运行

学校各级领导要改变教育观念，高度重视实践教学，形成校主要领导统一负责，教务处、学工处、校团委和思想政治理论课教学部门等分工负责的领导与管理体制。并且在大学生思想政治教育过程中要像对待理论教学那样对待实践教学，拟定关于实践教学的规章制度，加强实践教学的科学化、规范化管理。对实践教学过程中经费来源、人员安排、部门协调、工作量核算、成果评价标准，都要做出规定，明确教学的目的、要求、内容、方法和手段、模式以及各个环节的先后顺序等，制定相应的教学大纲、编写教材和实践教学指南，对实践教学进行正规的教学管理。这样，既可以防止理论与实践脱节的情况发生，又可以杜绝实践教学环节在组织安排上的随意性。

2. 保障有力，使实践教学获得可靠的物质条件

长期以来，一直有人认为实践教学"费时、花钱而无实用价值"，将轻视乃至忽视实践教学作为一种所谓"理性"的选择，从而导致了实践教学保障条件的缺失和不完善，影响了思想政治理论课实践教学的顺利开展。经费不足、师资缺乏、后勤保障不力一直是困扰高职院校实践教学具体实施的难题，经费、师资、后勤得到有力保障，才能使实践教学能够坚持下来，真正建立起实践育人的长效机制。各高职院校应协调各部门的工作，建立实践教学专项经费，用于校外实践的吃、住、行、参观门票、社会调研等费用，在校内开展的实践教学也需要与活动挂钩的奖励费用，以调动学生的积极性。校外实践教学的后勤保障也应有力，如车辆和主副食的供给，总务后勤部门必须给予一定的支持。思想政治理论课教师是实践教学的直接负责人，负责制订所任课程的学期实践教学计划，填报每一次实践教学的申报表，结合教学内容，给学生开出一系列实践学习的选题，依据实践教学大纲准备详细的实践教学方案，这需要教师理论功底扎实，自身的实践能力强，这样才能引导学生进行实践，解答学生遇到的各种问题。因此必须加强师资队伍建设，培养一批既懂理论教学、又懂实践教学的骨干教师。

为争取实践教学的保障条件，需要激发重视实践教学的动力。这种动力有时是自

上而下的，有时是自下而上的，一方面源于上级部门的压力和学校领导的正确观念和重视程度；另一方面也源于思想政治理论课实践教学的良好效果，吸引学校投入更多资源。对实践教学的管理者和组织者而言，要树立"品牌意识"，通过实践教学的突出成绩激发学校落实、改善教学保障条件的强大动力，实现"以保障条件促成效，以成效促进保障条件的改善"的良性循环，从而形成比较健全的教学保障机制。具体而言，需要在以下方面落实实践教学的保障条件。

首先，构建协调、高效的组织领导机制。应按照"05方案"的要求，建立由相关部门负责同志参加的思想政治理论课教学指导委员会，建立实践教学管理联席会议制度，由学校主管领导牵头，每学期末召开思想政治理论课教学部、教务处、学生处、人事处、团委、宣传部、财务处以及相关二级学院领导参加的专题会议，讨论和部署思想政治理论课实践教学的相关工作。

其次，组建结构优化、素质精良的思想政治理论课实践教学指导教师队伍。制定严格的准入制度和管理制度，建立一支由党政干部和共青团干部、思想政治理论课教师为主体，学校政工干部、辅导员、专业课教师、社会各界有关人士广泛参加的社会实践课程师资队伍。以社会实践教育学科建设为载体，以专业化课程建设和集体备课为手段，以干部、教师职业化发展为途径，以聘任校外兼职教师为补充，使实践课程教师的力量得到有效保障。加快师资队伍的培养力度，提供外出考察、学习交流、进修提高的机会。明确指导教师的工作职责，确保指导教师与学生的密切联系。

最后，切实落实经费保障。从教学管理的角度来看，要让实践教学经费落到实处，需要树立以下几个意识。一是大局意识。既包括学校领导对思想政治理论课实践教学地位的高度重视，也包括思想政治理论课教学部门从学校人才培养的大局出发，积极提升实践教学的实效，促使学校领导舍得投入和乐意投入。二是多渠道筹措的意识。学校专项拨款是思想政治理论课实践教学经费的最重要来源，此外，也可以通过智力输出的方式与有关企事业单位、实践教学基地本着"互利互惠"的原则筹措经费，以弥补专项经费的不足。三是效益意识。思想政治理论课实践教学经费来之不易，要保证专款专用，把有限的经费真正用在"刀刃"上，发挥经费的最大效益。

3. 建立实践教学基地，为开展实践教学提供便利条件

基地建设是思想政治理论课实践教学组织实施的基础性工作。有稳定的实践教学基地和场所，可以使实践教学时间相对有保证，内容相对确定，有利于学生获取知识，练就能力，造就职业素质和提高人才培养的整体质量。实践教学基地的建立应结合思想政治理论课课程的教学内容和特点，选择适宜的实践教学基地，并且还应结合本地特色，充分利用学校所在地及周边城市改革开放和现代化建设以及革命历史时期遗留的相对丰富的教学资源，以学校名义与一些具有典型性、成就突出、领导重视、学生

有兴趣、合作顺利的单位签约，建成相对固定的实践教学基地，从而为实践教学开展提供便利条件。同时学校可以利用其科研、人才优势为基地单位提供服务，形成"互利互惠"的协作关系。

4. 形式多样，增强实践教学的感染力

实践教学的形式按学生参与的领域可分为校内实践教学和社会实践教学，校内实践教学一般包括纳入思想政治理论课教学计划的各种校园文化活动、社团活动、勤工助学活动、校园绿化及环境保护活动；社会实践教学是指根据课程内容安排，有组织、有计划地引导学生走出校门，深入社会，进行参观调查、志愿服务、社区服务、公益劳动等活动。按学生自身参与的程度可分为认知感受型实践教学、参与体验型实践教学和实际运用型实践教学。认知感受型实践教学一般指进行参观访问；参与体验型实践教学可包括在思想政治理论课实践教学中学生以诸如法律工作者或当事人的身份参与模拟法庭，在校园内进行爱国主义教育、诚信教育等活动；实际运用型实践教学一般包括服务社会、公益劳动、志愿活动，学生运用所学专业知识服务家乡、社区、农村，回报社会。高职院校应根据思想政治理论课程的特点和学生的兴趣，选择适当的实践教学形式，以增强实践教学的感染力。

5. 考核科学，确保实践教学的效果

根据实践教学的要求，在实践教学中和实践教学后，要对学生进行科学全面的考核，设立单独的实践教学考核标准，使考核工作成为检验教学效果、检验学生能力形成与素质提高的有效手段。由于实践教学与普通的理论教学有明显的不同，不能用简单的问卷答题的方式和分数做测度来反映教学质量，必须用科学的方式进行考核，除闭卷考试外，还可以采用口试、开卷考试、写论文或调查报告等考核方式。对学生的考核范围也应该广泛，指导教师根据学生在社会实践中的表现，例如学生是否缺席、是否逃避实践教学、学生对实践教学是否认真、学生实践报告或总结完成情况及完成质量情况进行综合评定，给予相应学分或成绩。只有通过科学的考核，才能使实践教学朝着良性方向广泛、连续、规范地开展下去。

6. 整合教学资源，形成思想政治理论课实践教学的合力

树立正确的资源意识，积极整合教学资源，是实现实践教学特色发展的重要前提和关键环节。当前，高职院校思想政治理论课实践教学中一个突出的问题是没有树立正确的资源观，教学资源的利用效率比较低，其原因主要有二：一是缺乏洞察力，不能发现思想政治教育资源，二是缺乏主动性和效益观。很多思想政治教育资源处于原始、低效状态，一些教育者在利用思想政治教育资源时，既不考虑如何将各种资源搭配形成合力，也不注重对思想政治教育资源进行培植和保护，这使得思想政治教育资源处在一种杂乱无章的无序状态。因此，思想政治理论课的管理者和教师应当树立品牌发

展意识，以系统的眼光发现、利用和整合教学资源，并立足实际，打造和完善实践教学特色。

思想政治理论课实践教学资源的开发、利用和管理，需要走特色发展之路，从而有利于避免当前出现的思想政治理论课实践教学资源开发和利用过程中的趋同和形式化现象，切实增强实践教学资源对高职院校师生的吸引力，提升思想政治理论课实践教学资源的开发利用价值。而要走特色发展之路，就需要从实际出发，在资源整合中不断凝练出一个与学校人才培养目标相融合的、高效利用本土资源的、对学生思想品德素质发展效果显著的、相对稳定的实践教学模式。开拓特色发展之路主要有两个方面。

首先，注重对本地资源的开发、利用和整合。思想政治理论课实践教学的本地资源指存在于高职院校之内或高职院校所在地周边地区，可以为思想政治理论课实践教学所开发利用的各种资源的总和。我国地域辽阔、历史悠久、各地地方特色浓郁，而各高职院校所处的地域环境、文化渊源、发展阶段也不尽相同，特色不一，可以开发利用的本地资源十分丰富。为此，高职院校思想政治理论课实践教学要善于挖掘和利用实践教学的"地方特色"，从地方经济社会发展的阶段性特点和发展任务中选择实践教学内容，积极与当地政府部门、专业性行业协会、文化卫生教育事业单位、城市社区或农村基层组织加强沟通和协调，有选择性、有针对性地合作开发利用本地政治、经济、文化资源，实现对本地资源的协同管理和战略联盟式优化配置，达到实践教学地方化和特色化发展的效果。

其次，重视对校内资源的开发、利用和整合。第一，加强本校独特的人文、历史资源的开发和利用。通过举办教授论坛、建设大学生校内创业基地、开办知名校友优秀事迹展览、组织开展校庆纪念活动、邀请优秀校友回校开设专题讲座等方式，积极利用学校的文化资源、人脉资源和基地资源，为思想政治理论课实践教学开拓路径和奠定平台。第二，挖掘学校在人才培养特色方面的有关资源，强化实践教学对实现学校人才培养特色化的促进作用。思想政治理论课实践教学要结合学校人才培养的特色，发挥学生在专业技术方面的特长，有针对性地开展社会实践活动。如医药类院校可以组织学生开展"医疗技术进社区"的实践活动，农林院校可以开展"农业技术进农村"的实践活动。第三，积极整合专业课教学部门、团委、学生处及大学生社团组织的实践活动和文化素质活动等相关资源，形成以德才兼备的人才培养目标为核心，注重构建知识技能教育与人文道德教育并重、专业课教学与思想政治理论课教学配合、第一课堂和第二课堂互动、理论引导与实践锻炼统一、实践教学特色与校园文化氛围融合的实践教学模式，形成教学合力，共同促进大学生思想政治素质和创新能力的提高。

（三）思想政治理论课实践教学的组织形式

1. 课堂实践教学的组织形式

在思想政治理论课课堂实践教学中,坚持主体性与主导性相结合、理论与实际相结合、以知行统一的原则为指导,开展探究学习、案例分析、主题讨论、探讨总结、讨论评议、分析反思、演讲交流、辩论质疑等活动,使主体之间交流互动,融教、学、做于一体。

(1)探究学习。教师提出问题,展示材料,讲议结合,启发学生探究,引发学生思考,促进学生的认识,从而有效地提升学生理解和分析问题的能力。在案例分析中,教师创设案例情景,采取讲议结合的方式,加深学生对道德法律知识的理解,提高学生运用道德和法律知识理解和分析实际问题的能力。在交流讨论中,教师先设疑引导,然后学生自主探究,最后由学生交流讨论、分析总结,以提升学生分析和解决实际问题的能力。通过这些课堂实践教学,使学生懂得运用所学的道德与法律知识观察、分析和解决实际问题,从而培养高职学生的综合素养与职业能力。

(2)案例教学。结合思想政治理论课教学内容,选择有说服意义的案例,这是在思想政治理论课教学中教师常用的教学手段,也是实践课教学的基础手段之一,以此增强课堂内容的说服力。比如,教师在讲授关于理想和信念以及爱国传统的内容时,可引用钱学森如何突破美国的重重阻挠,历尽艰辛,立志回国报效祖国的案例,让学生自主分析,做出判断,从钱学森身上感悟到值得学习的品质。

(3)课堂主题讨论、辩论。针对思想政治理论课教学内容,结合社会相关热点问题,设计主题,引导学生进行讨论或辩论,在讨论辩论中智者见智,仁者见仁。比如,针对社会两难问题设计辩论主题,开展辩论,如老人倒地是扶还是不扶,真理越辩越明,同时进一步增强社会公德教育。

(4)探讨总结。每班以宿舍为单位交流所关注的一周要闻,选出代表利用课前十分钟阐述要闻内容,并分析它对自身的触动。每班用六七周时间就可轮流一遍。通过这一实践教学活动,使所有学生都能分享新闻信息,促使学生逐步养成主动关心社会发展、关注国家大事的习惯,从而不断提高自身政治素养。

2. 校内实践教学的组织形式

(1)校园文化建设系列活动。第一,举办演讲比赛和歌咏比赛。设计主题引导学生开展演讲比赛;举办有教育意义的歌咏比赛,如五四青年节、一二·九歌咏比赛等,激发学生学习兴趣,增强凝聚力和爱国情感。第二,开展影视欣赏活动。根据思想政治理论课教学内容,精选相关电影、先进人物事迹介绍的视频等,让学生观看,并写出相应的思想感受。如《中国出了个毛泽东》、最美教师张莉莉、最美妈妈吴菊萍等,既可以从伟人和模范人物身上感受到其人格魅力,又可以从理想信念、人性和道德方面引起学生思想和情感的共鸣,净化学生的心灵。第三,举办有奖征文活动。如开展"我为学校文明献计献策"主题征文活动,针对学校存在的问题以及学生中存在的乱扔垃圾、不注意保护环境、破坏公共设施等不文明现象，在全校范围内举办有奖征文，既能为学校建设和发展建言献策，又能对学生自身行为起到约束作用，以实际行动参与和谐校园的建设。第四，开展校园消费调查活动。针对某些学生消费方面存在的浪费现象和某些男生吸烟的恶习，组织学生开展校园消费调查活动，帮助学生增强节约意识，反对攀比浪费，尊重父母的劳动，养成节俭的良好习惯。第五，举办图片展。举办主题图片展，如革命史图片展、雷锋事迹图片展、钓鱼岛主权图片展等，增强学生的爱国热情和道德意识。

（2）报告和访谈。结合思想政治理论课教学相关内容，邀请老战士、先进英模、有关专家或有威望的人士做报告，用鲜活的事例增强说服力，对学生进行人生观、价值观、职业理想等方面的教育；还可邀请相关人士有针对性地就某些方面的问题进行访谈，如约谈本校德高望重的老教师或校外有名望的人物等。

（3）主题讲座。结合思想政治理论课教学内容与社会存在的热点问题，举办讲座，以拓展课堂知识，更主要的是针对学生存在的问题，施以思想政治、道德法纪方面的教育。

3. 校外实践教学的组织形式

思想政治理论课校外实践教学，应注重激发学生的主体意识和参与意识，充分发挥学生的主动性。在调查分析、规划设计、专题教育、调查学习、调查探究、道德实践、访谈等项目的实践活动中，让学生真正地参与其中，对教学内容有所感悟、有所思考、有所收获。使学生在活动中接受教育，感受并验证所学思想道德知识和法律知识的正确性，形成更合理的道德法律知识结构；增强把道德法律认知转化为道德法律行为的能力。同时，也培养学生的团队协作意识、沟通交流能力、解决实际问题的能力和创新能力等。让学生近距离接触社会，锻炼学生的社会实践能力，加深对所学知识的理解，增强学习的趣味性，进一步提升自身各方面素质。同时，校外实践教学也是大学生认识社会的窗口，通过这个窗口，使大学生初步了解社会，为将来步入社会做准备。如参观、考察、访问、文明共建、"三下乡"活动、青年志愿者活动、公益性活动等都是非常有益的。校外实践教学实施形式主要有以下三种：

（1）调查参观。参观革命纪念馆、抗日纪念馆、烈士陵园、历史遗址、领袖名人故居等，指导学生参观考察，将历史传统与时代精神结合起来，将实践活动与思想教育结合起来，增强学生的爱国情感；参观当地的少管所、监狱等部门，开展多种形式的法纪教育活动，并要求学生写出参观感受，增强学生的法制意识，用活生生的事实教育学生，触动学生的心灵，促使学生自觉养成遵纪守法的良好习惯；还可以参观改革开放以来当地典型的乡村、社区以及企业等，让学生在感受改革开放带来的变化中，进一步认识到中国特色社会主义道路是适合中国国情的建设道路，增强学生的政治素养。

（2）主题调研。利用假期为学生设计多个调研课题，如环境问题、收入问题、人口问题、就业问题等，让学生有选择性地对当地比较关注的问题开展调查，并写出相应的调查报告，回校后进行交流汇报，将优秀的报告汇集成册，作为授课的第一手材料。也可以将学生调查情况纳入学期总成绩，促使学生养成关注社会、关心国家发展的良好政治素质。

（3）服务社会。青年志愿者活动，鼓励和组织学生积极参与服务社会的公益活动，如义务支教活动、与贫困山区小学结对子活动，定期交流互动，这些活动既可以锻炼能力，又可以增强社会使命感和责任感，为将来择业与从业奠定基础，还可以对学生自身思想政治素质的提升起到激励作用；走进社区、走进敬老院，参与各种公益服务活动，特别是经常参与敬老爱老的公益活动，了解孤寡老人的心理感受，深刻体味敬老爱老的传统美德，体谅父母养育自己的艰辛，自觉养成关心父母、孝敬父母的习惯，也可以与固定的服务对象建立挂包联系，定期参与活动，进一步发扬"老吾老以及人之老"这一中华民族的优良传统。

（四）高职院校思想政治理论课实践教学实施的步骤

不同形式的实践教学方式的步骤应该不同，下面以在实践教学基地进行社会调查为例探索实践教学实施的通常步骤。

实践教学开展前做好动员和准备工作。首先，根据思想政治理论课具体课程的教学内容和特点以及实践教学资源和学生关注的热点问题确立多个实践教学主题，供学生选择。其次，召开实践教学动员大会，讲明开展此次实践教学的意义，介绍社会调查的方法，对学生提出明确的要求，包括学生应在进行实践活动前收集相关资料，制订实践计划，实践活动中注意调研方法的选择，保护自身安全，达到实践教学的目的，结束后撰写实践报告。最后，应明确对教师的要求，包括根据实践主题制订教学计划、教学目标、内容安排、经费预算、后勤准备、学生分组、对学生的纪律要求以及学生成绩考核标准，学习相关理论，对学生要承担的责任和提供的指导，对社会实践基地的开拓和预先考察，与基地相关领导干部的沟通协调。

实践教学过程中师生共同参与实施。由相关指导老师带领实践小分队前往实践教学基地，按照已经安排好的教学计划进行相关的调查研究。在实施的过程中，要坚持集中与分散相结合，理论与实践相结合，教师主导与学生自主相结合，在实践教学中及时发现问题，解决问题。

实践教学结束后做好总结和考评工作。学生应撰写社会调查报告并以班为单位进行交流，评选出优秀调查报告、优秀个人、先进集体、活动积极分子分别进行表彰。教师根据学生的调查报告、思想收获和学生在实践教学中的表现给出相应的成绩，并上交教务处纳入学生学籍管理档案。教师还应分析本次实践教学的成功之处、不足之处以及今后的努力方向。

第二节　高职院校思想政治理论课教学实效性的组织与管理

思想政治理论课实践教学的有效开展，离不开科学的管理。加强对思想政治理论课实践教学各方面内容的管理，建立实践教学管理体系是提高思想政治理论课实践教学实效性的前提。思想政治理论课实践教学是一个相对独立的系统，其涉及面比较广，对实践教学进行有效的管理能够提高教学的实效性。实践教学管理是实施实践教学的前提、基础与保障，有效的实践教学管理模式为实践教学活动的开展提供制度保证与方法支撑。

思想政治理论课实践教学的管理主要是对整个实践教学过程的计划、实施、总结等阶段的管理活动。加强思想政治理论课实践教学的管理主要从思想政治理论课实践教学管理的内容以及思想政治理论课实践教学的管理体系两个方面来考虑。第一，思想政治理论课实践教学管理的内容：主要是对实践过程中的人和事的管理。对人的管理包括建立各种奖惩制度，激发教职工的工作积极性、提高学生参与实践教学的热情；对事的管理则包括实践教学事务管理、社会实践环节的管理、安全卫生的管理三大类。第二，建立思想政治理论课实践教学的管理体系。这是思想政治理论课实践教学实现依法执教的保证。

一、思想政治理论课实践教学管理的意义

加强思想政治理论课实践教学的管理对思想政治理论课实践教学的有效展开具有十分重要的意义，体现在以下三个方面：

（一）加强思想政治理论课实践教学管理是全面实施思想政治理论课实践教学的根本要求

实践教学要发挥它应有的优势，使大学生在真实的社会生活中得到全面发展，成为拥有较高综合素质的社会主义建设者和接班人，关键在管理。思想政治理论课实践教学是一种比较复杂的教学模式，是学校与社会、教师与学生、理论与实践的有机结合。因此，对实践中各个环节进行管理，制定合理的规章制度，是全面实施思想政治理论课实践教学的根本要求。实践证明，思想政治理论课实践教学管理水平的高低与思想

政治理论课实践教学质量的优劣是密切相关的。积极主动探索思想政治理论课实践教学管理模式和管理规律,以科学的理论指导实践,将有助于思想政治理论课实践教学的全面开展。

(二)加强思想政治理论课实践教学管理是充分发挥人力和物力的最佳保证

人力和物力只是为思想政治理论课实践教学的有效进行提供了物质基础。如果人力和物力使用不当,管理不善,就会直接影响思想政治理论课实践教学的正常开展,甚至还会造成资源浪费。因此,在有限的条件下,科学地管理好人力和物力,对于发挥人和物的最大功能,提高思想政治理论课实践教学的管理效益具有重要意义。

(三)加强思想政治理论课实践教学管理是建立良好的实践教学环境的基本途径

思想政治理论课实践教学涉及学校内多个部门、专任教师和教辅人员、校内资源和校外资源等,是一个十分复杂的综合系统。要把这样的一个综合系统最优化地组织起来,就需要思想政治理论课实践教学管理部门采用科学的管理方法,建立健全有效的管理制度,使思想政治理论课实践教学管理工作有章可循。这样才能建立起良好的实践教学环境,保证思想政治理论课实践教学的顺利完成。

二、思想政治理论课实践教学的管理内容

管理是提高效益的有效方法之一,因此,对思想政治理论课实践教学进行管理具有重要的意义。思想政治理论课实践教学活动需要统筹课内和课外、校内和校外各种资源,管理的内容十分广泛。这里结合思想政治理论课实践教学的现状,重点阐述以下几个方面的管理。

(一)实践教学领导机构的管理

思想政治理论课实践教学需要有一个明确的领导机构,这是思想政治理论课实践教学经费、人员和管理的保障机构。思想政治理论课实践教学有了明确的领导机构,才能有贯彻执行下去的力量。因此,组建一个统一的领导机构对于思想政治理论课实践教学顺利进行十分重要。目前,可以通过整合的方式来实现。

整合校园内多种力量,组建实践教学的主管领导机构。现在,社会实践普遍被高职院校和大学生们认为是一种有效提高大学生综合素质的形式,事实也证明如此。因此,可以利用大学生社会实践这种形式来为思想政治理论课实践教学服务。大学生社会实践一般由科研处、教务处、校团委、学工部(处)等职能部门组织安排,而且大学生社会实践已经有了比较成熟的操作流程。思想政治理论课实践教学的领导机构可由思想政治理论课教学研究室和大学生社会实践的主管部门有机组合而成。组建后的领导

机构可以协调两者之间的活动，使得思想政治理论课实践教学目标可以通过大学生社会实践这种渠道来完成，同时大学生社会实践的选题、项目也可以根据思想政治理论课实践教学的内容进行调整，进而提高实践的效率和质量，更好地为提高大学生的综合素质服务。

（二）实践教学内容和方式的管理

思想政治理论课实践教学的教学大纲、教学计划和教学方案是完成思想政治理论课实践教学目标的基本保证。思想政治理论课的内容主要是进行社会主义道德和法制教育，帮助大学生增强社会主义法制观念，提高思想道德素质，解决大学生成长成才过程中遇到的实际问题。因此，思想政治理论课实践教学的内容和方式也必须紧紧围绕着该课程的基本内容来规划。

1. 思想政治理论课实践教学内容的管理

实践教学的目的是为了更好地完成思想政治理论课的教学任务，让同学们更好地把思想政治理论课的知识内化为自己的知识并且外化到日常行为中。因此，需要思想政治理论课教师深刻领会教学大纲的教学要求，根据课本上的知识点转换成可操作的实践教学内容。我们根据思想政治理论课一书的内在逻辑结构，把教学内容归纳为四大类，即大学、理想与信念，爱国与人生，道德与做人，法律与做人。按照课程内容设置的实践教学内容有：引导大学生解决从中学到大学转变过程中出现的各种问题，树立新的学习理念，树立远大的理想和信念，明确肩负的历史使命，做一个合格的当代大学生；掌握爱国主义的科学内涵，明确爱国主义的时代价值，正确认识人生的目的，正确对待人生环境；让大学生了解人类社会特别是中华民族积淀下来的优良传统美德和应该遵守的社会公德；让大学生自觉树立社会主义民主与法治的观念、权利和义务观念，了解宪法的基本知识以及我国基本的法律体系。这些思想政治理论课实践教学内容应该根据实际情况来选择不同的实践形式开展实践教学。比如法律实践教学的内容可以通过带领大学生到人民法院观摩庭审，认真观摩庭审的举证、质证、认证、辩论过程，并掌握一些法律常识，了解标准的司法程序，同时还可以配合律师做好庭审笔录，做好案卷的装订归档工作，使大学生真正从课本中走到现实中，细致地了解行政诉讼活动的全过程及法庭庭审的各环节，真正了解和熟悉我国行政诉讼的程序及法庭的作用和职能。

2. 思想政治理论课实践教学方式的管理

实践教学方式是完成思想政治理论课实践教学的手段，创新实践教学方式，提高实践教学的针对性，有利于提高思想政治理论课实践教学的实效性。

首先，要充分挖掘富有时代特点的实践教学方式为思想政治理论课实践教学服务。思想政治理论课实践教学的方式多种多样，并且随着时代的发展会涌现出更具时代特点的实践教学方式。实践教学的方式按照教学场所的不同,主要分为课堂实践和课外实践两种:课堂实践包括教师与学生之间,学生与学生之间的课堂讨论、辩论、案例分析等基本方式;课外实践指教师根据教学的要求和目的,有意识地布置一些课后作业,要求学生运用所学的理论,到现实的社会生活中去解答老师布置的任务,从中受到教育。主要的课外实践方式是社会实践,包括参观访问和社会调查,科技服务(科普宣传、科技咨询、科技扶贫、科研攻关等),文化活动(文化宣传、文艺演出、文化辅导等),社会服务(义务劳动、助残帮困、社区援助等),勤工助学(家教、社会兼职等)。不管是课堂实践的方式还是课外实践的方式,都不是一成不变的,随着实践教学活动的不断展开和社会的不断发展会涌现出新的方式,旧的不合时宜的实践方式将会被淘汰。

其次,实践教学方式的选择要根据实践教学的内容来确定。每种实践教学的方式均有其优点和不足,课堂实践方式的特点是:不需要利用太多社会资源,只要老师准备充分、过程控制好,是较容易达到教学目标的实践教学方式。课外实践方式的优点是:它可以给学生更宽阔的视野,让大学生们进入到一个更为真实的社会环境,这是课堂实践方式所不能达到的。但同时,它也有课堂实践方式所没有的劣势,即开展和管理都比较困难,需要得到相关部门的配合才能顺利实施。因此,在选择实践教学方式的时候,要根据实践教学的内容,选择既能完成教学任务又便于操作的实践教学方式。

3. 社会实践环节操作规范的管理

思想政治理论课实践教学按照教学场地的不同分为课堂实践和课外实践两种。这两种实践教学的方式各有优劣。课堂实践容易实现,但缺点是同学们只能间接地感受社会,没有亲身体验。社会实践是课外实践的一种重要组织形式,社会实践可以让学生利用假期,深入社会、深入基层,从各自的亲身体验中收获知识。下面重点论述思想政治理论课社会实践的操作流程。根据已有经验,社会实践活动流程大致可以分为以下几个阶段:

(1)设计筹划阶段。在进行社会实践之前,必须先做好准备才能使社会实践顺利进行。比如,需要考虑社会实践的组织形式,选择社会实践的主题和确保社会实践能顺利进行等相关事宜的谋划。据此,设计筹划阶段可分为以下几个小步骤:

第一,确定方式。社会实践的方式按参与人数可分为个人实践和团队实践两种。个人实践是指在没有同伴的情况下,学生单独参与社会实践的一种方式。团队实践则是通常是由学生根据共同的兴趣或围绕共同的主题组建团队开展实践活动。应该说,这两种社会实践方式各有所长。学生们应该根据各自的实际情况来选择实践方式,以能够有效地完成实践目标为标准。

第二,选定主题。在进行社会实践之前,学生们要事先选定一个主题,即此次社会实践的目的是什么。主题的确定是十分重要的，以下几个方面是在选择主题时需要考虑的：首先，学生们应该在思想政治理论课任课教师确定的社会实践主题范围内进行选择。其次，学生们可以根据兴趣爱好进行选择，选择自己感兴趣的事情去做，势必会更认真、更投入，会做得更好。最后，注意和专业相结合，如果同学们想要在自己的专业上有所成就，仅仅依靠课堂上的认真听课是不够的，还需要结合实际，所以提前开展专业实践活动，不仅可以加深学生们对所学专业的人才需求、行业状况的了解，同时也能对书本上的知识有一个比较深入的了解。

第三，组织筹划。在确定实践方式和主题以后，就可以开始对整个社会实践活动进行策划。采用团队实践时，要尽可能地确保团队由具有不同特长的队员组成，这样有利于实践活动各项工作的协调合作。明确分工后，就要填报实践活动的课题。必须详细填写实践主题、实践操作计划和组员的基本情况、各项预算经费等情况，然后呈报思想政治理论课教师审批。待任课教师审阅通过后，就要着手联系实践单位。如果单位答应接收后，就要开始做出行的准备，包括思想准备和物资准备。思想准备是要做好吃苦和适应新环境的准备；物资准备，包括相关证件、学校的介绍信、生活用品、简单的医疗卫生用品和相关的实践材料等的准备。以上就是设计筹划阶段所要做的准备。

（2）实践过程。实践过程中主要的注意事项是安全问题和收集资料。实践安全是一件大事，特别是进入一个不熟悉的环境后，要谨防上当受骗和注意衣食住行等方面的安全。参加社会实践，通过各种途径收集材料是进行社会实践的主要目标，学生们不仅要认真听、看、写一些材料，同时最好能拍摄一些片段和有意义的照片，增加材料的可信度。另外，还要注意对材料的保存和整理，以防中途丢失。

（3）实践总结阶段。实践归来，撰写实践总结非常重要，这是对一次实践活动成功之处和不足之处的总结。另外实践总结可以交流心得、共同进步，正如有一句话所说，一份收获和另一份收获的交换，大家拥有的将会是两份收获，可见实践总结的重要之处。实践总结可分为三部分：材料的总结、成果的交流和评比表彰。

第一，材料的总结。材料的总结，首先要撰写实践报告。在实践的过程中，学生们要及时对每一个实践阶段进行小结，这样在书写材料总结时，就不会遗漏任何有意义的事件和重要的经验。实践报告的撰写在小组内应该有明确的分工。比如，进行实践活动之前，小组组长或者主要负责人要事先规划好每个组员应该负责完成的部分，还要在实践活动中督促其整理、汇总材料。实践活动结束后，组长和团队成员之间应进一步交流、完善、修改团队实践报告。整理完善后方能将材料上交。

第二，成果的交流。社会实践虽然结束了，但是只有及时地进行成果交流才能取得更大的进步和提高。选择一个团日或者一个特殊的日子，开展针对社会实践经验交流的活动。要求每一位参与社会实践的学生和思想政治理论课老师一起参加,参与社会实践的学生讲述自己的亲身经历,与大家分享交流自己的实践心得、经验。同时,各班社会实践的委员应做好记录,思想政治理论课教师也要对学生们的社会实践进行点评,为后一阶段的评比表彰做好准备。

第三,评比表彰。评比表彰,就是对在社会实践中出现的优秀实践团队、优秀个人、优秀指导老师,开展各种奖项的评选活动。通过表彰先进,树立社会实践典型个人及团体,鼓励带动更多的同学以更大的热情参与到社会实践中。思想政治理论课实践教学的成绩由理论考试成绩、社会实践成绩和平时表现三部分组成,这三部分在总的成绩中所占的比例应该根据实际情况而定。对于在社会实践中弄虚作假的实践报告者,将予以批评和记社会实践学分为零处理。

(4)社会实践基地开发与利用管理。社会实践基地是思想政治理论课社会实践教学的重要场所之一,开发与利用好社会实践基地具有十分重要的意义。社会实践基地的开发原则。第一,就近挂钩原则。校外社会实践基地的建设宜近不宜远:距离过远,学生往返交通、安全、经费等问题就会突显出来;距离较近,双方来往较方便,容易联系。这是社会实践基地开发的首要原则。第二,坚持双赢原则。开发社会实践基地必须要有"互利互惠"的观念。作为学校不能一味强调社会力量支持教育,而不考虑如何为提供实践基地的企事业单位、公司和各种机构服务,如果这样操作,社会实践基地的提供方就会丧失关心、参与、支持教育的积极性,直接影响到社会实践基地的持续发展。第三,与时俱进原则。社会实践基地的发掘,必须坚持与时俱进、共同发展的原则。新时期的形势变化要求不断开发社会实践资源,使社会实践具有更鲜活的内容和形式,以适应新时代受教育者身心成长的需要。

另外,利用社区资源建立社会实践基地是近年来课外实践活动的一种有益尝试。可通过和社区合作开展社区志愿者服务,也可由社区内的离退休老同志对大学生进行思想品德教育、知识教育等。与社区建立长期的合作关系,为学生了解社会、从事实践活动提供条件。开发和利用好思想政治理论课实践教学的社会实践活动方式,有利于增强思想政治理论课实践教学的实效性。

(5)实践教学的考评管理。对思想政治理论课实践教学的教学成果进行考评有助于进一步推进实践教学的发展,鼓励广大师生热情参与。思想政治理论课实践教学的考评,根据考评对象的不同,可分为对学生的考评和对教师的考评。

第一,对学生的考评。合理的考评能够提高学生在道德和法律践行中的积极性。对学生考评的关键是要客观真实地反映学生的思想道德水平和遵纪守法程度,从而激发学生不断地提高自己的综合素质。考评的成绩应由社会实践成绩、平时的表现、自评和同学们之间的互评组成。首先,任课教师要注意学生平时在道德、法律、理想等方面的表现，将学生平时的日常行为表现记入成绩中。其次，学生可就自己的表现，给自己一个自我评价的机会，同时也可以组织同学对其进行评价，这些成绩均可作为每一位学生的思想政治理论课实践教学的成绩之一。再次，思想政治理论课实践教学方式之一的社会实践表现也是较能反映学生真实水平的指标之一。社会实践成绩根据所整理的材料来打分，材料包括调查报告、实践报告、实践心得、所感所得等，然后计入考评总成绩。此外，除了以上几种考评手段之外，还可以采用其他更开放、更科学的评价方法来进行，以提高学生的参与热情。

第二，对教师的考评。对教师的评价和考评可以从下面几点来考虑：首先，要从教师的思想政治水平、教学态度、职业感来考察他们的综合素质。其次，考察他们对于社会实践的参与情况：①是否重视并进行实践教学；②社会实践是否安排合理得当；③是否参与社会实践的指导和管理等。最后，对教师的考评还可以体现在思想政治理论课实践教学研究中，如各种思想政治理论课实践教学的研究方案等。另外，将教师的考评制度和奖励制度结合起来，对在思想政治理论课实践教学中表现突出的教师应给予相应的奖励，对参与社会实践指导和管理的教师应该给予一定的报酬，以激励更多的教师积极参与到思想政治理论课社会实践环节中。

（6）实践教学的保障管理。思想政治理论课实践教学是一项涉及面较广的系统工程，它需要学校、社会以及各个部门的配合，需要人力、财力和时间的投入，需要各方面创造有利的条件才能顺利完成。为了保证实践教学得到稳步的发展，建立思想政治理论课实践教学保障机制是十分重要的。

首先，资金保障。实践教学的一个主要方法是让大学生到社会中去体验生活、增长才干，从而提高自身的综合素质。大学生到社会中去锻炼需要有相应的经费，才能保证顺利完成教学任务。因此，设立包括思想政治理论课在内的思想政治理论课实践环节专项资金，进行统一管理，对于思想政治理论课实践教学的顺利进行是至关重要的。高职院校在设立实践资金的同时，要注意专款专用，加强监督，使得实践资金能够最大限度地发挥作用。

其次，师资队伍保障。《中共中央宣传部、教育部关于进一步加强和改进高等学校思想政治理论课的意见》中提出：要努力造就一支高素质的高等学校思想政治理论课教师队伍，要求广大高等学校思想政治理论课教师要坚持正确的政治方向，加强思想道德修养，增强社会责任感，不断完善知识结构，提高教育能力。因此，作为一名思想政治理论课教师必须做到：第一，政治原则、政治立场和政治方向应与党中央保持高度一致；第二，要拥有和不断加强自身的专业知识，能够为学生解疑释惑；第三，不断寻求提高自我综合素质的机会，多参加思想政治理论课教师的培训、研讨会议等。此外，学校也应该加强管理，为教师提供各种学习、培训的机会，完善各种保障和激励机制，使教师能够有一个安心、愉悦的工作环境。

最后，制度保障。传统的思想政治教育管理模式是利用组织、领导的权威而进行的灌输教育，而现代思想政治教育管理模式凸显的则是利用制度权威而进行的自我教育。思想政治理论课实践教学要在现实中切实得到执行，必须要实现有章可循。首先，学校必须对思想政治理论课实践教学的课时、课酬等做出明确的规定，只有这样才能确保思想政治理论课实践教学能够顺利进行，并产生好的效果。思想政治理论课的教学可由理论教学加上课堂实践教学再加上社会实践教学三种形式组成，相应的思想政治理论课的学分可由三者按一定的比例构成。各高职院校可根据自己的实际情况来确定。第二，需要有各种实施细则来保证思想政治理论课实践教学的顺利进行。实践教学是一项综合工程，要使实践教学环节在思想政治理论课中发挥最大的能量，不仅取决于实践教学的实际执行程度，还取决于实践教学的规范化程度。这些细则包括社会实践环节的安全管理条例、实践成绩的评分细则、实践经费管理细则等。

三、思想政治理论课实践教学的管理体系

"体系"是若干事物互相联系、互相制约而构成的整体。"实践教学体系"是由实践教学活动的各个要素构成的有机联系的整体。对实践教学整体性的认识有助于我们运用系统科学的理论和方法对组成实践教学的各个要素进行整体设计，以形成结构和功能最优的教学系统，培养大学生的实践能力。因此，思想政治理论课实践教学的管理体系应从整体的视角对思想政治理论课实践教学的管理内容进行构建。综上所述，思想政治理论课实践教学的管理体系就是从整体的角度来整合实践教学的管理内容，使其各个环节形成有机联系、相互渗透的一个整体。以下从三个层面来构建思想政治理论课实践教学的管理体系。

首先，思想政治理论课实践教学制度层面的管理。即从制度上加强思想政治理论课实践教学的管理。思想政治理论课实践教学的制度包括：领导管理制度、学时学分管理制度、专项资金管理制度、保障制度以及各种评价和考核制度。科学地建立这些有效的制度能够保证思想政治理论课实践教学有章可循，为思想政治理论课实践教学的有效开展提供制度上的保证。

其次，思想政治理论课实践教学组织层面的管理。实践教学没有硬性规定，教学内容、学时、学分等缺乏统一要求，教学效果缺乏明确的考评指标，缺少固定经费投入和稳定的社会实践活动基地，没有规范性的制度是实践教学无法组织实施的主要原因。因此，在思想政治理论课实践教学中，建立各种考评制度和各种具体的组织规范和标准是实践教学组织层面需要考虑的问题。

最后，思想政治理论课实践教学操作层面的管理。第一，要尽可能地利用各种实

践教学形式来为实践教学服务，同时也应与时俱进，不断更新实践教学的形式和内容。第二，要尽力利用各种现代化手段和设备来解决实践教学中存在的问题，如班级人数过大、经费问题、安全问题等。第三，加强对教师与学生的培训，对教师的培训主要是为了提升教师开展实践教学活动的能力，对学生的培训主要是各种技能培训、安全培训等。

总之，思想政治理论课实践教学管理体系中三个层面的管理内容是一个你中有我、我中有你，不可分割的整体。因此，在构建思想政治理论课实践教学管理体系时应注意从整体上来把握。

第三节 高职院校思想政治理论课教学实效性的教学保障体系

思想政治理论课实践教学保障机制是健全思想政治理论课教学长效机制不可缺失的部分，针对思想政治理论课实践教学的特点和存在的问题，建立完善实践教学保障机制要遵循科学性、灵活性、系统性、开放性原则，并从科学的教学管理机制、全面的投入机制、发展的评价机制和全程的反馈机制四方面进行路径探析。

一、思想政治理论课实践教学的政策保障体系

政策保障是根本，实践教学的规范化、制度化对于提高思想政治理论课教学的针对性和实效性极为重要，各院校要提供相应的政策保障。将社会实践教学规定为思想政治理论课教学的必修环节，纳入学校教学计划，使之进一步规范化、制度化。同时，对于纳入教学计划的实践活动，在内容、时间等方面提出明确要求，制定具体的考核制度、约束机制和激励机制。根据学生在社会实践中的表现和成果评定成绩，记入学生的学籍档案，每位在校大学生必须修完社会实践学分，方能符合合格毕业生的条件。

（一）构建完善的教学管理体制政策

思想政治理论课的实践教学与理论教学形成鲜明对比的是，实践教学的时间和空间具有不确定性、广延性和非连续性等特征，这就对学校的教学管理提出了更高的要求。如果延续理论教学的思路和方法，则会消解实践教学的特殊性因而导致其价值的失落。根据实践教学的特性，对实践教学的管理也要具有因时因事灵活应变的弹性。教学管理体制必须要解决好现行教学管理系统与实践教学管理系统的衔接与兼容问题，必须解决好学校层面、学院层面和教师个体之间的纵向关系以及理论教学与实践教学之间

横向的关联问题。

具体的教学管理体制的建构,我们则要根据学校现有教学管理的基本结构,把思想政治理论课实践教学纳入教学管理和学生工作管理的双重轨道,在管理机制上协调配合。这样既构建纵向的管理体制,又将党、政、团、教等各方面力量组合起来,齐抓共管、形成合力,为思想政治理论课实践教学的顺利开展提供强有力的组织保证。

为落实思想政治理论课社会实践教学的地位,发挥其作用,保证思想政治理论课社会实践教学的顺利进行,必须切实贯彻中共中央进一步加强和改进学校德育工作的若干意见,必须建立党委领导下以校长及行政系统为主实施的思想政治理论课社会实践教学管理体制,建立以校党委书记为组长、分管思想政治工作的党委副书记和分管教学的副校长为副组长的思想政治理论课建设领导小组。高职院校思想政治理论课社会实践教学组织机构包括思想政治理论课教学部、党委宣传部、教务处、团委、学生处、计划处及后勤处,其主要职能是组织开展社会实践教学活动。

(二)坚定正确的政治领导的决定政策

在复杂的条件系统中,每一个条件的地位和作用只有相对的意义并无绝对的区分,但就思想政治理论课实践教学保障体系建设这一确定范围而言,高职院校党政领导的地位和作用具有绝对的意义。正如毛泽东所说:"政治路线确定之后,干部就是决定的因素。"这一点已是高职院校思想政治理论课建设者与领导者最根本的共识。一方面,党和政府已将各级党政领导有力的领导作为加强和改进思想政治理论课建设的根本措施,明确提出切实加强和改进党对高职院校思想政治理论课的领导,要求各级党委、政府要把加强和改进高职院校思想政治理论课教育教学作为一项重要工作摆上议事日程。要高度重视,加强指导,加大投入,为高职院校思想政治理论课的建设和发展提供良好的条件。与此同时,思想政治理论课建设者也从成败得失中深刻体会到思想政治理论课教学是贯彻落实党和国家关于培养社会主义事业建设者和接班人的思想政治素质要求,教导学生具备社会主义核心价值体系的主渠道,对党的领导的依附度远大于任何其他课程。它的每一点建设、改革与成效,都与高职院校党政领导班子关于这类课程建设发展方略的见识、胆略和决策有直接关系。

高职院校党政领导对于思想政治理论课实践教学保障体系建设的决定性影响。

第一,就加强改进思想政治理论课工作做出最具权威性的宏观决策,使思想政治理论课实践教学保障体系建设成为全校各有关部门的任务和职责,并从贯彻落实学校党委和行政最高决策的高度审视、判断工作的重要性并开展工作。

第二,把握保障体系建设的政治方向。思想政治理论课实践教学保障体系建设与专业实践(实训)教学保障体系建设的目标区别在于,它不是解决影响专业技术能力训练计划落实状况的物质层面和技术层面的问题,而是为了革除长期以来阻碍思想政治理论课教学取得实效的思想认识、政治领导、组织管理、社会环境等方面的弊端。因此，它的指向和目的具有鲜明的政治属性和意识形态色彩，唯有党政领导能够肩负如此重要的政治责任，确定建设的高起点，坚持建设的正确道路，牢牢把握建设的政治方向。

第三，制定有利于保障体系建设顺利开展的政策。思想政治理论课实践教学保障体系建设作为一项为大学生思想政治理论课实践排除障碍的工作不可能一帆风顺，必然遇到包括自身错误在内的各种阻力和羁绊。学校党政领导则能通过制定、实施必要的政策，允许打破传统思想政治理论课教学方式方法的陈规，宽容经验不足造成的工作失误，鼓励大胆探索创新保障体系模式，使建设工程按照政策引导的方向前进。

第四，为建设工作配备得力干部。新形势下的高职院校工作一方面千头万绪，难题层出不穷；另一方面工作质量要求越来越高，督导检查越来越严。在此情况下，相当多的学校的优秀干部都难以平均分配到所有部门和单位。此时，究竟哪方面工作是一所高职院校的"刀刃"，优秀干部这块"好钢"到底应该用在何处，唯有学校党政领导能够站在执行中央决策的高度，从坚持社会主义高等教育基本特征的大局出发，将德才兼备的优秀干部配置在思想政治理论课实践教学保障体系建设岗位上，通过他们的努力全面准确地实施建设蓝图，稳步迈向既定的目标。

（三）制定系列制度保障的政策

制度是保证思想政治理论课社会实践教学顺利进行的约束机制。大学生的思想政治理论课社会实践教学一般是在课外、校外进行的，其组织实施过程比一般课堂授课复杂得多，涉及教师、大学生、场所、经费、教学安排、协调、培训、考核等各个环节和因素，而且不是一次性、临时性的，是经常性、长期性的活动；也不是个别系部、个别大学生的活动，而是全体大学生参加的活动。因此，科学完善的规章制度是保证大学生思想政治理论课社会实践教学取得显著效果的有力保障。

全面的投入机制是思想政治理论课实践教学保障机制的关键部分，包括人力、财力、物力投入。思想政治理论课实践教学需要配备一支数量足、素质高专兼结合的师资队伍。大力加强队伍建设，切实提高大学生思想政治教育工作者的育人能力。根据思想政治理论课实践教学的政治性、实践性的特点，要求师资队伍既具备思想政治理论知识，又具备一定实践组织能力。思想政治理论课应构建以专任教师为主体，学生工作部门的教师和实践基地工作人员为辅助的师资结构，既保证师资队伍的稳定性，又充分利用校内外的资源。专兼结合的师资队伍在实践教学前要进行专门培训，使师资队伍又好又快地掌握实践教学的方法和技巧，使教师充分了解实践教学可利用的相关资源和信息。财力投入机制可以确保学校投入充足的思想政治理论课实践教学经费。实践教学经费要专款专用，主要的用途包括：思想政治理论课实践活动经费、研究经费、奖励经费、硬件配套设施。物力投入机制主要是实践教学基地建设。建设思想政治理论课实践教学基地是落实课程实施的基础性工作，有稳定的、长期的实践教学基地和场所，可以保障实践教学时间相对有保证，内容相对确定，有利于学生获取知识，培养能力，陶冶情操，提高综合素质。

（四）制定稳定的经费支撑政策

这是建立思想政治理论课社会实践教学长效机制的物质保证。思想政治理论课社会实践教学与其他课程的实践教学相比，具有面广、参与学生多的特点，与课堂教学相比，工作的难度要大得多。高职院校思想政治理论课社会实践教学人员主要是任课教师，他们是高职院校思想政治理论课社会实践教学的直接负责人，负责制订社会实践教学的授课计划，学生成绩的评定和社会实践经验的总结。高职院校思想政治理论课社会实践教学大多要去外面参观学习，需要诸如交通费、门票费、接待人员的讲课费等一些费用，当思想政治理论课社会实践教学作为制度化、规范化的教学活动进行规划和实施时，就应该有一笔稳定的经费。

面对高职院校教学经费紧张这一普遍难题，学校应该在经费的安排上，要落实中共中央国务院第16号文件和中央工作会议精神，根据思想政治理论课社会实践教学的实际需要，增加思想政治理论课教学经费的投入，并从教学经费中划拨出思想政治理论课实践专项经费。社会实践教学的经费可分为：①实践活动经费。包括组织学生参观考察、假期社会实践和社会实践项目资助等经费，思想政治理论课社会实践联系费用，思想政治理论课教师带队的差旅费、社会考察活动经费；②实践教学研究经费。包括思想政治理论课实践活动研究项目或成果的印刷、出版经费和有关研究经费；③奖励经费等。思想政治理论课实践教学缺乏经费的投入与支持，是思想政治理论课教师在组织实践教学时所面临的首要问题。各高职院校教学主管部门应设立思想政治理论课实践教学专项资金，为思想政治理论课实践教学的正常开展提供必要的物质保证。

思想政治理论课实践教学保障体系建设的突出任务之一，是制定一套能够满足实践教学需要的经费保障制度。制定这一制度的前提，除了实践教学保障体系建设的客观需要和上级政策允许以外，就是学校自身必须具备一定经济实力。近年来高职院校思想政治理论课实践教学保障体系建设的实践证明，在政治指导有力、政策制定配套、组织管理完善的前提下，思想政治理论课实践教学保障体系建设的规模、程度、速度和质量将更多地取决于该校的经济实力。尤其是高职院校间关于这项工作的交流经验和成果展示，通过大量的统计数据非常明确地显示了从总体上看学校经费投入与建设成效间的正比关系。这令越来越多的思想政治理论课实践教学保障体系建设领导者和建设者意识到，所谓"少花钱多办事，不花钱也办事"的观念和做法，尽管过去、现在都是事实，但在今天这种突出强调建设发展的可持续性时期，在关系到培养社会主义事业建设者和接班人必需的思想政治素质的重大工程中,微薄脆弱的经济支撑下能够办成的事的数量和质量都会大打折扣。

尽管认识已基本到位,但一些高职院校思想政治理论课实践教学保障体系建设中仍难以达到物质(经费)投入制度化的要求。究其原因在于学校的财力物力尚未达到建立具有约束性、稳定性的经费制度的水平,即仅能将对于思想政治理论课实践教学保障体系建设的支持力度维持在上级文件规定数额的水平上,一旦超出这一限度加大投入就会因为无法持续而出现波动,故无法形成具有约束力和稳定性的保障制度。这就从反面证明了学校经济状况对于思想政治理论课实践教学保障体系物质保障制度建设的支撑作用。

(五)制定培养素质优秀的骨干队伍政策

组建一支专门的实践教学指导教师队伍是思想政治理论课实践教学保障体系建设的基本任务之一,而培养一批素质优秀的骨干核心则是高质量完成全部建设任务的先决条件。这里所说的实践教学保障体系建设骨干,并非这项工作的领导干部或指导学生实践的一般教师,而是特指实践教师指导队伍建设中的主要力量。他们对于思想政治理论课实践教学保障体系建设品质的保证作用主要表现在以下方面:

第一,引领建设的方向。尽管思想政治理论课实践教学保障体系建设的总体目标在建设之初便已明确设定,但实际情况表明,理论上的目标清晰并不代表实践过程的方向正确,而一旦迷失方向必然导致偏离目标。骨干教师则能够凭借对于建设目标内容、意义和要求的深刻理解,对于坚持坚定正确政治方向的高度自觉以及对于可能导致偏离方向的各种复杂因素的洞察力,以开阔的视野、准确的眼光、清醒的头脑和充分的自信,引领建设队伍始终瞄准正确的方向,排除纷扰,穿透迷障,逐渐接近既定目标。

第二,示范建设的行为。建设思想政治理论课实践教学保障体系是近年来为解决思想政治理论课教学实践质量问题提出的一项新任务,在完成过程中面临着一系列新情况、新问题。一方面,任务的重要性要求必须正确处理和回答这些情况和问题,另一方面,任务的紧迫性又不允许建设工作长期停滞在认识、务虚阶段,于是只能在没有相同经历和足够经验借鉴的情况下探索前进。这一过程的最大难题之一就是如何既冲破成规旧制的束缚,敢拼、敢闯、敢冒,走出一条新路,又严格遵守国家法度、党的纪律和学校制度。此时,建设骨干的作用,就是通过自己的实际表现做出行为示范,把握破立的程度,保持大胆和谨慎的平衡,通过对事物客观规律的充分尊重与巧妙运用取得成功。

第三,主导建设的进程。思想政治理论课实践教学保障体系建设的领导与骨干在建设过程中的作用的主要区别在于:领导是头脑,骨干是主体;领导决定建设的目标和趋势,骨干主导建设的进程和速度。建设骨干分子们因其肩负的重大责任定位于建设的主导，依靠其在思想水平、业务素养、人格魅力和执行力的综合优势形成对于进程的控制力并发挥主导作用，通过团结带领同事们攻克重大难题、解决关键任务，最大限度地避免不必要的损失，取得优化建设进程、加快建设速度、提高建设质量的效果。

第四，全力培养素质优良的建设骨干队伍。思想政治理论课实践教学保障体系建设的骨干队伍的基本要求，一是基本的人员数量，即人员数量达到完成思想政治理论课实践教学保障体系建设各项任务的要求，否则无法形成足以发挥应有作用的骨干力量。二是人员素质能力与建设目标相适应。这里包括两层含义，一层含义是指骨干的专业结构应与保障体系的建设内容基本同构，骨干具备的专业知识与能力能够基本符合保障体系建设所包含的制度保障、物质保障、条件保障、环境保障和质量保障等相对独立部分各自的要求；另一层也是更重要的含义是指骨干们的思想政治素质和能力与保障体系建设的质量品质要求相符，这是骨干培养工作的重点所在。

关于骨干队伍的培养方法和途径，应适当注意以下三个方面：

首先，在骨干培养对象的选拔标准方面，应按照思想政治理论课实践教学保障体系建设的需要而不是课堂理论教学的需要制定遴选标准。在以德为先的前提下，着重考察选拔对象在组织实践教学和实践教学保障体系建设方面的实际表现和未来潜力。

其次，在骨干培养的重点方面，以培养具有"引领方向、示范行为、主导进程"能力的骨干这一目标为引导，重点培养和提高他们的相关素质和能力，包括：较为深厚的马克思主义理论功底和学习、理解党和政府关于加强改进思想政治理论课特别是实践教学保障体系建设文件精神的能力；亲身社会实践经历与经验；不仅能够在课堂、校内和保障体系建设过程中，而且能在认识和处理一切问题时将思想政治理论与实际相结合的能力；大胆创新的意识和自觉奉献的精神；制度执行力、组织号召力和人格感召力。

最后，在上述素质能力的培养途径方面，一般认为主要是强化培养对象的理论业务培训、社会考察、对外交流、高层次进修。但通过研究老一辈政治理论教育家组建高职院校思想政治理论课教育体系时的身份与建设成效的关系，可以看到，今天骨干教师培养的最佳途径乃是令其置身于真正的而不是仿真度极高的社会环境中来获得亲身社会实践的经历和体验，使他们由只会理论联系实践的教师，变为兼具教育者和实践者双重身份的教师。当然这在时间、地点、经费支持和人员调配上存在诸多困难，但如果真正从实际效果出发权衡这样做的得失，与思想政治理论课实践教学保障体系建立后对教学实效性所起的巨大促进作用相比，为克服这些困难所付出的一切代价都是值得的。

为了保证高职院校思想政治理论课实践教学的顺利开展，需要建立思想政治理论课实践教学有效的领导体制和工作运行机制，为思想政治理论课实践教学提供组织保证。这就要求学校领导积极改变教育观念，高度重视实践教学。学校党委要统一领导大学生思想政治理论课实践教学工作，制定实践教学的总体规则，并对大学生思想政治理论课实践教学做出全面部署；学校行政要对大学生思想政治理论课实践教学做好具体布置和安排，把思想政治理论课实践教学与其他教学、科研实践结合起来，同时部署，同时安排，同时抽查，同时考核。

二、思想政治理论课实践教学的教学保障体系

（一）丰富的教学资源

丰富的教学资源是有效开展思想政治理论课实践教学的基础条件。实践教学环节对教学资源提出了更高的要求，如果离开了丰富的教学资源的支撑，实践教学则难以开展。当下实践教学中出现的各种异化问题，或多或少地与教学资源相对匮乏有关。当然，就理想层面而言，教学资源越丰富多样，就越能够满足各种类型实践教学的需要。但是，我们提出的丰富也是一个相对的概念，即确实是实践教学所必需的基础条件。首先，实践教学应具有相对充裕的人力资源。理论教学可以通过班级教学的形式进行，班级人数可以多一些，这样对教师的数量要求就相对较低。但是实践教学一般是分散进行，时间跨度长、地域分布广，对教师的数量就提出了较为苛刻的要求。在教师数量不足的情况下，教师就不能根据实践的需要进行有针对性的指导，甚至出现不指导、放任自流的情形。其次，实践教学应具有相对充足的财力资源。随着教学时空的拓展，实践教学更加依赖于财力资源的支持，否则，很多实践活动就难以开展。财力资源的问题几乎是所有教师都会遇到但又难以解决的问题。最后，实践教学应有充分的基地支持。实践教学是在广阔的社会生活中进行，实践基地是联系学生与社会的中介和平台。实践教学除了要求实践基地数量充足外，还要求实践基地类型多样，能够满足不同目的的实践教学的需要。另外，实践基地的工作人员也是指导学生实践的重要力量，这就需要学校与实践基地之间具有良好的合作关系。

（二）有效的评价机制

有效的评价机制是确保思想政治理论课实践教学实效性的重要条件。教学评价理念和方法对教学过程的开展以及教学实效性的取得都具有重要的导向和促进作用，实践教学需要与之相匹配的教学评价体系的支持。总体而言，实践教学的评价体系要以能调动学生参与思想政治理论课实践教学活动的自主性、能动性和创造性为指导思想。调查表明，学生对接受现场教育和参观学习一般都有很浓厚的兴趣，对校内各项活动兴趣要小一些，对社会调查则只有一部分同学能主动地参加。如何通过教学评价的改进充分调动学生的积极性，使他们变被动学习参与为主动学习参与，这是提高思想政

治理论课实践教学效果的基础。因此，必须引导学生从素质教育和能力培养的高度来认识思想政治理论课实践教学的重要性，使他们意识到理性思辨能力、调查研究能力、发现分析和解决问题的能力将使他们终身受益，将是他们人生成功的重要因素。只有这样，才能从理性和感性方面真正调动他们的积极性，达到自觉主动学习参与的目的。具体而言，评价体系要包括学生实践教学信息收集与处理以及相应的激励措施等。

建立合理、客观、系统的教学考核评价机制是提升思想政治理论课社会实践教学质量的关键。思想政治理论课社会实践教学作为课程建设，应该与理论教学一样，必须合理构建实践教学环节的综合评价机制，建立严格的考评制度。否则，思想政治理论课社会实践教学就有可能流于形式，达不到应有的效果。考核时应有统一的标准，考评的主要内容要依据学生围绕思想政治理论课教育教学内容所撰写的研究论文或调查报告进行，将理论知识考评和实践课题论文考评相结合，力求全面、客观地评价学生的马克思主义理论素养和思想道德品德的实际情况，同时表彰优秀的调查报告并汇编成册。

（三）规范的实施过程与方法

规范的实施过程与方法是思想政治理论课实践教学的操作条件。正确的方式方法及其规范实施，是顺利落实思想政治理论课实践教学任务和取得理想教学效果的重要手段及保证。对于思想政治理论课实践教学的方式，各学校均有行之有效的做法。但无论采取什么样的方式方法，在选择及其实施过程中都应注意以下问题。第一，要根据不同选题、不同对象的具体情况进行选择。正确适当的方式方法总是与特定的活动内容、参与对象、时间、地点等条件联系在一起的。第二，要充分考虑需要和可能。思想政治理论课实践教学往往受到经费、课时、社会实践资源等条件的限制，因此，在选择活动的方式和方法时，就不能只考虑需要，也要考虑可能。目前，许多高职院校多采取以假期学生返乡社会调查的方式来进行思想政治理论课实践教学活动，就是因为这种方式经费投入低、学生参与广泛、时间充裕、可利用的社会实践资源丰富，具有很好的可行性。第三，要注意对方式方法的改进和创新。随着经济社会的发展、理论教育内容及学生思想实际的变化，思想政治理论课实践教学的方式方法也只有不断地改进和创新，才能有效提高活动的效果。这方面许多高职院校有好的经验。例如，有的高职院校创办了"新世纪论坛"，利用这一载体与近百位社会各界知名人士建立了联系，或定期邀请他们来校作报告；或组织学生带着问题到各界人士所在的地区、企业和部门进行社会调查和参观访问。第四，规范实施，严格要求。选择了适当的活动方式，还必须规范实施和严格要求。一是活动开始前，要围绕活动主题、目的要求、计划安排、方式方法等组织学生进行培训，帮助学生掌握相应的知识和技能。二是在实践活动过程中，教师或有关人员应尽可能地与学生一起参加活动，加强指导和检查，保证活动朝着既定的目标顺利进行。三是实践活动结束后，要组织学生认真总结，对学生撰写的调查报告认真批阅，进行评比交流。

（四）科学的教学管理机制

科学的教学管理机制是实践教学的基础条件，为实践教学的顺利进行提供基本保障。学校高度重视，各级职能部门职责分明，教务处牵头，思想政治教学部统筹，学生工作部门配合，共同努力，整合各方资源，是制定科学的教学管理机制的组织保证。科学的教学管理机制要严格按照教育部的要求，并结合本校的人才培养目标，将实践教学课时纳入整个学校的人才培养方案，确保合适的实践教学课时数，思想政治教学部按照培养方案进行实践教学。思想政治理论课实践教学的教学大纲应由思想政治教学部制定，教务处的专家组审核确定。目前，有些高职院校没有针对思想政治理论课实践教学特点制定相应的教学制度，导致实践教学显得无章可循。科学的教学制度应包括学生参与程度、教师职责、教学的基本内容、教学方式、实践教学审批流程、学生购买保险、实践教学申请、教学常规检查等方面，使得教学管理制度化，防止思想政治理论课实践教学安排不科学。

（五）完善教学管理制度

实践教学环节是一个复杂的过程，需要有一套较为完善的思想政治理论课实践教学的制度依据。思想政治理论课实践教学的管理制度包括：①学时保证。把实践教学当作法定的教学环节，保证学时；②可操作的组织机制。思想政治理论课教师与学校其他行政管理人员要协调分工，把思想政治理论课实践环节当作思想政治教育的具体工作来抓，行政管理人员参与组织和落实，将直接保证学生实践活动的质量和效果；③完善的监控机制。教学管理部门要有对教师学生双方进行督促、检查、监控的机制和政策，保证实践教学环节按计划、有步骤地得到落实，如对教师工作量的计算，对学生实践活动的考核形式和标准等；④总结机制。要形成对实践教学成果定期展出和交流的制度，推动实践教学活动的横向交流和纵向深入。

（六）提升教师开展实践教学活动的能力

思想政治理论课实践教学要求思想政治理论课教师不仅要有良好的思想政治素质、扎实的理论功底，而且要具备较强的组织能力、交往能力和社会实践能力，能有效地组织校内外各种实践教学活动，对实践教学方法和规律有深刻的理解，并不断探索思想政治理论课实践教学的新方法和新思路。为此，高职院校应引导思想政治理论课教师根据学科特点，从重理论知识灌输的教学观念转变为重理论联系实际、解决实际问题的教学观念。学校要为思想政治理论课教师接触实际创造条件，应定期组织教师外出考察，使教师走出学校，深入实际工作第一线。只有视野开阔，了解了世情、国情，体察了民情，才能不断弥补自身社会阅历和实践经历的不足，增强专业素质和能力，也才能科学合理地设计和指导学生的实践活动。

三、思想政治理论课实践教学的社会保障体系

从推动社会实践大系统发展的角度,全面改善政府、学校、企业、家庭、学生各子系统在社会实践方面的认识和作为。社会实践课程化和体系化在大系统的宏观层面搭建了新的构架并规范了各子系统之间的结合点,在制度层面保障了相互之间的开放性、互动性和合作性,促进了各子系统间的物质、能量和信息的交流,形成了全社会支持和参与社会实践的体制和机制,进而产生了整体优于部分之和的宏观协同效应,从而运用社会资源实现实践育人的目标。

(一)对大学生社会实践活动社会上存在的模糊认识

大学生社会实践是一项涉及面广、投入大、具有较大社会影响的系统工程,没有全社会的支持,难以深入、持久、有效地开展。当前社会各界对社会实践的认识深度还存在明显的不平衡。从政府层面看,还没有从科学发展观的高度来为大学生社会实践承担应有的责任,没有从提高人才层次、缩短人才培养周期、提高行业素质和提高社会劳动生产力的角度积极为社会实践创造条件;从学校层面看,受传统教育模式影响,普遍将社会实践看作课堂教育的延伸和补充,作为一种软任务来对待;从企业层面看,还没有将社会实践与企业的长远发展联系起来,只把参加实践的大学生当成廉价或者免费劳动力;从家庭层面看,家长往往把参加社会实践当作一项不务正业的活动,或者对孩子在参与实践过程中的安全和吃苦受累心存疑虑;从学生自身来看,也没有充分认识社会实践的重要性,参与主动性和积极性不足。

脱离人民群众的说教难以产生对人民的深厚感情,缺乏对国情社情深入了解的理论灌输难以产生深厚的爱国情怀和社会责任感。研究表明,社会实践在人们的政治观念和价值取向形成过程中具有基础性的作用。单纯的课堂教育和理论讲授由于缺乏必要的感性认识基础,学生对知识的掌握流于表层化和片面性,而社会实践则利于学生将书本知识与实际紧密结合,自觉把理论和实践结合起来,促进书本知识和感性认识向理性认识的升华和内化。通过社会实践课程体系建设,根据不同学校、不同专业、不同年级、不同外部条件进行多样化的课程设置,根据学生个体的偏好和潜质进行柔性灵活的课程选择,可以按照学生的成长阶段和认知规律分别进行以思想教育、能力培养、专业素养形成和社会服务能力为侧重点的分层实践教育,全方位、全过程、多视角地为学生深入基层、深入群众、了解国情社情创造条件,从而为培养充分个性化发展的高素质创新型人才创造条件。

思想政治理论课实践教学的实施是一个系统工程,必须有内部和外部支持体系的构建,需要社会外部各要素之间的协调互动,要创设政府、学校、家长以及社区各界

广泛参与、支持的和谐社会支持环境，才能确保课程的顺利开设。然而，在开设思想政治理论课实践教学的学校中，由于社会支持环境的不和谐，实践教学的效果并不理想，没有达到预期的效果。为此，必须积极构建和谐的社会支持环境，以确保实践教学活动的顺利开展。

（二）社会支持环境的含义及存在的缺陷

1. 社会支持环境的含义

社会支持的本质是利用各种可以利用的社会资源，包括有形的，如物质、金钱或者其他的工具，和无形的，如感情、指导、亲密的社会交往、尊重等。

和谐社会支持环境主要是通过调动和运用社会各方面的资源，发扬社会工作的"助人自助"理念，发动社会各行各业积极参与社会互助活动以帮助和解决一些活动的社会不适，形成一种良好的社会支持氛围，以促进活动顺利开展。社会支持重点主要表现在物质支持、精神与心理支持、关系支持以及社区帮助等方面。

（1）物质支持。由于思想政治理论课实践教学在开设的过程中应具备有相关的实施条件，需要大量的相关资料及经费。因此，通过社会支持网络调动社会资源，给予学校必要的物质支持是相当必要和重要的。教育部门可以通过多种形式，为学生提供物质性的援助和支持，如发动社区网络中的力量，为社区学生提供资料和经费支持等。

（2）精神与心理支持。精神压力以及心理疾病是现代社会高职院校学生中较为常见的社会问题，许多人由于精神压力不能及时得到缓解而严重影响学习和生活。值得指出的是，人们对因心理及精神问题所造成的社会负面影响之重视程度远远没有对因贫困问题带来的社会影响的重视程度高，以至于大部分高职院校学生，心理和精神支持还处于空白状态，不少有类似问题的社区成员处于孤立无援的地步，极易诱发一些意外情况的发生。进行心理和精神矫治是社会支持的重要内容，也理所当然是社会支持网络中的重要内容。

（3）关系支持。由于社会资源占有关系的不同和社会不公的客观存在，高职院校往往处于弱关系状态之中，即社会交往单一、社会关系简单等。作为社会支持网络系统，对之进行关系支持是十分重要的。所谓"关系支持"，就是教育者通过网络关系的介入，调动、调整和利用社会资源，在一定的范围内重新协调和分配资源，为处于"弱关系"状态下的社区成员提供各种改变当前所处状况的机会和条件。

2. 实践教学中缺乏社会支持环境的表现

思想政治理论课实践教学的实施需要一个和谐的社会支持环境，以确保思想政治理论课实践教学的顺利开展。建立政府、学校、家长以及社区各界广泛参与、平等对话的有效机制，并取得他们积极地支持，在活动开发与实施过程中是非常重要的。高职院校需要同与思想政治理论课实践教学开发与实施有关联的社会机构、家庭成员以及其他兄弟学校保持密切联系。然而，在思想政治理论课实践教学中，由于社会支持环境不和谐，思想政治理论课实践教学开展的并不理想，没有达到预期的效果。为此，必须积极地构建和谐的社会支持环境，以确保思想政治理论课实践教学顺利开展。不和谐的社会支持环境主要表现在以下几个方面。

（1）政府支持不力。思想政治理论课实践教学应有的政策支持系统尚未建立，没有相应的政策支持，难以解除校长和教师的后顾之忧。如普遍面临的教师职称评定问题、思想政治理论课实践教学的教师编制问题、教师工作量计算问题等。

（2）学校缺乏支持热情。领导管理层面对思想政治理论课实践教学理解不到位，缺乏支持热情。教师缺乏"效能感"，大部分学校视思想政治理论课实践教学为"副科"，在学校中没有地位，导致教师缺乏效能感。学生缺乏激情，在思想政治理论课实践教学实施过程中，由于教师对该课程本质认识的片面性，有人认为学生研究的课题应由教师确定或提供，研究活动中以教师指导为主，以结果为主要评价标准等，学生不能自主选题、活动方式与课堂教学没有本质差别、体会不到成功的快乐、课程流于形式等，导致达不到开设课程的目的，学生对这门课程失去兴趣。

（3）缺少家长支持。由于宣传不到位，大部分家长对该课程不了解，或对开展思想政治理论课实践教学的目的和意义不理解。又由于从表面上看，家长认为综合实践活动课浪费时间，是在"玩""不务正业"，会荒废学业，是老师不认真、糊弄学生，所以不支持孩子参加综合实践活动。

（4）社区缺乏支持。在我国由于传统的课程脱离实际，社区很少参与学校教育，更不会参与课程改革，因而社区缺乏课程改革历史。一个社区或一个学区先前从事课程变革越积极、历史越久远，对一项新的课程变革计划的实施程度也就越高，反之亦然。在我国课程改革和实施似乎成了教育内部的事，大部分社区工作者认为学校教学活动应在学校内完成，学校教学活动与他们无关，与社区无关，所以社区对思想政治理论课实践教学缺乏支持力度。

（三）思想政治理论课实践教学社会保障体系的构建

1. 政府支持体系

现代文明社会的良性运行、协调发展是靠政府行为来实现的，单靠学校会形成短期行为和无序状态，没有政府的重视、支持及参与，即使是良性行为也难以运行和持久。因此，政府应该是思想政治理论课实践教学开设最主要的支持因素。政府对于思想政治理论课实践教学开设的支持主要表现在立法上给予保障、行为上进行协调、舆论上给予营造。

（1）制定相关政策的政策支持。在酝酿、规划及具体实施新课程政策的过程中，最为切实有效的推动力是国家权力，国家权力所担负的责任、所发挥的作用，是任何

第九章　高职院校思想政治理论课教学实效性的管理与保障

其他力量所不能比拟的。而国家权力作用的发挥或者政府的支持，又主要体现在立法的保障作用方面，为思想政治理论课实践教学的开设提供政策上的支持。我们应充分利用这一政策，积极地宣传，推进政策的落实。协调各相关部门密切配合，齐抓共管，多层次、多渠道地解决综合实践活动中遇到的问题。加大宣传力度，营造舆论支持。

（2）组织编写课程标准，寻求资源和物质支持。组织有关课程理论、教学理论的学者、学科专家和教育、教学工作者协同工作，研究思想政治理论课实践教学，为社会实践提供理论支持是顺利推行实践教学活动课程的必经之路。课程规划是从教育行政部门的角度来考虑某一级学校或某一类学校课程的范围、参加编订课程的人员及其组织、领导、使用技术、需要提供的条件以及产生的文件；课程设计是从学科专家、教育科学专家和课程研究人员的角度研究课程的类型，研究编订有关课程文件的具体内容。课程改革需要有统一的领导来编订课程改革的具体内容，搞好学科课程、活动课程和综合课程的协调比例，组织合理的课程体系，制定科学的课程标准和相应的评价方法；进行教材多样化的开发和管理，创设必要的改革环境，提供通畅的教材供应渠道。针对经济相对落后的城市，政策上给予倾斜，提供财力、物力和人力上的帮助，确保思想政治理论课实践教学改革切实进行。

（3）加强领导、健全组织机构组织支持。教育主管部门成立社会实践活动课程理论和实践研究领导小组，负责组织协调、指导课题研究工作。思想政治理论课实践教学是一门集中体现国家、地方、学校三级管理体制的新课程，应加强该课程教研队伍的建设，健全教研网络。为此教育行政部门应配有专职的综合实践活动教研员，建立思想政治理论课实践教学中心教研室，加强高职院校社会实践活动课程教研与培训方面的指导工作。整体配备该课程教研队伍，并制定相关评价或奖励政策，解除他们的后顾之忧，专心开展和指导工作，以确保社会实践活动课程研究和实践顺利进行。

2. 学校支持体系

（1）加强对学校领导的培训。加强对领导的培训，提高领导者的素养，正确认识开设思想政治理论课实践教学的意义和作用，积极支持课程改革。努力使校长从课程改革的"反应者"转变为课程改革的"发动者"，积极主动、创造性地推行思想政治理论课实践教学。

（2）加强教师培训。无论多么先进科学的课程理论，如果不被高职院校教师所领会与掌握，就是毫无价值的；无论多么高明的教师，如果不用先进的、科学的理论去武装自己、自觉用理论指导教学实践，就不能将具体的课程实施推向新水平和高境界。所以必须加强该课程培训，结合实际鼓励、指导高职院校开展本校师资培训，在培训中提高教师对该课程的认识，正确地把握课程的精神和理念、深刻领会国家的教育方针和政策、掌握好该课程的标准和要求、拓宽眼界，加强跨领域学科的学习。在培训中提高开展思想政治理论课实践教学的能力,提高教师的效能感,积极地支持思想政治理论课实践教学的开展。

(3) 认真履行相关规定。要从地方建设发展的实际需求和学生锻炼成长的需要出发,不断拓展大学生社会实践的新领域、新载体、新形式,不断提高社会实践活动的针对性、实效性和吸引力、感染力。要把社会实践纳入学校教学计划,规定学时学分,对学生参加社会实践提出具体时间和任务要求,制定切实可行的考核办法和激励机制,及时召开总结会,表彰社会实践先进集体和个人。要把教师参加和指导学生社会实践计入工作量,作为考评教师的重要依据,充分调动广大师生参与社会实践的主动性与积极性。要加强安全教育,制定安全预案,确保师生参加社会实践的安全。

(4) 增强学生学习激情。在综合实践活动中,坚持学生的自主选择和主动参与,充分尊重学生的兴趣、爱好,让学生自己选择学习的目标、内容、方式以及决定活动结果呈现的形式,发展学生的创新精神和实践能力。综合实践活动应面向学生完整的生活领域,为学生提供开放的个性发展空间。注重学生的亲身体验和积极实践,促进学习方式的变革。在活动中,主动地获取知识,获得成功的体验,增强参与综合实践活动课的激情。

(5) 理论支持。理论支持主要指通过教育科研机构开展研究,形成相关的理论。教育科研机构要积极开展思想政治理论课实践教学研究,结合实际为高职院校开展实践教学提供理论支持;积极地为学校举办的思想政治理论课实践教学提供岗位培训。目前我国关于思想政治理论课实践教学理论的研究仍然处于起步阶段,还有很多实际问题需要解决,还有许多课题需要研究,教育科研机构需要持续不断地从理论上给思想政治理论课实践教学的实施以有力的支持。

3. 家庭支持体系

与国家支持、社区支持、学校支持相比,家庭支持更为直接,家庭支持的力量是不可低估的。家庭中的物质支持、教育支持与精神支持是最为关键的。教育课程改革是关系到每一个家庭的社会问题,课程改革需要家庭的理解和支持。家庭,只有成为课程改革的一分子才有可能充分发挥其教育的功能,同时教育才有可能真正服务于人。学校和家庭的紧密联系是家庭了解课程改革进而支持课程改革的前提。首先,要让家长深刻领会思想政治理论课实践教学的性质、开设的目的、作用。其次,要让家长主动地支持子女的研究,并提供物质支持和精神支持,使家庭和学校形成良性互动,这需要双方共同努力,学校可以开展"家庭开放日"的活动,邀请学生家长参观、座谈以促进了解进而集思广益。课程的开设和完善,特别是思想政治理论课实践教学,更需要包括家庭在内的多元的支持。

4. 社区支持体系

社区是一个地区性的社会。社区和教育通过学校联系起来，二者是相互支持和制约的。作为教育和家庭的中介，社区对于养成社区成员对教育价值的共识和对教育改革的关注与理解是非常重要的。"建立学习支持服务系统是开放教育区别于传统学校的一个显著特征"。社区可以为学校发展创造良好的外部环境和提供有力的保障。虽然，目前我国的课程改革在很大程度上是一种自上而下的政府行为，然而在推行的过程中，社区的支持是必要的。

社区文化可以引导居民认同课程改革的基本理念，扩大改革的影响力和支持面。社区要发展就必须和学校教育相结合，深刻领会国家的教育方针和政策，有全局观和使命感，把教育当成社区生活的重要组成部分。课程变革不应孤立于社区文化之外，而应自觉寻求与社区的整合。在综合实践活动课中，认同社区文化精华的部分，去其糟粕的部分，并针对社区的文化开展活动教学。通过实用性研究，获得社区或村落的支持，获得社区政治、经济文化机构的协助，从而大大增加综合实践活动课开设成功的机会。

课程改革是一个重大的社会问题。新一轮的课程改革是一个意义重大、影响深远、任务艰巨而复杂的系统工程，它是新世纪我国政府积极推进的一项社会事业，因此需要政府保障，需要广大教师、专业教育工作者、家庭和社区积极参与热情支持，创设一个和谐的社会支持环境，才能确保新课程顺利推行。

四、思想政治理论课实践教学师资队伍的素质要求

素质一词，有狭义和广义之分。狭义的素质是一个心理学的概念，指人的神经系统和感觉器官上的先天特点；广义的素质是指人们现有的基本条件，即包括人们在社会实践中逐步成长、完善起来的各方面的基本条件，通常包括先天因素、生理素质、心理素质、政治素质、品德素质、文化素质等。它是个体人的体质、性格、气质、能力、知识、品质等各种要素的综合，这些要素是依赖后天努力学习，经过长期社会实践的磨炼而获得的。作为一名好的思想政治教育工作者，就必须逐步完善这些素质，以适应21世纪大学生教育和管理的需求。

（一）政治素质

思想政治教育是党的事业的重要组成部分，是实现党的总任务、总目标的一种实践活动，具有强烈的党性和政治性。政治素质是思想政治教育工作者应当首先具有的最基本的素质，是思想政治教育工作者素质的核心。对于思想政治教育工作者来说，就是要有明确的政治立场，坚持社会主义政治方向，时刻保持强烈的工人阶级政治原则，忠于党的事业，坚持为人民服务。

（二）思想道德素质

思想道德素质是塑造人的灵魂的工程。打铁先得自身硬，思想政治教育工作者没有过硬的思想道德素质，没有高尚的道德情操是无法完成工作的。可以说，思想道德素质是思想政治教育工作者最基本的素质之一。"解放思想、实事求是，一切从实际出发，善于开拓前进，具有唯物辩证法的思想方法和工作方法"。大公无私、乐于奉献、热爱本职、忠于职守，这些是对思想政治教育工作者思想道德素质的基本要求。

（三）知识素质

思想政治教育作为一项综合性、专业性、知识性很强的工作，没有丰富的知识是无法驾驭的。因此，思想政治教育工作者需要掌握丰富的科学知识，努力成为具有扎实的专业理论功底、宽广的文化眼界、熟练的业务能力的灵魂师。

（四）能力素质

能力是指运用于工作实际的各种技能和艺术。它以知识为基础，但又不等于知识，是知识与实践的结合，是运用知识解决问题的本领。能力素质是思想政治教育工作者素质结构中不可缺少的部分，思想政治教育工作者要努力培养自己的调查研究能力、综合分析能力、决策计划能力、宣传表达能力、组织协调能力以及掌握现代科技工具的能力等。

（五）创新素质

创新是一个民族进步的灵魂，是一个国家兴旺发达的不竭动力。江泽民指出，一个没有创新能力的民族，难以屹立于世界先进民族之林。同样，一个没有创新能力、没有创新素质的思想政治工作队伍也是难以承担新时期思想政治教育工作的。创新素质是思想政治教育工作者不可缺少、而且越来越重要的素质，是创造性开展工作的基本条件。思想政治教育工作者要在工作中善于打破常规，积极摸索新路子，总结新经验，圆满出色地完成各项任务。

（六）心理素质

思想政治教育的对象是人，必然涉及人的心理活动，要受人的心理特征、心理过程的制约，这不仅决定了思想政治教育工作者既要了解教育对象的心理特征，而且自身在从事这项工作时，也要有健康的心理状态和良好的心理素质。在实际工作中遵循心理活动的规律，增强心理承受能力，发展积极的个性心理，并养成身心愉快、情绪热烈、气质优良、性格稳定、意志坚强、动机正确、行为端正的心理品质。

（七）身体素质

身体是革命的本钱，无论做什么工作都离不开健康的身体，做思想政治工作也是如此。身体素质有先天因素，但更重要的是与后天锻炼有关。思想政治教育工作者如能经常参加各种体育活动,不但能强健体魄,而且还能赢得更多的与学生交流的机会,增强师生之间的友谊和情感,使教育工作收到事半功倍的效果。

第四节 高职院校思想政治理论课教学实效性的考核与评价

一、思想政治理论课实践教学考评的意义

思想政治理论课实践教学的考核与评价是对教学成果进行评价考核和检验的过程,考核评价的对象包括学生学习的成果和教师组织实施教学的过程两个方面。做好思想政治理论课实践教学考核评价及保障机制的建设工作,既是社会发展所提出的客观要求,也是思想政治教育自身实现科学化的需要,具有重要的理论价值和实践意义。

(一)是进一步规范高职院校思想政治理论课实践教学工作的需要

建立科学完备的思想政治理论课实践教学考核评价及保障机制,是完成教学任务、提高教学实效、实现教学目标、有效地开展教学质量评价活动的必然要求。总体来看,高职院校思想政治理论课实践教学的效果不太理想,与中共中央关于"高职院校思想政治理论课所有课程都要加强实践环节,要建立和完善实践教学保障机制,探索实践育人的长效机制"的要求相差甚远,问题主要表现在以下几个方面:

第一,在实践教学形式上,各校的思想政治理论课实践教学形式仍然主要是强调以教师为中心,学生被动参加实践,多数都是采用简单的参观、影视欣赏、讨论等传统方法,实践教学方式陈旧,学生积极性不高。

第二,在实践教学内容上,目前许多高职院校没有设置思想政治理论课实践教学大纲,实践环节时有时无,随意性太强。虽然一些高职院校制定了实践教学大纲,但大纲缺乏科学性,教学目的不明确、教学时数不一、教学内容不规范。

第三,在实践教学保障上,许多高职院校对思想政治理论课实践教学重视不够,如实践教学的政策制度不健全、资金缺乏、设施不全、没有科学有效的考核机制等。

以上种种问题在很大程度上制约着高职院校思想政治理论课实践教学的成效。虽然目前高职院校还在积极探索思想政治理论课实践教学的模式,然而,这些实践模式是否科学、规范,还需要一个科学的、客观的评价体系来验证。制定好、实施好思想政治理论课实践教学的评价标准,有利于进一步明确教师在实践教学过程中的具体要求,使教师在实践教学的过程中有行动和做法的具体标尺,在整改提高时也有明确的

方向。这样，就能够使高职院校思想政治理论课实践教学进一步规范化，减少实践教学的盲目性。

（二）是切实提高高职院校思想政治理论课实践教学实效的需要

马克思主义哲学意义上的实践是指人们为了满足一定的需要而进行的能动地改造和探索物质世界的活动。高职院校思想政治理论课的所有课程将实践环节纳入高等院校思想政治理论课教学体系正是以优化主体，即提高高职院校学生思想政治素质、增强社会能力为目的。对高职院校思想政治理论课实践教学进行评价，是积极响应党中央关于探索高职院校思想政治理论课实践育人的长效机制的要求，切实提高各高职院校对高职院校思想政治理论课实践教学的重视程度，把党中央的要求落到实处，调动高职院校学生在思想政治理论课实践教学中的主动性和创造性，提高高职院校思想政治理论课实践教学的效果。因为只有建立科学、严密的高职院校思想政治理论课实践教学评价体系，才能促进高职院校思想政治理论课实践教学卓有成效地开展，才能使广大高职院校学生变被动为主动，主动加深对思想政治理论的理解，检验理论的科学性，获得经验与认识，锻炼能力，提高素质，促进学生个性发展和思想品德修养，切实提高高职院校思想政治理论课实践教学的实效。

（三）有利于提高教师的业务素质和实践教学水平

科学有效的高职院校思想政治理论课实践教学评价体系能够对思想政治理论课教师的工作能力和实践教学水平提出更高的要求。它不仅要求教师具备丰富的理论知识，而且要有良好的解决实际问题的能力，同时还要具备较好的组织能力和管理能力。只有建立起科学有效的评价体系，才能使教师进一步审视自己，发现自身存在的问题和不足，以便明确以后的努力方向。这对于不断提高高职院校思想政治理论课教师的业务素质和实践教学水平具有重要的作用。

（四）有利于促进思想政治理论课学科的建设与发展

建立科学完备的思想政治理论课教学考核评价及保障机制，也是深化教学方法改革的动力源泉。通过有效地开展教学评价，促进思想政治理论课教学在内容、方法和手段等方面的改革与发展。科学的评价体系和机制可以鼓励教学方法的科学创新，避免教学方法的僵化和非科学方法的运用；落后的评价体系和机制会阻碍教学方法的创新，扼杀新生事物和教师创新方法的积极性，延续僵化的教学方法。

（五）是获取和处理用以确定学生水平和教育有效性以及证据的方法

建立科学完备的思想政治理论课实践教学考核评价体系及保障机制，包括了比一般书面考试更多种类的参量，对学生学业成绩进行考核与评价，是教学工作中一个不可缺少的环节。如果没有评价，整个教学活动将成为一个只有执行而无反馈的过程，不利于学生学习责任心的培养和学习积极性的提高。也是教育工作者客观评估教育质量，加强和改进教育工作的重要措施。有利于教育工作者认识教育的有利条件，发现薄弱环节，掌握新情况、新问题，为新的教育决策提供经验材料，为进一步加强和改进教育工作提供指导。

二、思想政治理论课实践教学考评中存在的问题

目前对思政理论课改革的关注多集中于教学内容、教学方法和教学手段，而对教学考核评价体系及保障机制的研究相对薄弱。主要表现为以下几方面：

第一，考核内容的知识化导向。思想政治理论课教育的目的不在于死记硬背一些马克思主义理论教条，而在于提高学生利用一定的理论分析问题、解决问题的能力，提高学生对党和国家所采取的方针政策的理解和认识，提高学生在生活中实践思想道德修养的自觉性。目前的思想政治理论课实践教学考核评价体系中却存在只注重知识的考查、忽视学生能力和素质提高的现象。高职院校思想政治理论实践课考试成绩以期末笔试为主，而期末的笔试大多采取同一课程使用统一试卷（全校使用同一份试卷来要求不同任课教师所教的不同教学班的学生）的办法，在试卷命题上不得不要求命题教师严格按照教材的体系和内容，不能偏离较多，这就使得思想政治理论课考试内容存在过分强调教材化的倾向，考试与教学脱节，一些平时逃课、不听课的学生通过考前的突击背诵，照样可以通过考核。这种简单划一的做法，一方面影响教师及时更新、丰富课堂教学内容的积极性，另一方面也容易使学生上课和听课的积极性不高，只注重考前的死记硬背，忽视分析、判断能力的培养和思想政治素质的提高。

第二，考核题型及答案过分强调标准化、规范化。当前的思想政治理论课考试的命题一般分为客观题与主观题两部分，选择题、判断题、名词解释题、填空题等客观性试题当然有标准答案，而论述题、材料分析题等主观性试题的答题则需要学生灵活运用所学知识，实际上是没有严格统一的标准答案的，但有的思想政治理论课教师为了提高考试的公平性、公正性和方便评阅卷，对这部分题目也制定了标准答案，实际上就是只要求学生写出课本或笔记上的现成答案。对学生记忆性方面的东西测试过多而对其分析、解决问题能力的考查太弱，极不利于学生分析与解决问题能力、口头表达与书面写作能力、辩证思维能力与创新意识的培养。

第三，实践教学成绩判定的随意性。思想政治理论课实践教学考核成绩的评定应该是多方面的综合，包括课堂上对教师提问的回答、作业和小论文及学生实际表现等多方面，其中除思考练习题可用百分制记分外，其他的则并不适宜用百分制的量化标准评分，而思想政治理论课的各门课程都要求平时分数量化，但思想政治理论课一般都是大班教学，教师对学生很难全面了解，提问不可能遍及每个学生，小论文的分数

差别很难准确把握,最后教师只能随意或凭印象给学生打出一个"精确"的分数,难以反映学生的真实水平。

第四,思想政治理论课实践教学缺乏完备的监督机制。思想政治理论课实践教学缺乏监督,许多实践教学是在课外、校外进行,更有许多实践教学活动安排在假期,在没有建立完善的实践教学机制的状况下,对实践教学无法进行有效的监督管理,而使实践教学变为学生可参加也可放弃的个人行为。

第五,实践教学的评价方式不当。从思想政治理论课实践教学的本质特征和功能来看,其评价方式应当突出多元化和开放性的特点。但是目前多数高职院校对学生思想政治理论课实践教学的定位存在着诸多不当:评价偏重于结果,将学生撰写的调查报告、社会实践材料等同于实践活动所取得的成果,并作为评价的主要或唯一的依据,忽略了对学生实践活动过程中认识水平、认识方法等的评价,更缺乏对学生在实践中所表现的理想、信念、智慧、能力等的综合评价。这就造成一些学生对思想政治理论课实践教学简单应付,实践报告从报刊"抄袭"或从网上下载、复制的现象比较严重。

第六,实践教学的考评体系不当。目前看,大多数高职院校都没有制定专门的实践教学考评办法和考评标准,多数学校考评办法简单而又不严格,有的学生常常不去单位实习,证明材料弄虚作假、找人盖章了事。调查报告、毕业论文往往是抄袭别人的文章,甚至闭门造车,编造假数据、假信息,学生的实践能力得不到有效提高。由于多数教师理论教学任务繁重,课程考核形式陈旧,实践教学往往只占学生课程成绩的10%,较低的比例进一步降低了它的重要性,所以教师很难在学生的实践论文方面花费太多时间,只能大致浏览一下,给出论文成绩,而不可能对实践论文本身提出多少修改意见,即使有修改意见,因时间和精力所限也不可能将意见反馈给每一个学生,这种考核体系对大学生的帮助非常有限。教师的这种不认真和敷衍了事助长了大学生对实践教学的不认真态度。

三、高职院校思想政治理论课实践教学的评价原则

高职院校思想政治理论课实践教学评价体系的原则是指导开展实践教学评价的依据,是确保思想政治理论课实践教学评价活动开展的根本保障,是思想政治理论课实践教学评价活动的目的与意义的体现。

(一)导向性原则

高职院校思想政治理论课实践教学,是指在教师的指导下,依据课程的教学内容和要求,以组织和引导大学生主动参与实际生活和社会实践、获得思想道德方面的直接体验为主要内容,以提高大学生思想道德素质为目标的教学方式或教学环节。在进行思想政治理论课实践教学评价的时候要始终坚持以学生"直接体验"和"提高思想

道德素质"为目标和导向。

（二）可操作性原则

可操作性原则是指评价方案实施时要具备可操作性、行得通。高职院校思想政治理论课实践教学评价过程是否达到预期效果，其评价方案、指标体系及评价过程是否具有可操作性是重要前提之一。可操作性原则不仅要求各项指标具有实际内容，要符合实际，而且评价指标体系要尽量简便、明确，便于实施，同时每一个评价指标都可以量化，具备可测性。

（三）系统性原则

高职院校思想政治理论课实践教学评价体系是由各个系统构成的总评价系统，各个系统相互交织、相互联系、相互渗透，形成全面评价的指标系统。从纵向看，系统可以层层分解，从总目标到次级指标再到再次级的指标；从横向看，可以分为实践教学的条件、实践教学的过程与实践教学的效果。总目标的实现依赖于子目标的实现，子目标的评价和实现则可以达到高职院校思想政治理论课实践教学的目标，即提高大学生的思想道德素质和能力。

（四）全面性原则

高职院校思想政治理论课实践教学的评价不仅可以对高职院校思想政治理论课实践教学工作进行宏观的评价，而且能够对高职院校从事思想政治理论课实践教学的教师和学生进行微观的评价，尤其在对学生进行评价的时候要把学生撰写的调查报告、社会实践材料等实践结果作为考评的依据，而且要能够对学生在实践过程中认识水平和能力的提高，以及对学生在实践中表现出来的理想信念、敬业精神等进行综合的评价。劳动过程和劳动结果均作为公益劳动活动考核的依据，避免了学生只追求劳动结果而忽视劳动过程的不良心理倾向，使学生形成过程与结果同样重要的认识，培养了学生热爱劳动的良好品质。

四、思想政治理论课实践教学考评体系的构建

建立科学的考核评价体系，主要是对学生掌握理论和教学活动对学生思想状况产生影响的评价。考评方式的改革是启动和深化其他教学改革的"导航器"。在传统的"千人一面，千人一卷"的考评模式下，思想政治理论课的考试功能被简化和强化为考核学生学习的唯一工具，使考试由教育的手段变为教育的目的，死记硬背，唯书唯上，严重扭曲了思想政治理论课的教育功能和本质，扼杀了学生个性及创造性思维与能力的培养。

（一）评价指标体系

从高职院校思想政治理论课实践教学系统来看，构成实践教学质量的基本要素有输入、过程、输出三个相互联系的方面。教师考评与学生考评相结合，由任课教师与学生共同参与实践活动评价，既可以体现评价主体的多元性，又可以提高学生参加劳动的积极性，也使学生学会客观、理性、辩证地看待事物，对于学生的成长成才具有重要意义。

实践教学考核评价的主体主要包括三个方面：

1. 指导教师对学生的评价

活动的指导教师负责对参加本活动的学生进行评价。指导教师是实践教学内容的设计者和教学过程的直接组织者，教师实践教学质量的优劣直接影响到实践教学过程和教学效果，它不仅涉及教师的敬业精神、教师组织教学的能力，而且与教师的教学水平、科研水平的高低有关，这是保证实践教学质量的重要指标。此外围绕实践教学的开展所必需的基本设施、文件资料及校内外实践基地等也是保障实践教学质量不可或缺的必要指标。通过以上分析可以看出，在教学输入评价方面应包括指导老师队伍和实践教学条件两个方面；教学过程评价包括实践教学内容的实施及教师的教学表现、学生学习的积极性以及参与实践活动的有效程度等；输出评价方面则包括学生在教学过程中获得的各种增量，同时还应包括教师通过教学过程所取得的成绩以及各种奖励。

2. 学生自我评价

正确的自我评价有利于学生的自我完善，从而促进学生的自我提高、自我发展。不正确的自我评价会导致学生不正确的自我追求，导致对自己和他人、自己和社会关系不能加以正确认识，从而不能做出正确的人生价值选择。学生评价的内容包括：学生自评，即参加活动的学生对自己在实践活动中的收获、参与度、态度等客观、公正地做出评价；小组互评，即每组成员对其他组的成员在实践活动中的作用、表现给予评价，评价结果客观、真实、合理、有效，组长对本组成员的评价情况进行汇总，形成评价结果。如果评价结果不客观、不真实有效，则该评价结果作废，此项评价由指导教师完成；其他学生的评价，即未参加本活动的其他班级的学生对本活动各小组的劳动成果进行评价，要求客观、公正、合理，否则此评价结果作废。在思想政治理论课的实践教学系统中，学生是主体，因此应是实践教学质量的核心指标，在实践教学评价中，主要从三个方面来考察：一是学生对待实践教学的认识和态度；二是学生的表现状况，主要反映学生在实践教学活动开展过程中的表现；三是学生所取得的学习效果，主要反映学生学习后的知识增量和思想品德素质的提升。

3. 学校对教师的评价

一是考评领导机构。考评工作由思想政治教学部实践性教学和研究性教学考核工作小组负责。工作小组由部领导、教研室主任及教学秘书组成，平时由主管教学的副主任和教学秘书进行抽查与督查，考评结果和工作量审定由考核工作小组在全面审核相关统计表、原始材料基础上做出。

二是考评基本原则。坚持实事求是的原则，客观、公正、公平地对教师工作进行考评；坚持质与量相结合的原则，以教师完成实践性教学工作的数量和质量作为评价教师工作量的主要依据；坚持过程考核与结果考核相结合原则。

三是考评项目。实践性教学的前期准备和初期组织工作，占实践性教学考评的比重为25%，包括对实践性教学的教学计划、教学方案、选题设计、实践性教学动员、指导学生分组和选题等情况的考评。实践性教学实施过程的考核，占实践性教学考评的比重为40%，重点考核实践教学的组织情况，主要包括组织指导次数、指导学生的覆盖面、指导方式等。实践性教学的结果与实效性的考评，占实践性教学考评的比重为35%，重点考核实践性教学工作总结、学生实践报告、实践教学学生成绩评定以及成果归档等。

四是教学工作量具体计算标准与办法。包括：①实践性教学前期准备和初期组织工作量计算标准与办法：要有完善的实践性教学计划和实践性教学方案，考核依据为教师递交的实践性教学计划和实践性教学方案；有完善的实践教学学生专题分组、学生选题等，考核依据为递交相关学生分组及学生选题等材料，同时递交相关的佐证材料（包括学生分组、选题的原始材料）。②实践性教学实施过程的工作量计算标准与办法：指导各组的实践方案设计，指导的覆盖面与次数，考核依据为递交的有关各组学生的实践方案及学生对教师指导的基本评价材料；参与小组实践活动，并加以指导，重点考核教师参与各组实践活动的情况，包括教师参与的次数，考核依据为有关参与实践活动以及个别指导等方面的材料；指导学生撰写实践报告，重点考核教师对实践报告撰写格式、要求、内容等方面的指导，考核依据为学生的实践报告撰写是否规范，报告内容是否有科学性、客观性等。③实践性教学结果与实效性的工作量计算标准与办法：评阅学生实践报告，考核依据为学生的实践报告；对实践性教学进行质量分析，撰写实践性教学总结报告；对实践教学材料进行整理归档，主要是对学生实践报告、实践教学学生成绩、质量分析等进行归档。

五是考评程序。①教师依据《考评办法》有关规定自我申报相关工作量，并提供相关计算的依据材料。在学期末前一周完成，交教学秘书进行初审、复核。②考评工作领导小组依据每个教师提交的工作量计算统计情况，逐项进行审核，确定每个教师的相关工作量，反馈给相关老师进行核实，并签字确认。③上报有关实践性教学工作量。思想政治教学部将考核后的各位教师的工作量上报教务处审核，再由教务处上报人事处，人事处根据工作量发放课时津贴。上报学院的总工作量不能超过本学期整个思想政治教学部承担的实践性教学总工作量，超过者以总工作量计。教师工作量不能超过其本人所承担的该课程所规定的课时，超过者以总工作量计。

（二）评价质量监督体系

1. 严格实践教学监管

建立健全实践教学保障机制是科学实施高职院校思想政治理论课实践教学监管的要件和考评要件。为了避免走过场、流于形式的实践教学活动，必须对实践教学进行严格的监管，力求学生参加实践教学计划所规定的实践教学活动。例如，学生参加社会实践要如实填写《思想政治理论课社会实践活动登记表》，登记表必须经接收单位签署意见并加盖公章。每次实践学习结束时独立完成一份有质量的调查报告或小组纪录或通过实践学习对所学理论加深理解的心得体会文章。教师应评阅所有实践作业，对于表现优秀的学生专门召开总结表彰大会，向学生授予荣誉证书，对好的文章将其推荐到校报发表。教研室和部门及时对实践课成效经验进行总结、归纳，以利于改进教学。针对实践教学中特别是社会实践活动中学生简单应付甚至弄虚作假的情况，教师可以采取打电话询问或直接不定期到学生实践场所检查的方式加强监管；在考评上突出学生的"社会实践日志"和"实践报告"中有关实践材料的考查，一经发现弄虚作假现象，按不及格处理，要求其在下一年重新参加思想政治理论课社会实践活动。

2. 严格实践教学监督

监督是对某一环节、过程进行监视、督促和管理，使其结果能达到预定的目标。为了提高实践教学的实效性，避免实践教学流于形式，必须要严格规范整个实践教学的安排，并对其进行有效的监督。首先，在实践教学的过程中，教师应该关心整个实践活动的实施。对于学校组织的实践教学，教师要认真参与其中，关心和督促学生，以达到社会实践的目标。对于学生自主的社会实践，教师应当多与学生交流，可以通过QQ、微信等网络平台，一对一与学生进行沟通，即时地了解学生社会实践的情况，可以及时帮助学生解决问题，同时也起到了督促的作用；其次，教师可以通过联系接收单位来确定学生的实践活动情况；再次，很多高职院校都设有督导员，我们可以发挥督导员的作用，请他们负责考察实践活动的开展情况；最后，在实践教学结束后，学生要如实填写社会实践登记表格，同时还应当有接收单位的意见及公章，教师应当及时对学生的实践教学作业进行批阅，进行总结表彰，并及时对取得的成果进行宣传。如发现所报社会实践材料有虚报、造假、剽窃等违规行为，经查证属实的，将取消该学生本年度社会实践学分，并要进行严格处理。

（三）建立独立、公正和高效的考核评价机构体系

评价机制中一个重要的方面就是由谁来评价的问题，评价标准的客观性和科学性都需要通过评价机构的实施来体现。现实的评价方法中无论是教师互评、学生主评，

还是主管机构、院系领导评价，由于课程的差异、评价者的认识和经验等不同的原因，始终无法保证教学评价的客观性和公正性，不能通过评价推动教学改革和方法创新。如何根据高职院校不同的实际情况建立独立、公正和高效的评价机构是思想政治理论课教学方法改革的重要课题。

（四）内容和方式方法体系

1. 改革传统考评内容

综合考查学生知识能力、思想品德和行为实践的各个方面考评内容既要全面反映学生对理论知识的掌握程度，又要反映教育过程对学生政治思想和品德产生的影响，还要反映学生对实际问题的认识、分析和解决的能力。传统的考评内容以书面考试为主，侧重对学生知识掌握程度的考察，无法检验教学的实际效果。改革传统的考评内容，书面考试就要减少甚至取消死记硬背的名词解释、简答题，加大重理论应用的选择题、辨析题、案例分析题、材料分析题、论述题的分量；在政治思想品德和实践能力的考评方面，要采取新的评价形式。评价内容的创新是要全面反映学生的知、情、意、行的各个方面，只有全面考察学生的政治思想品德的各个方面，才能确切了解思想政治理论课教学的实际效果，以便进行教学内容的调整和教学方法的改进。

2. 改革传统考评形式，建立综合配套的考评形式体系

形式是为内容服务的，内容需要考查学生知、情、意、行的各个方面，单凭传统的闭卷考试无法真实检验教学效果。改革传统考评形式，建立包括闭卷考试、开卷考试、课程论文、调查报告、读书心得、口头答辩、公益活动等多种形式的立体考评体系。改变以往单一片面的评价体系，建立不仅重视结果评价，而且重视过程评价；不仅重视核心知识的评价，而且重视伴随知识的评价；既注重考查基本理论知识，更注重考查学生的创新意识、协作精神和实践能力的综合评价体系。根据思想政治理论课中不同学科的特点采取不同的考评形式，不同的学科考评侧重于使用某一种形式，或者多种形式综合配套使用。同时，还可以引入辅导员（或班主任）、学生处、团支部、班干部、群众代表来共同评定，赋予不同的权重，并实行重大违纪一票否决和突出表现奖分制。在批阅打分上可以进行老师学生共同打分的创新，充分发扬师生间的民主。以前的老师期中、期末出题考学生转变为老师、辅导员、学生的共同综合考评，甚至引入家长和被评价学生的自我考评。考查大学生自我教育和自我评价能力，可以给出一些评价项目，要求学生结合自己的日常表现，用事实说话，写自我总结评价。通过考评形式的改革，将大大推动教师教学方式方法和学生学习方式的转变。

（五）考核评价标准体系

实践活动成绩考核评价的标准与依据，即考评的主要内容，表现为学生成绩，主要包括考勤成绩和实践活动成绩两方面。实践活动部分的成绩涉及学生的劳动态度、劳动纪律、劳动质量等几个方面。成绩以百分制记。

第十章 高职院校思想政治理论课教学实效性的提升途径

提高高职院校思想政治理论课的实效性既是一个现实的问题，也是一个永恒的主题，关系到高职院校思想政治理论课教育教学工作的持续发展，其实现的途径关系到思想政治理论课实效性的实现及实现的程度，因而是一个值得重视的方面。它既涉及大的相对宏观方面的内容，也涉及小的具体的微观方面的内容，这也是很有探讨价值的。

第一节 构建"全员育人"的思想政治理论课教育环境

教育理念影响着一切教育活动，是提高教育效果的前提。育人为本是教育的生命和灵魂，是教育的本质要求。高职院校是专门为国家培养高级研究型人才和高级应用型人才的基地，无论是从学生发展的角度出发，还是从学校发展的角度出发，都必须坚持育人为本的教育理念。只有坚持育人为本的教育理念，才能真正把人才培养作为学校的中心工作和根本任务，建立科学的育人工作体制机制，确保教职员工在各自的工作岗位上主动地渗透德育，关心、支持、参与大学生的思想政治教育；只有全体教职员工树立了育人为本的教育理念，才能激发、增强育人的责任感、使命感，把育人工作变成自觉的行为，全员育人的格局和氛围也才能真正形成，才能为社会主义培养德才兼备的合格人才奠定坚实的基础。因此，育人为本是学校一切工作的前提和思想基础。

一、坚持育人为本的教育理念，夯实思想基础

高职院校必须坚持育人为本，以培养人为根本，以人为本，把培养人作为学校一切工作的前提，作为办学的指导思想。培养什么人，怎样培养人，这是关系办学方向和性质的根本问题。坚持育人为本，就要把教育的重点转向人本身，在教育过程中把人的全面发展放在中心地位，要坚持素质教育，坚持德育为先，促进大学生德智体美

全面发展，提高大学生的综合素质，为社会主义培养建设者和接班人。

（一）坚持育人为本的教育理念，就是要树立德育为先的教育原则

育人为本，有一个向哪个方向育人，培养什么样的人的根本问题。社会主义本质属性决定了我们的育人方向是培养德智体美全面发展的社会主义建设者和接班人。坚持德育首位，德育为先的教育原则，鲜明地体现了社会主义教育的政治性和方向性，也深刻揭示了德育在诸素质中的地位和作用。德育为先，从时效上讲，要先行；从作用上讲，是先导；从地位上讲，居首位。德智体美都是学生综合素质的重要组成部分，德智体美既不能相互替代，有着各自质的规定性，也不能相互排斥，是辩证统一体。而德是为人之根本，是灵魂，德育素质是最重要的素质，智育、体育、美育的发展又给德育有力的支持。

育人为本就是要坚持育人格局的整体性原则，形成全校所有教职员工都以培养人为根本宗旨，重视、关心、参与大学生的思想政治教育工作，教书育人、管理育人、服务育人，最终形成全校整体性育人、育德的良好氛围和机制。

（二）坚持育人为本的教育理念，就是要确立以人为本，促进学生全面发展的教育思想

以人为本是马克思主义在思想史上的革命性变革，马克思主义从人的现实性、社会性和实践性出发，阐明了对人的价值的尊重、生存需要的关怀以及人的全面发展。"育人为本"所体现的以人为本的深刻内涵就是要尊重学生的价值，一切为了学生，为了学生的一切，为了一切学生，尊重教育规律和学生身心发展规律，以学生为主体，把学生健康全面发展作为学校一切工作的出发点和落脚点；就是要改变传统教育中只重知识传授，忽视大学生的能力和人格培养的倾向，注重大学生的素质的提高、能力的培养，个性的发展以及大学生的创新能力和精神的培养。把德育、智育、体育、美育有机地融合在教育教学的各个环节中，教育学生不仅要学会知识，还要学会动手、学会动脑、学会生存、学会做事、学会做人。着力提高学生的学习能力、实践能力、创新能力，提高综合素质。

二、建立完善的育人工作体制机制，确立制度保障

全员育人格局和氛围的形成需要行之有效、运转正常的育人工作体制机制。建立全员育人的工作体制机制，领导是关键，制度是保证。只有领导重视，充分发挥政治、思想、组织的领导作用，才能真正克服"一手硬、一手软"的倾向；只有制定严格的规章制度，通过制度来管理，全员育人才有章可循、有法可依。

(一)建立统一、科学的领导体制

实施全员育人,加强大学生思想政治教育工作,需要有科学的组织领导体制作保证。首先,必须加强党委的统一领导,这是我党的优良传统。党委必须高度重视大学生思想政治教育工作,把大学生思想政治教育工作摆到重要的议事日程,纳入整个工作计划,并经常督促检查工作的落实情况;定期研究探索新时期大学生思想政治教育工作的特点和面临的问题,以及如何加强大学生思想政治教育工作,制定切实可行的措施,逐步推进大学生思想政治教育工作步入正规化、制度化、系统化。

其次,建立和完善党委统一领导部署下,校长及行政系统为主实施大学生思想政治教育工作的领导体制和管理体制,并且成立由学校有关领导负责,校教务处、宣传部、学生处、团委和思想政治理论课教学机构或马克思主义学院负责人参加的大学生思想政治教育工作领导小组或指导委员会,具体组织制定发展规划和目标,实行目标管理。具体负责组织协调党政之间,职能部门之间,院系之间,以及职能部门和院系之间的关系,促进育人合力的形成。目标的制定,应考虑到大学生思想政治教育效果的实现,需要一个较长时期的努力过程,需要不同部门共同协作,不宜作短期的、具体工作任务来布置、检查和督导,应有较长期的规划和目标。

最后,要有明确的职责分工。学校党委统一领导育人工作,侧重指导原则、组织实施等方面的领导;校长、行政系统具体负责组织实施,侧重具体活动、经费支出等方面的领导,促进学校人才培养;学生处直接全面负责学生的日常思想政治教育与管理,团委负责组织开展学生科技学术活动、社会实践活动、志愿服务活动、社团活动、校园文化活动等,全面提高大学生的综合素质,为大学生成长成才创造条件;教务处、科研处对师生的教学科研活动中的育人情况进行组织检查协调;组织部、人事处对广大教职员工的育人工作进行考核奖惩,统一标准、统一考核、统一把关;后勤服务部门为学生、教师做好服务协调工作,服务育人;各学院各负其责,具体落实学校各项育人工作。只有这样,才能使育人工作、大学生思想政治教育工作贯彻落实到学校工作的所有环节,保证育人工作、思想政治教育工作长期、深入、持久地开展,形成全员育人的良好氛围和格局。

(二)建立评估考核、激励约束制度

大学生思想政治教育工作、育人工作,既需要舆论的导向、宣传,在全校营造一种"育人光荣"、育人"人人有责"的浓郁气氛,充分调动教职员工的积极性、自觉性;更需要有一套评估考核、激励约束制度提供保证。长期以来,高职院校对教职员工的育人业绩没有给予足够的重视。在教职员工的评估考核方面,重教学、科研、政绩、业绩,把教书育人、管理育人、服务育人视为软指标,即使纳入评估考核范围,要么考核指标太抽象,要么所占比重低,不利于调动教职员工育人的积极性。为体现学校

的育人宗旨,激发教职员工育人的积极性,一要建立一套科学的育人工作考核评估体系。考评项目要具体,可操作性强,考评内容主要与岗位工作相联系,着重考核教职工结合岗位工作开展大学生思想政治教育工作、育人工作的成效。二是制定激励约束制度。把育人实效作为衡量工作业绩的重要标准,对育人成果显著的部门和个人,要大张旗鼓的宣传表彰;对工作不负责任者,违反纪律者,在学生中造成不良影响的教职员工,要给予严肃处理;将评估考核结果作为职称晋升、职务升迁、评先评优的重要指标条件。

(三)建立物质、经费保障机制

把育人工作落到实处,有效地开展大学生思想政治教育工作需要有一定的物质基础和经费保障。教职工参与大学生思想政治教育工作,虽然主要结合工作岗位进行,尽管工作岗位性质不同,育人方式方法因岗、因人而异,但都要借助一定的载体进行,如活动载体、谈话载体、网络载体等,因此需要一定的物质条件和经费;育人先进单位、个人,要大张旗鼓地给予表彰、宣传,需要场地、经费;育人工作需要理论指导,应鼓励教职工结合工作岗位勇于开展理论研究探索,总结经验教训、交流考察学习等,应有一定专项经费。此外,校园环境、基础设施的建设改善,需要投入,等等。因此,应该设立大学生思想政治教育工作、全员育人工作专项经费,专款专用,确保育人工作地顺利进行。

三、共同参与,群策群力,开创全员育人新格局

高职院校肩负着为社会培养德才兼备合格人才的重任,学校对学生的影响是整体的,全体教职员工与学生的学习、生活都有着直接或间接的关系。人是思想政治教育工作中最重要的要素,人的知识、德行、人格等是有效的教育资源。大学生思想政治教育并不是学校某个部门或某些人的事,而是全校所有部门、所有教职员工的共同任务和共同职责。只有坚持全员育人,才能把思想政治教育真正融入到大学生学习、生活的各个方面,渗透到教学、科研、服务的各个领域,真正形成全员育人的良好氛围和格局。

(一)提高思想政治理论课教学实效,发挥思想政治理论课教师在"全员育人"系统中的核心作用

实施全员育人,不是要削弱思想政治理论课的地位、作用,更不是要取消思想政治理论课,相反,应充分发挥思想政治理论课的主渠道、主阵地作用。它是专门对学生系统地进行思想、政治、道德、心理等方面教育的课程,有完整的理论体系,其教学具有系统性、科学性、实践性、说理性等特点。它在学生思想政治品德形成过程中,起着主导性和引导性作用,对学生人格的完善、思想道德素质的培养具有无可替代的

重要作用。

  思想政治理论课教师在全员育人系统中的核心作用，正是依托思想政治理论课的主渠道、主阵地的地位，充分发挥教书育人的主动性、积极性、创造性，不断提高教学质量、教学效果，才能得以体现。这就需要思想政治理论课教师努力做到：一是要加强理论学习，努力提升自己的思想、政治、道德、理论修养，不断提高教学业务水平，注重教学理论研究，增强科研能力。二是要更新教育观念，提高创新意识。思想政治理论课不是纯粹的知识理论讲授课程，教学目的不是让学生简单地掌握、记忆现成的结论，而是重在帮助学生理解、掌握马克思主义的立场、观点和方法，并自觉运用理论来分析和处理现实生活中不断出现的新情况、新问题。因此，要求教师必须把培养大学生的理论创新思维能力、分析解决问题的能力作为教学的重要任务，来创造性进行教学。三是要优化教学体系，充实教学内容。思想政治理论课教学要与时俱进，努力完善自身内在的逻辑体系，及时反映时代发展的最新要求，反映理论研究的最新成果，坚持理论联系实际，有针对性地开展教学。四是要改进教学方法和手段。坚持育人为本的教育理念，尊重学生主体地位，积极探索运用诸如讨论、对话、专题讲座、演讲辩论、案例等教学方式，大力倡导采用多媒体、参观调查、观看影视片等形式、手段进行教学，充分调动学生参与的积极性，达到教与学的良性互动，提高教学效果。五是要加强社会实践教学。思想政治理论课是一门关于做人的学问的课程，既要重"内化"，更要重"外化"，内化是前提，外化是目的。而实践正是内化到外化的桥梁与中介，没有实践的环节，不是完整的德育。因此，缺乏实践性教学，思想政治理论课教学也是不完整的。因此必须加强实践教学，研究探索实践教学的内容、途径、形式和方法。走出课堂，走入社会，打破"教师、教材、教室"的传统单一教学模式，使学生在实践中认识社会、体验人生、铸造德行、达到知行统一。六是要凝聚教学团队。面对急速变化的社会，网络时代的到来，思想活跃、个性鲜明的学生，思想政治理论课教学必须发挥团队优势，加强教学理论研究，集体备课，实行资源共享，相互听课、评课，互相学习，取长补短，促进整体教学水平的提高。

（二）建设一支职业化、专家化辅导员队伍，发挥辅导员在"全员育人"系统中的骨干作用

  高职院校辅导员是大学生日常思想政治教育和管理工作的组织者、实施者、指导者，学生健康成长的引路人，大学生的知心朋友，是高职院校大学生思想政治教育的主体，是一支不可替代的骨干力量。就其职责而言，大学生思想政治教育是其工作的主线，但在许多高职院校中面临的现实情况是：辅导员性别、年龄、知识结构不尽合理；专职数量不足，职责不明，整天忙于事务性工作；辅导员是短期行为、过渡性职业，队伍不稳等，这些直接影响了辅导员思想政治教育职能的发挥。

首先，领导重视、政策到位是辅导员队伍建设的基础。高职院校应根据中央有关文件精神，落实辅导员的编制、职称、级别等问题，关心他们的成长，要像对待专业教师队伍建设一样，制定出台辅导员队伍建设政策和措施，在政策、待遇等方面给予适当的倾斜，使辅导员队伍建设步入规范化、科学化发展轨道。其次，明确职责、健全考核机制是队伍建设的重点。高职院校要进一步明确辅导员的工作任务、工作目标、工作职责，健全辅导员队伍考核机制，考核结果与辅导员的职务聘任、奖惩、晋级等挂钩，使辅导员从繁忙的日常事务性工作中解脱出来，将更多的时间、精力用于重视和加强大学生的思想政治教育工作中。最后，实现辅导员队伍的职业化、专家化是辅导员队伍建设的方向。高职院校辅导员队伍建设向职业化、专家化方向发展，是新时期重视和加强大学生思想政治教育工作的需要，也是辅导员队伍可持续发展的需要。职业化，就是要把辅导员工作视为一种职业，需要有人长期、终身为之努力，逐步成为该领域的能手、专家；专家化，又进一步稳定、强化辅导员工作的职业化。为此，应根据辅导员工作的实际特点，一是建立辅导员专业技术职称评聘制度，侧重科研，参考工作业绩；二是建立辅导员行政级别评聘制度，侧重工作业绩，参考科研。从而确保辅导员队伍的持续、稳定、健康发展，发挥辅导员育人的骨干作用，促进大学生思想政治教育工作的全面落实。

（三）强化教书育人意识，发挥教师在"全员育人"系统中的主体作用

教学是学校一切工作的中心，教师队伍是学校人员构成的主体部分。教师的教书育人状况如何，在一定程度上将直接影响着学校全员育人的广度、深度和效果。教师自古以来被誉为"人类灵魂的工程师"，教书育人成为教师的天职，既是教师的优良传统，也是党的教育方针的必然要求、教育规律和大学成长的必然要求。教师在教学过程中，有意识地渗透思想政治教育，既有必然要求，也有现实可能性和有利条件。

教师自身所具有的各种素质是教育资源，智育、体育、美育领域的各类课程中，也均包含丰富的思想政治教育资源和素材。而且这种渗透，若运用得当，则是一种非显性的教育，具有真实可信、形象生动、感染力强的特点，能够起到潜移默化、"润物细无声"的效果。

充分发挥教师育人的主体作用，首先，要大力加强师德建设，增强教师育人的积极性和责任感。在教学中能自觉地以高尚的品德、渊博的学识和良好的教风，通过言传身教，潜移默化地影响学生；严格要求学生，发现学生不良思想和行为，及时进行教育；培养学生严谨的学风；主动挖掘教材中的教育资源，自觉渗透思想政治教育。其次，建立健全师德考评体系，与职称、评先等结合起来，用制度保证教师教书育人责任的落实。最后，大力表彰师德先进，加强舆论宣传力度，构建良好的教书育人环境。

(四)加强民主作风建设,发挥管理人员在"全员育人"系统中的表率作用

学校各职能部门管理人员是制度、政策的制定者、执行者和监督者,在管理过程中,同教师、学生都有着直接或间接的关系,他们的办事效率、工作作风对师生会产生深刻的影响,具有表率作用。

充分发挥管理人员在"全员育人"系统中的表率作用,一是要坚持育人为本的教育理念,转变管理观念,强化管理育人意识。学校各项管理工作的目的不是为了控制人、约束人、处罚人,而是为了育人、服务人、发展人,即为学生创造一个公平、自由、和谐的环境,促进学生健康地发展。因此,管理者在管理活动中,要主动和学生交朋友、谈思想、交流感情,注重从思想观念上帮助学生认识问题、分析问题、解决问题,注重培养学生自己管理自己的能力。二是要转变工作作风,提高管理水平和能力。在管理过程中,坚持发扬民主,充分发挥学生的主动性,转变工作态度,尊重学生的权利,关心学生、爱护学生;同时努力提高管理水平和能力,办事公正廉洁,以科学的管理和高效的办事能力、良好的品德和人格魅力,去打动学生、感动学生,给学生潜移默化的影响,真正落实管理育人。

(五)强化服务育人意识,发挥后勤管理服务人员在"全员育人"系统中的保障作用

俗话说"三军未动,粮草先行",学校后勤服务部门是学校不可分割的有机组成部分。后勤服务的对象是全校教职员工,任务是保证学校的教学、管理、生活等工作正常有序的开展,服务的宗旨是育人。但由于高职院校后勤社会化,受市场经济的影响,一些高职院校的后勤服务部门以及员工存在比较严重的重利益,轻服务倾向,淡化了育人宗旨。充分发挥后勤服务人员的育人作用,一是建立服务门店进校园准入制度和淘汰制度,后勤服务人员录用资格审查制度和教育培训制度等,把好进口关和出口关。杜绝一些不利学生学习、生活和成长的服务项目、内容进入校园;加强管理和检查,将一些片面追求经济利益,服务质量差,在学生中造成不良影响的服务门店以及员工予以清退;重视后勤服务人员的考核培训,提高其服务管理意识和水平。二是要增强服务意识,强化育人功能。重视经济效益的同时,更要重视社会效益,把育人贯穿于服务的全过程。关心、爱护学生,虚心征求、听取学生的意见,热情周到、文明礼貌服务,努力提高服务水平和服务质量;尊重、维护学生的权利,服务过程中要自觉遵守正常的作息生活秩序,为学生提供一个文明优雅、温馨舒适的学习、生活环境,让学生感受到集体的温暖。

第二节 提升思想政治理论课师资队伍胜任力建设的新格局

一、师资队伍建设是提高思想政治理论课实效性的关键

进一步加强思想政治理论课教师队伍建设，提高教学水平，用中国特色社会主义理论体系武装大学生，用社会主义核心价值体系引领各种社会思潮，把他们培养成德智体美全面发展的社会主义建设者和接班人，对于全面实施科教兴国战略和人才强国战略，确保实现全面建设小康社会，加快推进社会主义现代化的宏伟目标，确保中国特色社会主义事业兴旺发达、后继有人，具有十分重大而深远的意义。

在高职院校思想政治理论课"05方案"全面实施，教材建设取得突破性进展的情况下，加强教师队伍建设，提高教师的素质和水平就显得尤为迫切。因为在具体的教学活动中，教师既是组织者也是管理者，教师在教学过程中始终处于主导地位，整个教学过程的掌控，教学内容的选择、确定、讲授，教学目标的实现，教学方法与手段的采用，教材体系向教学体系的转换，学生学习积极性的调动，教学内容的入脑入心都要由教师来实施和完成。此外，我们还要明确，高职院校思想政治理论课的教学工作还肩负着双重的任务：一方面要进行课程教学内容涉及的相关理论知识的传授，另一方面要进行理论的学习传授，两者必须结合以对学生进行马克思主义的世界观、人生观和价值观的培育、塑造。因此，思想政治理论课教师在教书与育人方面工作的成效如何，直接关系到思想政治理论课教育教学的实效性，而教师在其中的地位和作用是显而易见的。如果没有高水平的教师队伍，就没有高质量的教学，我们倡导的"三进"工作最终在进头脑这一个重要方面就会功亏一篑！

二、高职院校思想政治理论课师资队伍建设的目标与方向

高职院校在开展思想政治理论课教师队伍建设工作中，要认真贯彻落实《中共中央宣传部教育部关于进一步加强高等学校思想政治理论课教师队伍建设的意见》的精神，并以此为指导，制定本学校加强思想政治理论课教师队伍建设的具体措施，把思想政治理论课教师队伍建设纳入学校整体人才队伍建设规划，在队伍建设中注重提高思想政治理论课教师的思想政治素质和业务素质，不断增强马克思主义的理论素养和人文社会科学知识基础，深入实践，了解学生，提高教学艺术和教学能力；注重道德修养，提升精神境界，做教书育人的典范。同时要建立和完善教师培训体系，制定教

师培训规划，建立和完善有重点、分层次、多形式的培训体系，努力使培训工作经常化、制度化。重点深化岗前培训、课程轮训、骨干教师研修和在职培训。严格实行教师准入制度，先培训后上岗，提高教师适应岗位的要求、胜任本职工作的能力，做好课程开课前的全员培训，做到先培训后开课。在做好上述工作的基础上，各高职院校还要创造条件，组织教师开展社会实践活动，这方面的工作总体而言是比较薄弱的，但它也是教师队伍建设一个重要的组成部分，不能忽视。因此，高职院校在加强思想政治理论课教师队伍建设中，应该按照文件精神的要求，求真务实，狠抓落实，促进长效机制的建立。

第三节　加强思想政治理论课教学实效性的教学改革力度

为了增强思想政治理论课的实效性、针对性、吸引力和感染力，中共中央、国务院发布了一系列重要文件，这些文件就新时期高职院校思想政治理论课课程设置、建设和改革做出了新的规定，提出了明确的要求，是当前和今后一个时期高职院校思想政治理论课课程建设和发展的指导性文件。

一、课程建设的必要性

高职院校思想政治理论课的实效性是否理想，最终在于课程的教学效果，而教学效果的提高与教师的业务能力、理论水平和学术水平密切相关。抓好思想政治理论课课程建设是提高课程教学质量的有效抓手，是加强和改进大学生思想政治教学工作的有力举措。当前思想政治理论课建设面临新的形势，难度大，困难多，各高职院校都要考虑具体的实际情况，推进本校思想政治理论课的课程建设，积极探索符合自己学校与学生实际的教学方式和方法，进一步发挥思想政治理论课在高职院校思想政治教育工作中的主渠道和主阵地作用。思想政治理论课的课程建设，特别是精品课程的建设，对教师的理论水平和教学水平提出了更高的要求。通过推进各高职院校的思想政治理论课精品课程的建设，努力构建"新四门"思想政治理论课教学体系，提升思想政治理论课的教学品质，才能使思想政治理论课成为当代大学生终身受益的课程。

二、课程建设存在的误区及不足

由于各高职院校实际情况差别大，办学条件相差悬殊，面对的都是共同的新形势、新问题、新困难以及需要实现的新目标，因此，在思想政治理论课课程建设即精品课程的建设中，条件好的高职院校积极性相对较高，而且走在了前面，取得了丰硕的成果；

中等条件的高职院校在积极地追赶；而条件差的高职院校则想方设法创造条件，在一定程度上去实现要求达到的目标。

由于不同层次的高职院校在办学条件上存在巨大的差距，所以，反映在课程建设即精品课程的建设中，"重申报轻建设"现象不同程度地存在，特别是在办学条件较差的高职院校中这个现象比较明显。在一部分学校中，以课程建设替代了思想政治理论课良好教学环境的营造和教师队伍的建设；有的学校以一两门课程的建设替代了四门主干课程的建设；有的学校是以外延的建设和数量的增加代替了课程内涵的建设。或者说，存在把精品课程建设单纯视为学校、部门教学"政绩"的倾向。这是在高职院校开展精品课程（包括思想政治理论课）建设中有代表性的思想误区。

在开展精品课程建设中也存在明显的不足，表现为：不同层次的高职院校在精品课程建设中存在的差距（师资、投入）大，由此导致精品课程质量内涵差异大，导致课程的层次落差也非常大；不少高职院校思想政治理论课精品课程放到网上后，学生的点击率不高，校与校之间相对封闭，导致其辐射作用受到局限；有的精品课程教师队伍的教学水平与教学质量参差不齐，导致课程整体教学效果受到影响，从而在一定程度上降低了精品课程应有作用的发挥。

三、在开展课程建设中需要注重的内容

针对在思想政治理论课课程建设中存在的思想误区与不足，我们在抓精品课程建设时就需要做好相关的基础工作，立足实际，力争取得更大成效。要加大对办学条件较差的高职院校进行思想政治理论课精品课程建设的对口支持；鼓励条件差的高职院校积极做好课程建设的基础性工作；学校要努力为思想政治理论课课程的建设提供和创造条件；加强校际之间课程建设的交流、研讨；注重把课程建设与课程教学质量的真正提高、教学方法的改革与创新结合起来；教师要着重把握教材体现和包含的学科体系，结合学科研究的最新成果，将其运用在教学工作中。这样，我们开展的课程建设才会有效地减少部分课程建设沦为"沙滩上的建筑"或成为课程建设"劣质工程"的现象。

第四节　强化思想政治理论课教学实效性的教学质量督导

一、建立完善高职院校思想政治理论课教学质量督导体系

我国恢复并健全教学督导组织，高职院校逐步引进教学督导机制，各高职院校从自身实际出发，逐步建立相应的教学质量监控系统，作为其重要子系统的教学督导机制也就应运而生。"教学督导是高职院校对教学质量的监督、控制、评估、指导等一系列活动的总称。"它通过对任课教师教学活动全过程进行经常性的检查、督促、评价和指导，强化教学过程管理，确保正常的教学秩序，促进教学质量的提高。教学督导的出发点和落脚点是保证和提高教学质量，是保障教学质量的一种有效措施。现阶段，各高职院校在开展教学质量督导工作中取得了大量的成绩，积累了经验，在督导机制的运行下，思想政治理论课的教学工作及教学质量也得到了推动与促进。而要把教学督导机制在提高思想政治理论课教学质量与实效性方面的作用实实在在地发挥出来，就需要各高职院校在建立教学督导制度的同时，还要健全和完善教学质量督导体系，并把思想政治理论课纳入其中，以进行卓有成效的督导考核。

二、开展教学督导在提升思想政治理论课教学质量中的积极作用

一般而言，目前各高职院校建立的教学督导体系主要包括两个层面，一是学校层面的教学督导机构与成员，他们独立开展工作；二是各校二级教学院（系）部建立的教学督导机构与成员。在教学督导的实际工作中，两者的工作开展有交叉有并列，但都是为着共同指向的价值目标开展专项工作。这些工作的开展及取得的实际效果是完全值得肯定的，不少接受过教学督导的教师，包括思想政治理论课教师，其教学工作质量的提高与稳定是明显的、实在的，广大教师对自觉接受教学督导认识是到位的。并且，督导机制促使教师把更多的时间与精力投入教学工作，在督导专家的帮助指导下，接受督导的教师明确了自己教学工作中存在的问题与不足，以及解决问题的针对性措施与对策，促进了教师特别是中青年教师的快速成长与进步，效果是非常明显的。而且，各校在这方面形成的经验都值得好好总结推广。

三、高职院校思想政治理论课教学督导工作中存在的问题与不足

高职院校思想政治理论课在不断接受教学督导中实现教学质量与实效性的提升，但是还有必要对其进行进一步的完善，使其更好地服务于我们期望达到的目标。

目前高职院校思想政治理论课教学督导工作中存在的问题与不足主要表现为：从思想政治理论课开展教学督导的纵向要求看，最基层的教学管理层级的作用发挥不足，需要强化与完善。因为高职院校对思想政治理论课的教学督导工作主要在两个层级上进行，即学校层面与院（系）部层面开展的督导，但是教研室作为学校最基层的教学管理层级，在这方面的作用却没有得到发挥。教研室更多的是安排一些交叉性的听课，而没有把听课延伸和上升到教学督导体系中，由此导致这一管理层级开展教学督导工作的积极性与作用的发挥受到影响。

学校与院（系）部开展的对思想政治理论课的教学督导工作涉及的教师人数以及督导的次数比较受限制。一方面，学校层级开展的教学督导由于涉及的课程、学科、教师人数很多，而思想政治理论课教师接受的教学督导主要是其中哲学社会科学学科督导组的督导内容之一，由此就决定了接受督导的教师与督导次数有限。此外，各校思想政治理论课教研室的专任教师人员与数量相对稳定，院（系）部的教学督导在完成一个轮转之后就逐步呈现松懈状态。

现阶段高职院校教学督导工作的作用与功能的扩展延伸还比较受限制。一般而言，高职院校教学督导机构基本的工作是随机或抽样听课、教学运行状态的评估、教学秩序的现状调查、对青年教师的培训和组织教学观摩活动，以及对学校教学改革与发展中的问题进行调研。在这些工作中，听课是教学督导机构的主要工作内容，督导机构成员对课程内容、教师教学态度、教学方法、教学辅助手段的应用、学生现场反应等方面进行重点观察和记录，同时了解学校推出的教学改革措施的实际效果与实施过程中出现的问题，学校通过教学督导机构及时获知教学运行的实际情况。但相当一部分没有接受教学督导的教师包括思想政治理论课教师，他们的成长及发展所需要获得的及时帮助与指导，我们怎样给予弥补？

目前，各高职院校对思想政治理论课教学工作开展教学督导采用的指标体系各不相同，差异很大，有的高职院校采用社会科学学科的评价指标体系对思想政治理论课的教师开展督导评价；有的高职院校则采用一个全校所有学科都通用的评价指标体系；有的高职院校又单独制定了针对思想政治理论课学科的指标体系进行督导评价。督导评价标准的凌乱，必然带来评价结果的明显差异。

四、发挥教学督导的他律作用，促进教学质量的提高

高职院校建立的教学督导机构虽然名称有所不同，但是发挥的作用是一致的，就是要发挥对该校教学质量的保障作用，它涉及的作用应该在三个方面呈现，分别是：第一，对教师的教学状况进行督导；第二，对教学管理部门教学条件的提供及管理工作进行督导；第三，对学生的学习状况进行督学。简言之就是"督教""督管""督学"，三方面结合在一起发挥综合性作用。在实际工作中，大多数情况下，高职院校的教学督导工作还是集中在"督教"方面，而其他两个方面作用的发挥却比较薄弱或者较差。这种状况在很大程度上制约了教学督导工作在保障教学质量中应有作用的发挥。

高职院校的思想政治理论课是公共理论课，涉及的面与层次比较广，因此，接受教学督导也是理所当然。然而，要提高对思想政治理论课教学督导的成效，就需要注重处理好下列几个方面的关系。

一是要处理好督与导的关系，如果"只督不导"或者"只导不督"，效果都不会理想。因为，在"只督不导"的情况下，思想政治理论课教师因承担的课程有着相当的教学难度，对于教学督导这样一种来自外在的他律，思想政治理论课教师与其他课程的教师一样，会比较敏感，甚至会产生一些抵触情绪，有的甚至会认为督导专家是校方对教师上课状况缺乏信任而派来的"教学监工"，自然就会出现一种对立情绪，甚至产生"你说我讲不好，那你来讲讲看"的抵触心理，这种状态的存在及延续必然对教学工作产生不良影响，使学校开展的教学督导工作的成效大打折扣。同样，在"只导不督"的情况下，教学督导的权威性就会受到极大的损伤，也不会引起广大教师包括思想政治理论课教师的重视，有的教师甚至会认为这样的督导只是一种形式，是一种过场。因此，必须处理好"督"与"导"的关系，使担负具有相当教学难度的思想政治理论课的教师，体会到学校的督导工作是权威性与指导性的结合，认识到督导专家能够在督导中发现思想政治理论课教师自身没有重视或没有意识到的问题，对存在的问题与不足提出针对性的措施与对策，对教师教学工作与业务水平的提高及自身的成长具有实实在在的指导作用，从而消除思想认识上的误区，在主观上接受并且乐意多接受这样的督导。这样，学校开展的教学督导工作才会具有实际的成效。

二是要处理好阶段性与持续性，普遍性与针对性的关系。提高教学质量是高职院校永恒的主题，因此，作为具有保障教学质量作用的教学督导也应该具有长效机制。但在实际工作中，有的高职院校仍把教学督导看成权宜性的手段，听到学生或者相关部门对某教师教学质量有了很大意见或者反映的时候，才用它来应付；有的高职院校在教学督导时只是注重专业课，对思想政治理论课则放任自流，不闻不问，教师的教学质量与效果完全靠教师的自我感觉。这两种状况都不利于高职院校思想政治理论课教学质量的提高与实效性的提升。因此，提高高职院校思想政治理论课的教学督导成效，

一方面要建立长效机制,坚持不懈地进行教学督导;另一方面要对不同的思想政治理论课教师采用有区别性的督导方式。在掌握本校思想政治理论课教师教学工作基本状况的前提下,在开展普遍督导的基础上,对优秀的教学效果好的教师通过示范课或课堂听课的方式,对其开展阶段性的教学督导;对年轻的或教学效果欠佳的思想政治理论课教师就需要开展持续性的督导,这样能够使接受督导的教师在思想认识上重视督导工作。同时要督促其尽快克服教学工作中存在的问题与不足,缩短其成长的时间,从而体现出督导的针对性。只要把教学督导工作的阶段性与持续性,普遍性与针对性的关系处理好,就非常有利于高职院校思想政治理论课教师的成长与成才,才能够在这样的机制下培养出更多的优秀教师。

三是校级督导机构还应该做好对学校二级教学院(系)部教学督导组织的指导与督导工作。校级督导机构代表学校教学质量监控系统的最高层次,它通过对全校教学活动的全过程进行经常性的检查、督促、评价和指导,强化教学过程管理,确保正常的教学秩序,这是保障教学质量的一种有效手段。与此同时,二级教学院(系)部也在开展部门的教学督导工作,各校思想政治理论课教学管理部门开展的教学督导工作,也应该得到相应的指导与督导,使其在运行中做到规章制度健全、运行规范、富有成效,并且能够使思想政治理论课各教研室教师之间的听课评议有相应的保证。从现实督导工作开展的情况来看,思想政治理论课各教研室教师间开展交叉听课评议就是一个需要强化的方面。如果三个层级的教学督导工作都富有成效并形成合力,那么,高职院校思想政治理论课的教学督导工作就会发挥出巨大的作用。

四是要处理好对教与学的督导工作。目前各高职院校开展的教学督导工作,基本上都是针对教师的教学工作来开展,从教学督导的本意来讲,"督教"与"督学"同等重要,原因很简单,因为教与学是教学工作非常重要的两个方面,要做到教学相长,在完成对教师督教的同时,还需要对学生的学习状况进行督学。我们不能一概把教学效果不好的板子打在思想政治理论课教师身上,一方面,作为高职院校思想政治理论课教师应该提高自己的教学质量和教学效果,吸引学生;另一方面,对一部分学习不在状态的学生也需要进行相应的督促,制定需要学生遵守的必要的规则与制度,配合督教方面的要求,这样才能使学校的教学督导真正做到职责明确,督导对象完整。督导规章制度的完善为思想政治理论课及其他课程教学质量的提高创造了好的环境与条件,高职院校的思想政治理论课教学工作舞台上才会涌现出更多受学生欢迎的优秀教师。

参考文献

[1] 常金玉著．高职院校思想政治教育教学与专业理论课创新改革研究[M]．延吉：延边大学出版社，2022.03.

[2] 李枚晏．大学生思想政治教育管理与实践研究[M]．北京：中国华侨出版社，2021.07.

[3] 钱关昕．大学生国学道德素质基础[M]．哈尔滨：哈尔滨工程大学出版社，2017.09.

[4] 张姝．高校大学生素养与思想政治教育工作创新研究[M]．北京：中国华侨出版社，2021.07.

[5] 李向东，关淑霞编．思想政治教育研究文库 高职高专学生心理健康教育[M]．北京：光明日报出版社，2021.04.

[6] 谈娅．新时代高校思想政治教育创新研究[M]．重庆：西南师范大学出版社，2021.04.

[7] 刘姣．当代大学生思想道德教育创新研究[M]．成都：西南财经大学出版社，2020.09.

[8] 邓艳君著．高职思想政治教育滋养工匠精神研究[M]．长沙：湖南大学出版社，2020.05.

[9] 高玲．大学生主题教育体系的路径创新[M]．西安：西北工业大学出版社，2020.05.

[10] 阳文著．高职院校思想政治教育研究[M]．北京：北京工业大学出版社，2020.09.

[11] 谭小雄著．高职辅导员素质能力建设简论[M]．长春：吉林大学出版社，2020.06.

[12] 赵水根．高职高专院校思想政治理论课教学改革与创新[M]．郑州：郑州大学出版社，2020.07.

[13] 易志军．大学生思想政治教育教程[M]．北京：团结出版社，2020.07.

[14] 齐爱花．当代大学生道德素质教育理论与实践研究[M]．北京：冶金工业出版社，2020.06.

[15] 陈桂蓉．中国思想道德教育名篇精要研读[M]．北京：中央编译出版社，2019.11.

[16] 闫桂伦，贾宁宁．大学生思想政治教育基础[M]．北京：经济日报出版社，2019.07.

[17] 余小波．新时代大学教育思想研究[M]．长沙：湖南大学出版社，2019.11.

[18] 镇方松．新媒体视域下大学生思想政治教育研究[M]．北京：北京理工大学出版社，2018.01.

[19] 陆铭，贾连莹，李鹏．大学生思想道德教育与中国文化融洽[M]．哈尔滨：黑龙江教育出版社，2018.11.

[20] 张妍妍．大学生思想道德与法治教育实例研究[M]．桂林：广西师范大学出版社，2018.04.

[21] 贾灵充，周卫娟，赵艳娟．当代大学生核心素养与思想政治教育研究[M]．北京：新华出版社，2018.12.

[22] 郭安宁．大学生诚信教育研究[M]．沈阳：辽宁大学出版社，2018.10.

[23] 邱其荣．社会主义核心价值观引领大学生思想政治教育研究[M]．北京：中国商务出版社，2018.08.

[24] 杨旭．新时期大学生思想道德教育与法律素质研究[M]．成都：电子科技大学出版社，2017.09.

[25] 王渊．基于科技伦理视角的大学生网络道德教育研究[M]．武汉：中国地质大学出版社，2017.03.

[26] 吴平，刘琦．高校大学生素养与思想政治教育研究[M]．成都：电子科技大学出版社，2017.06.